사막의 소상인에서 세계 비즈니스 대부로

마르와리 상인

방황하는 '젊은 날의 초상'
사랑하는 연택이와 준택이에게!

———

일러두기
• 루피, 달러 등 외화의 경우 2016년 6월을 기준으로 계산해 원화를 병기했습니다.
• 인도의 몇몇 지명과 지역체계는 영국에서 독립한 이후 특정 시기에 변경되었습니다(예: 봄베이 → 뭄바이 등). 본문에서는 서술하는 일이 일어났던 당시의 지명을 기준으로 표기했음을 밝힙니다.

사막의 소상인에서 세계 비즈니스 대부로

마르와리 상인

오화석 지음

Marwari Merchants

매일경제신문사

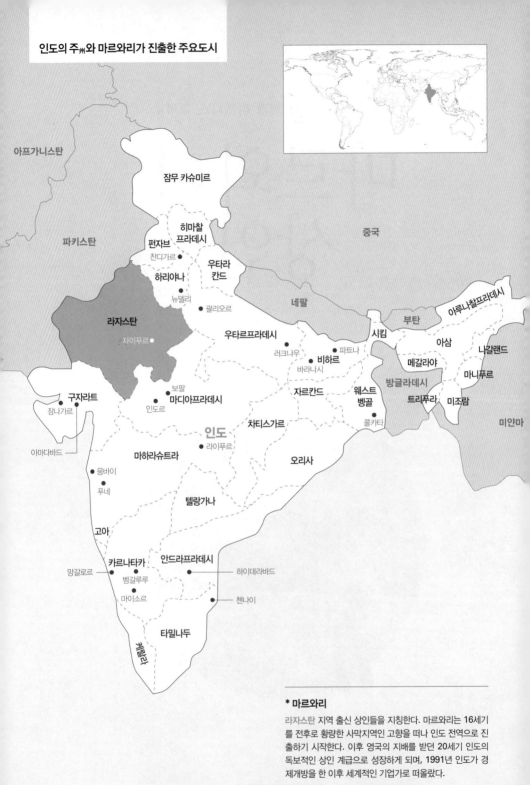

인도의 주州와 마르와리가 진출한 주요도시

아프가니스탄

파키스탄

잠무 카슈미르

히마찰
프라데시

펀자브

찬디가르

하리야나

뉴델리

라자스탄

괄리오르

자이푸르

중국

네팔

부탄

시킴

아루나찰프라데시

아삼

나갈랜드

우타라
칸드

우타르프라데시

러크나우

파트나

비하르

바라나시

메갈라야

마니푸르

방글라데시

트리푸라

미조람

미얀마

구자라트

잠나가르

아마다바드

보팔

마디아프라데시

인도르

인도

마하라슈트라

라이푸르

몸바이

푸네

고아

카르나타카

망갈로르

벵갈루루

마이소르

자르칸드

웨스트
벵골

콜카타

차티스가르

오리사

텔랑가나

안드라프라데시

하이데라바드

첸나이

타밀나두

케랄라

* 마르와리

라자스탄 지역 출신 상인들을 지칭한다. 마르와리는 16세기를 전후로 황량한 사막지역인 고향을 떠나 인도 전역으로 진출하기 시작한다. 이후 영국의 지배를 받던 20세기 인도의 독보적인 상인 계급으로 성장하게 되며, 1991년 인도가 경제개방을 한 이후 세계적인 기업가로 떠올랐다.

"마르와리의 사업길을 막을 수 있는 장벽은 없다."

오래전부터 인도인들에게 전해지는 유명한 속담이다.

세계에서 가장 장사를 잘 하는 사람은 유대인이고, 유대인을 능가하는 사람은 아랍상인이며, 아랍상인을 뺨치는 사람은 인도상인이라는 말이 있다. 인도상인 가운데서도 으뜸은 단연 '마르와리Marwaris'다. 그래서 마르와리는 '인도의 유대인'이라고도 불린다. 마르와리는 인도의 황량한 사막지역 라자스탄Rajasthan에 소재한 작은 마을 마르와르Marwar 출신 상인들을 지칭한다. 이들은 시장의 흐름을 재빠르게 간파하는 판단력과 야수처럼 저돌적인 투자, 위험을 무릅쓰는 창업을 통해 엄청난 성공을 거두었다.

최근 중국 등 글로벌 경제의 둔화 속에 인도가 크게 주목받고 있다. 골드만삭스Goldman Sachs 등 많은 글로벌 경제기관은 인도가 향후 15~20

년 내에 미국, 중국과 더불어 세계 최대의 경제 강국이 될 것이라고 전망한다.

인도경제의 급속한 부상에는 인도기업과 기업인들의 빼어난 활약이 있다. 정보기술IT을 비롯해 철강, 자동차, 정보통신, 에너지 등 많은 분야에서 인도기업들은 세계 유수의 기업들을 인수합병M&A하면서 글로벌 강자로 등장하고 있다.

이 기업들을 이끄는 기업인들의 상당수는 전통적인 상인 카스트 출신이다. 예를 들어 인도 20대 대기업 소유주 가운데 상인 카스트 출신 기업인들이 15명으로 압도적으로 많다.

그리고 상인 카스트 중에서도 가장 영향력이 큰 사람들은 마르와리 상인이다. 상인 카스트 출신이 소유한 15개 대기업 중 이들 마르와리 상인이 소유한 기업은 9개나 된다. 세계 최대 철강회사인 아르셀로미탈스틸Arcelor Mittal Steel을 비롯해 인도 최초·최대의 글로벌기업 아디티야비를라Aditya Birla, 세계 3위의 정보통신서비스 기업 바르티에어텔Bharti Airtel, 영국 최대의 갑부기업 힌두자Hinduja 등이 마르와리 기업이다.

뿐만 아니라 인도의 최대 신문사 〈더 타임스 오브 인디아The Times of India〉, 최대 텔레비전방송 ZeeTV, 최대 민간항공사 제트에어웨이Jet Airway를 위시해 에사르Essar, RPG, 베단타Vedanta, 비데오콘Videocon, 퓨처Future, 바자즈Bajaj, 진달Jindal, 포다르Podar, 달미아Dalmia, 방구르Bangur 등 쟁쟁한 기업들도 모두 마르와리 소유다.

비단 대기업만이 아니다. 마르와리 출신 상인들은 콜카타Kolkata(옛 캘커타) 지역 비즈니스의 70% 이상을 장악하며 중소기업을 포함한 인도의 산업, 유통 분야에서 막강한 영향력을 행사하고 있다. 외진 사막

마을 출신의 소수 사람들이 인도 재계를 주름잡고 있다는 사실은 놀라운 일이다. 이처럼 특정 지역 사람들이 국가 기업경제를 장악하고 있는 사례는 세계 기업사에서도 매우 드물다.

마르와리는 최소 수백 년에서 수천 년 전부터 비즈니스만을 전문으로 해온 인도의 상인 카스트 중 하나다. 상인 카스트는 인도 카스트의 네 개 계급, 즉 성직자 브라만Brahmin, 무사·행정가 크샤트리아Kshatriya, 상인 바이샤Vaishya, 천민 수드라Shudra 가운데 세 번째인 바이샤에 속하는 그룹이다. 따라서 이들은 친親시장주의자들로 시장을 아주 잘 안다. 특히 마르와리는 본능적인 숫자 감각, 탄탄한 인적 네트워크, 밤낮없이 일하는 부지런함, 시장정보 공유, 자본에 대한 뛰어난 접근성, 돈 냄새를 맡는 천부적인 감각을 갖추고 위험을 적극 즐기는 최고의 비즈니스 승부사로 알려져 있다.

그럼에도 불구하고 이들이 유대인에 비해 잘 알려지지 않은 이유는 인도경제의 폐쇄성 때문이었다. 영국의 식민지던 인도는 1947년 독립한 이후 지난 1991년까지 수십 년간 폐쇄적 경제체제를 유지했다. 그러다보니 뛰어난 사업적 능력에도 불구하고 손발이 묶인 마르와리들은 맘껏 비즈니스를 할 수가 없었다. 그러나 1991년 이후 인도경제가 빠르게 개방화, 자유화되면서 마르와리들은 물 만난 물고기처럼 인도 국내는 물론 전 세계로 활발하게 뻗어나가고 있다.

인생의 성공을 강하게 갈망하는 사람들 가운데는 기업의 오너 혹은 임원이 많다고 한다. 이 같은 개인의 강한 '내적 성취동기'는 주로 어린 시절 형성되고, 개인의 전 인생을 통하여 실현된다. 내적 성취동기는 성공을 하기 위한 매우 중요한 요소다. 전통적 비즈니스 카스트인 마르와리들은 어릴 적부터 강한 성취동기를 갖도록 훈련받는다. 덕분에 마르와리는 작은 교역 사업으로 시작해 마침내 큰 산업가로 발돋움할 수 있었다.

다시 말해 위험에 적극 맞서는 '기업가정신'이 마르와리가 성공할 수 있는 가장 중요한 요인인 것이다. 이는 기업가정신이 갈수록 퇴색하는 요즘 우리나라 비즈니스계에 경종과 함께 중요한 교훈이다.

마르와리는 떠오르는 경제 강국 인도와 원활한 사업을 하기 위해서도 반드시 알아야 할 사람들이다. 마르와리 상인은 강한 유대감과 상호연대로 인도 산업계 및 금융계, 유통계를 지배하고 있다. 따라서 이들의 협조 없이는 인도 내에서 사업이 불가능하다는 말도 있다. 즉, 이들은 우리가 인도기업과 비즈니스를 할 때 결코 피해갈 수 없는 사람들이다. 마르와리는 인도와의 사업을 위해선 물론, 모든 경영자와 장차 기업인을 꿈꾸는 사람들이 향후 비즈니스 성공을 위해서 꼭 알아야 할 존재들이다. 특히 이들의 남다른 성공전략은 비즈니스 성공을 꿈꾸는 모든 사람들에게 귀중한 교훈과 시사점을 줄 것이다.

이 책은 다음과 같은 내용을 담고 있다. 먼저 제1부 '유대상인도 줄행랑치는 마르와리'에서는 성공한 다수의 마르와리 기업인과 이들의 인생, 성공 등을 사례 위주로 집중적으로 소개한다. 제2부에서는 그간의 논의를 종합해 '마르와리 상인들의 성공전략'에 대해 집중적으로 살펴본다. 제3부 '사막 출신 소상인에서 세계 비즈니스 대부로'에서는 마리와리 상인의 형성과 기원 등에 대해 역사적으로 고찰한다. 마르와리가 인도의 전역으로 이주하는 이유와 이주 후의 비즈니스 형태, 그리고 이들이 어떻게 전국 상권을 장악해 가는지에 대해 살펴본다. 제4부 '교역 상인에서 글로벌 산업가로'에서는 마르와리의 사업 분야와 형태가 시대에 따라 변화해가는 모습, 이들이 대거 진출한 캘커타 등 이주 지역에서 토착세력으로부터 받는 도전과 극복, 이들이 전통적 직업인 대금업자, 무역상인에서 제조업으로 나아가며 인도 산업화의 중추세력으로 부상하는 모습과 요인에 대해 조명한다. 더불어 1947년 인도가 영국 식민지에서 독립한 이후부터 현재까지의 마르와리의 위상과 역할 변화 등에 대해 살펴본다.

이 책이 나오기까지는 여러 분들의 지원과 도움이 있었다. 먼저, 2년간 '마르와리 연구'를 지원해주신 한국연구재단에 깊이 감사드린다. 아울러 이 연구를 책으로 출판할 수 있도록 저술지원을 해주신 방일영문화재단에도 감사의 말씀을 올린다. 또한 이 책의 출판을 허락해주신 매경미디어그룹 장대환 회장님과 매경출판의 전호림 대표께도 진심으로 감사함을 표한다. 마지막으로 이 책의 저술을 옆에서 격려해주고 원고 감수를 해준 아내 우희정, 그리고 원고 정리 등 소소한 일을 도와준 글로벌경영전략연구원GMRI의 변아람·박선아 연구원 등에게도 고마움을 전한다.

오화석

CONTENTS

PART 03

사막 출신 소상인에서 세계 비즈니스 대부로

PART 04

교역 상인에서 글로벌 산업가로

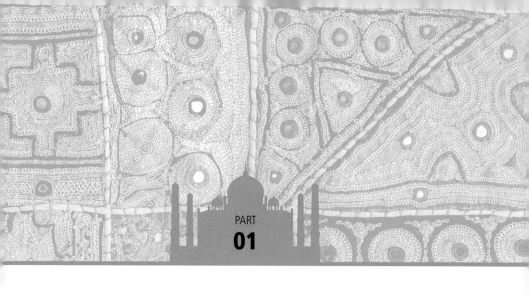

유대상인도 줄행랑치는 마르와리

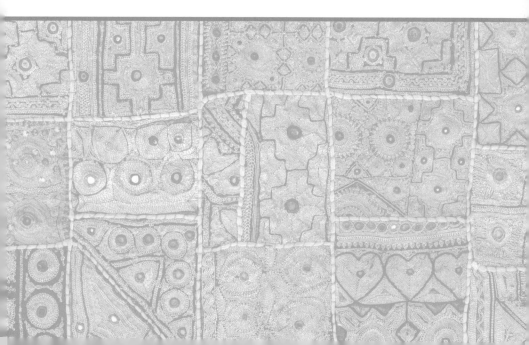

삼베상인에서 세계적인 기업가로

—

아디티야비를라그룹
'G.D. 비를라'

대머리에게도 머리빗을 파는 뛰어난 상술

"돈이 돈을 번다_{Pisa Kan piso aawe}."

인도의 대표적인 상인공동체 마르와리_{Marwaris}의 고향인 라자스탄_{Rajasthan}에 전해 내려오는 속담이다. 마르와리란 인도의 북서부에 위치한 사막지역 라자스탄 주의 마르와르_{Marwar}와 인근 지역 출신 상인 혹은 기업인들을 지칭하는 말이다. 마르와리는 대머리에게도 머리빗을 팔 만큼 상술이 뛰어난 상인으로 널리 알려져 있다.

마르와리들은 '돈은 존경해야 한다'고 믿는다. 검소함이란 노랑이나 인색함과는 다른 것이다. 마르와리는 검소함을 '극한 경제_{Extreme Economy}'를 유지하는 것이라고 생각한다. 이는 물질적으로 가능한 단순하게 살며 돈을 모으는 것을 의미한다. 실제로 마르와리들은 돈을 쓸 때 늘 세심한 주의를 기울여 사용하고 남는 돈은 모두 저축한다. 그렇기 때문

G.D. 비를라가 태어난 라자스탄 주 마르와르 지역 필라니

펀자브 주

파키스탄

하리야나 주

★ 필라니

라자스탄 주

구자라트 주

마디아프라데시 주

에 그들은 결코 돈의 부족함을 느끼지 않고, 돈을 써야 할 특별한 때에
는 아낌없이 사용한다. 이런 철학으로 마르와리들은 조그만 교역사업
으로 시작해 마침내 큰 산업가로 발돋움할 수 있었다.

　인도의 최대 기업 가운데 하나인 아디티야비를라그룹Aditya Birla Group의
창업주 간쉬암 다스 비를라Ghanshyam Das Birla, 이하 G.D. 비를라는 마르와리 기업
인의 대표적인 성공사례다.

　인도 수도인 뉴델리New Delhi의 중심가 코넛플레이스에서 동쪽으로 약

1㎞ 정도 가면 '인도 독립의 아버지' 마하트마 간디Mahatma Gandhi 기념관을 만난다. 하얀 대리석으로 깔끔하고 아름답게 건축한 2층 건물이다. 간디의 숨결이 생생히 살아 숨 쉬는 이곳에는 간디가 생전 즐겨보던 6만여 권의 책과 6,000여 점의 사진이 정성스레 전시돼 있다. 간디 슴리티Gandhi Smriti라 불리는 이곳은 1948년 1월 30일 간디가 암살당한 곳이다. 암살되기 전 144일간 머물던 장소이기도 하다.

이곳은 원래 간디와 절친한 기업인 소유의 저택이었다. 인도 정부는 간디를 기리기 위해 이 건물을 그 기업인으로부터 기증받아 1975년 기념관으로 만들었다. 그 기업인이 바로 간디의 독립운동에 적극적인 재정적 후원자였으며 간디와 둘도 없이 친한 사이였던 G.D. 비를라다. 그는 인도 최고의 상인으로 불리는 마르와리 출신으로 '아디티야 비를라' 제국을 건설한 장본인이다.

우리나라가 일본 제국주의의 손아귀에 들어간 해인 1910년, 16세에 불과한 소년 마르와리 G.D. 비를라는 사업에 뛰어든다. 당시 유망하던 섬유작물 황마黃麻, Jute 중개였다. 자본금은 10만 루피(175만 원)로 당시로서는 제법 큰돈이었는데 아버지가 사업을 했던 관계로 초기 자금을 어렵지 않게 마련할 수 있었다.

이 회사 가치는 4년 만인 1914년 200만 루피(3,500만 원)로 급증했다. 또 제1차 세계대전이 끝난 1918년에는 800만 루피(1억 4,000만 원), 1939년에는 4,850만 루피(8억 5,000만 원)로 급속도로 늘어났다. 그가 세상을 떠난 1983년에는 총자산 250억 루피(4,400억 원)에 총 매출 300억 루피(5,200억 원)의 거대 그룹이 되었다. 당시 직원 수만 12만 5,000명에 달했다. 비를라 제국이란 이름이 무색하지 않다.

2016년 비를라 가문이 운영하는 기업은 일곱 개 그룹으로 나뉘어 있다. 지난 1983년 창업주나 다름없는 G.D. 비를라 회장이 죽은 후 인도를 호령하던 비를라 제국은 아디티야비를라, BK 비를라, CK 비를라, MP 비를라, KK 비를라 등 일곱 개 그룹으로 갈라졌다.

현재 일곱 개의 비를라그룹 가운데 가장 규모가 크고 대표성이 있는 기업은 아디티야비를라그룹이다. 비를라 제국의 맹주였던 G.D. 비를라의 손길과 입김이 직접 배어있는 곳이기 때문이다. 그는 자신이 일군 사업을 손자인 AV 비를라_{Aditya Vikram Birla}에게 물려주었고, 현재는 증손자인 KM 비를라_{Kumar Mangalam Birla}가 경영을 책임지고 있다. 2016년 현재 48세인 KM 비를라의 재산은 70억 달러(8조 2,500억 원)로 인도 7위 갑부다.

아디티야비를라그룹은 인도가 자랑하는 다국적 기업이다. 우리나라를 비롯해 태국, 필리핀, 인도네시아, 중국, 이집트, 미국, 캐나다, 호주 등 약 40개국에 진출해 있다. 매출액의 50% 이상을 해외에서 올리고 있을 정도로 명실상부한 다국적 기업이다. 2014년 그룹 매출액은 410억 달러(48조 3,600억 원), 시장가치는 한화로 41조 5,000억 원으로 인도 4위 재벌이다. 세계 최대 알루미늄 압연업체인 힌달코_{Hindalco}가 주력 기업이며 합성 섬유인 VSF_{Viscose Staple Fiber} 세계 1위, 절연체_{Insulator} 세계 3위, 카본블랙 세계 4위, 시멘트 세계 11위 생산업체다.

사회적 책임에 철저한 기업으로 꼽히는 아디티야비를라그룹은 2007년 인도에서 '가장 훌륭한 고용주'로 선정되었으며 〈월스트리트저널_{The Wall Street Journal}〉에 의해 '아시아 20대 기업'에 선정되기도 했다.

만약 비를라 가문이 갈라지지 않았다면 비를라그룹은 현재 인도 최대 기업인 타타그룹Tata Group이나 릴라이언스그룹Reliance Group을 능가하는 기업이 되었을지도 모른다. 현재 비를라 일곱 그룹에서 생산하는 품목은 자동차를 비롯해 직물, 화학, 섬유, 알루미늄, 구리, 시멘트, 비료, 통신, 금융, IT, 설탕, 유통 등 거의 모든 산업을 포괄할 정도다.

거대한 비를라 제국을 건설한 G.D. 비를라는 릴라이언스그룹의 디루바이 암바니Dhirubhai Ambani와 더불어 20세기 인도기업인의 전설이다.

삼베상인에서 최대 다국적 기업 황제로

G.D. 비를라는 1894년 마르와리의 고향인 인도 북서쪽 사막지역 라자스탄 주 필라니Pilani란 마을에서 태어났다. 아버지 라자 발데오다스 비를라와 어머니 요게시와리 사이의 네 아들 중 셋째였다.

부친 발데오다스도 18세의 어린 나이에 자기 사업에 뛰어든 마르와리 비즈니스맨이었다. 그는 봄베이Bombay에서 면화 투기사업을 해 2층짜리 집을 마련할 정도로 수완이 좋았다. 그래서 발데오다스가 비를라 그룹의 공식 창업주로 불린다. 그러나 실질적인 창업주는 G.D. 비를라로 지칭된다. 왜냐하면 그가 거대한 비를라 제국을 건설한 장본인이기 때문이다. 아버지는 G.D. 비를라가 고향에서 자신의 사업을 이어받기를 원했다. 그러나 1910년 16세에 불과했던 그는 자신의 사업을 개척하기 위해 인도 동부 항구도시인 캘커타Calcutta(지금의 콜카타Kolkata)로 떠난다. 당시 캘커타는 인도의 수도로 전 세계의 많은 사업가들이 모이는 곳이었다.

G.D. 비를라는 첫 사업으로 아편과 은銀 투기에 뛰어들었다. 그러나 그가 처음으로 시작한 이 사업은 실패로 끝났다. 거래하던 은행이 부

도가 난 것이다. 그는 이듬해인 1911년 황마 중개업자로 변신한다. 회사 이름은 'GM 비를라 컴퍼니'. G는 자신의 이름에서, M은 형의 이름에서 따왔다.

그가 시도한 첫 번째 사업이 실패한 것을 본 주변 사람들은 황마사업 대신 아버지가 하던 면화 투기사업을 하라고 권했다. 그러나 그는 이번에도 거부했다. 향후 황마사업이 돈이 될 것으로 확신했기 때문이다. 그의 이런 판단은 나중에 정확한 것으로 판명된다. 황마는 부상자에게 쓰는 붕대 등에 사용됐는데 제1차 세계대전이 발생해 황마에 대한 수요가 폭증했기 때문이다. 사업은 제품이 없어 못 팔 만큼 잘 됐다. 1919년 그의 회사는 인도의 황마회사 중 두 번째로 큰 수출회사로 급부상한다.

금기에 대한 도전 정신

사업에 있어 가장 중요한 것은 어떤 사업 아이템을 선택해 어디서 파느냐다. 그는 황마라는 품목과 캘커타라는 사업지역을 잘 선택했고, 이것이 그의 초기 사업성공의 중요한 요인으로 평가된다. 그러나 그의 황마사업 성공요인은 이것에만 국한되지 않는다. 기존 관례와 금기禁忌에 도전하던 기업가정신도 빼놓을 수 없는 성공요인이다. 이는 당시를 풍미했던 많은 마리와리의 특성이었다. 예를 들어보자.

그는 자신의 황마사업이 번창하기 위해서는 영국 런던사무소 설치가 긴요하다고 판단했다. 당시 영국 등에서는 수입산 황마가 비싼 값에 팔리고 있었기 때문이다. 그는 인도에서 생산된 값싼 황마를 직접 갖다 팔면 장사가 잘될 것이라고 생각했다. 당시 세계 최강국 영국의 식민 지배를 받던 인도로서 최고의 해외 판매지사는 런던이었다. 그러나 인도사람이 외국에, 그것도 사업을 위해 나간다는 것은 전례 없는 일이었다. 인도인은 바다를 건너 외국에 가는 것을 힌두교 교리상 오염되는 일로 생각해 금기로 여겼다. 따라서 해외 사무소 설치에 대한 반대도 극심했다.

그러나 그는 많은 반대에도 불구하고 해외 지사 설치를 강행한다. 마침내 1917년 런던에 사무소가 열렸다. 당시 인도인이 소유한 황마회사 가운데 최초였다. 인도 회사로는 영국 내에서 거의 독점 판매였다. 이 같은 기존 관습과 금기를 뛰어넘는 혁신적인 조치로 인해 그의 회사는 승승장구 한다.

런던사무소 설치로 그는 이제 황마 거래에 관한 한 모든 부문을 관장할 수 있게 됐다. 황마 원료 구입에서부터 포장, 공장 공급, 완성품 구입, 수출에 이르기까지 포괄했다. 오직 하나 빠진 부문이 있다면 황마 원료를 삼베로 만드는 제조 단계였다. 이 과정만 완성하면 그는 단순무역 거래상에서 명실상부한 산업가로 발돋움할 수 있었다.

G.D. 비를라는 앞으로 이 '제조' 부문이 돈이 될 것임을 직감했다. 그래서 제조업에 대해 아는 것이 하나도 없었지만 여기저기서 돈을 마련해 황마공장을 세운다. 이름하여 비를라 황마공장_{Birla Jute Mill}이다. 이는 당시로서는 상당한 모험이었다. 왜냐하면 인도인이 황마공장을 경영한 사례가 없었기 때문이다. 인도 황마산업은 영국인이 장악하고 있을 때였다. 여기서도 G.D. 비를라의 기업가적 도전정신을 엿볼 수 있다.

그러나 시련이 도사리고 있었다. 황마사업을 독점하고 있던 영국인들은 그가 황마공장을 세우자 이를 강하게 견제하고 방해했다. 가장 강력한 견제 세력은 은행이었다. 공장 운영자금을 빌려야 했으나 영국계 은행들은 사실상 거부했다. 인도인이란 이유로 터무니없이 높은 이자를 요구했기 때문이다. 당시 식민지 백성인 인도인으로서 사업을 하는 게 얼마나 어려운 일이었는지 실감할 수 있다. 게다가 황마공장 운영을 위해 주변 땅을 사야 했으나 영국인 땅 주인들은 그에게 땅을 팔지 않았다.

많은 어려움을 무릅쓰고 그가 황마 제조업을 시작하자 영국계 사업가들의 방해와 비방이 절정에 달했다. 그동안 독점적 이득을 향유하던 자신들의 사업영역에 식민지 백성 인도인이 끼어들어 왔기 때문이다. 그들은 황마 재배업자들에게 압력을 행사해 그에게 황마를 공급하지 못하게 했다. 그들은 또 그가 자신의 공장 부근 땅을 정당하게 구매했음에도 이에 대한 소유권을 갖지 못하도록 방해했다. 결국 법정까지 가게 됐고, 비를라의 승소로 끝났다. 이러자 영국인 사업가들은 그를 '해적', '침입자', '악한' 등으로 부르며 비난하고 계속해서 훼방을 놓았다.

영국인 사업가들의 집요한 방해에도 불구하고 비를라 황마공장은 나날이 번창했다. 삼베 제조사업이 유망할 것이라는 그의 전망이 들어맞았고, 다른 인도인들이 감히 꿈꾸지 못한 분야에 앞서 진출함으로써 선점의 이득을 톡톡히 누렸다.

처음으로 진출한 제조업의 성공은 그에게 큰 자신감을 주었다. 이는 보다 큰 사업에 대한 야망에 불을 붙였다. 그래서 다음 단계로 그는 면직물사업에 진출한다. 당시 영국인들은 인도산 면화를 싼값에 사서 영국 공장에서 면직물을 만들어 인도에 들여와 비싸게 팔았다. 따라서 비를라는 면화공장을 세워 면직물을 제조하면 잘 팔릴 것이라고 판단했다.

그에게 면직물사업은 익숙했다. 그의 아버지가 면화 투기사업에 종사하고 있었기 때문이다. 게다가 그는 몇년 전 작은 면화공장을 인수해 면화사업에 이미 발을 담그고 있던 상황이었다. 그는 이 공장을 대규모로 확장한 후 비를라 면화공장Birla Cotton Mill이라고 이름 붙였다.

그는 면직물사업의 성공을 위해 밤낮을 가리지 않고 일했다. 하루 열두 시간 이상을 면화공장에서 보냈다. 기계가 어떻게 작동하는지 배우고, 손수 작업도 해보았으며, 기계에 이상이 없는지 점검도 하루에 수차례씩 했다. 물론 경영과 관련된 원료 구입과 상품판매, 재무회계 등에도 철저했다. 면직물사업도 크게 성공했다.

비를라의 세 가지 경영철학

제1차 세계대전이 끝나자 또 다른 기회가 찾아왔다. 전쟁이 끝나자 황마나 면화에 대한 호황도 끝났다. 그러자 경영이 어려워지면서 도산하는 황마, 면화 기업들이 속출했다. 그는 기회를 놓치지 않고 기업들을 헐값에 사들였다. 기업 규모가 더욱 커졌다. 하지만 그가 싼값에 사들인 공장 중에는 부실기업도 적지 않았다. 이를 통해 그는 뼈아픈 교훈을 깨닫고 자신만의 경영철학을 세운다.

첫째, 기업이나 공장을 인수하기보다는 스스로 공장을 세워야 한다는 점이다. 오늘날 '세계 철강왕'으로 통하는 마르와리 기업인 락시미 미탈Lakshmi Mittal은 인수합병M&A을 통해 세계 최대 철강회사를 일궜다. 그러나 같은 마르와리 상인 출신인 G.D. 비를라의 전략은 달랐다. 그는 기업 인수로 피해를 본 후부터 남의 기업을 사들이는 대신 필요할 때마다 자신의 기업을 세웠다. 이런 경영철학은 손자인 AV 비를라에게도 그대로 전수되었다. AV 비를라는 비를라그룹을 경영하면서 100여 개나 되는 공장을 건설한 것으로 유명하다.

둘째, 필요할 때 신속한 결정을 내리고 결정이 내려지면 가차 없이 추진한다. 예를 들어 공장 기계를 구매하기로 결정하면 바로 구매에 나섰다. 측근들이 기계 가격이 더 떨어질 때까지 기다려보자고 권해 이를 따랐다가 낭패를 본 적이 한두 번이 아니었다. 그래서 의사 결정은 신속히 하되 일단 어떤 결정이 내려지면 바로 이행했다. 이른바 '적시適時 경영'이요, 타이밍을 중시하는 전략이다.

셋째, 사원 채용에 있어 무엇보다 신용을 가장 중시했다. 즉, 학력이나 능력보다 우선 믿을 수 있는 사람을 뽑겠다는 것이다. 이는 같은 지역, 같은 가문 출신인 마르와리 상인 위주로 채용하는 결과로 나타났다. 설령 능력이 좀 부족하더라도 이들을 뽑아 훈련시켜 활용했다. 친인척 위주로 뽑으니 회사 내에 정년이란 개념도 없었다. 정규학교 학력을 중시하지 않았던 그로선 자연스러운 인력 채용방식이었다. 비를라그룹의 폐쇄적 인력 채용방식은 이후 수십 년간 계속된다. 그러다 인도경제의 개방으로 경쟁이 격화되는 1990년대에 와서야 변화한다.

실생활에서 직접 겪으며 체득한 이 세 가지 교훈은 G.D. 비를라의 일생을 관통하는 경영철학이 되었다. 후손들에게 전수되어 비를라그룹의 문화와 경영철학이 되었음은 물론이다.

간디의 영원한 후원자가 되다

비즈니스에서 일정한 성과를 거두자 그는 정치에 뛰어든다. 진작부터 그는 정치에 뜻이 있었다. 권력에 대한 야망 때문이 아니었다. 인도의 독립에 대한 열정 때문이었다. 그는 젊을 때부터 인도의 독립에 큰 관심을 가졌다. 영국의 식민통치를 벗어나려는 뜨거운 열정과 혁명의 가슴을 지니고 있었다. 20대 초반 그는 영국의 지배에 대항하기 위해 스스로 무기사용법을 배웠다. 독립활동을 했다는 이유로 경찰로부터 수배당하기도 했다. 그러나 그가 특정 무장단체와 연결되지 않았다는 걸 파악한 경찰은 수배를 해제한다. 이 사건 이후에도 그는 인도가 독립하기 위해선 무장투쟁이 중요하다고 생각했다. 그러나 비폭력 투쟁을 내건 간디를 만나고 난 이후 무장투쟁에 대한 그의 생각은 바뀐다.

그가 정치에 첫발을 들여놓은 곳은 마르와리상인협회였다. 마르와리 가문 출신인 그는 일찍부터 이 협회 회원이었다. 그러나 아직 젊고 사업에 몰두하던 그는 협회 활동에 관심을 둘 여유가 없었다. 하지만 사업이 번창하고 영향력이 커지면서 협회 내에서 그의 입지도 급속도로 커졌다. 특히 그는 영어실력이 출중해 모든 마르와리 상인들은 그를 자랑으로 여겼다. 당시만 해도 마르와리 상인치고 영어를 능통하게 말할 수 있는 사람은 극히 드물었기 때문이다. 그의 영어실력은 영국인과 1대 1로 토론을 해도 지지 않을 만큼 출중했다.

여기서 잠시 그가 어떻게 영어를 배웠는지 살펴보자. 그는 불과 16세 때 사업을 시작했다. 사업에 뛰어들기 전 학업 기간이 짧았다. 그의 공식 학력은 고등학교 중퇴가 전부다. 시쳇말로 '가방끈'이 짧았다. 시골 고향에서 초등학교 등을 다니긴 했지만 교육환경은 열악하기 짝이 없었다. 학교란 곳에 책도 한 권 없고, 교실도 없어 야외에서 수업을 받곤 했다. 특히 전통적으로 비즈니스를 하던 마르와리들은 학교 교육보다는 비즈니스 실무교육에 중점을 두었다. 영어가 비즈니스에 매우 필요하다는 사실을 절감한 그는 스스로 영어공부에 매진한다. 시간이 날 때마다 영어로 된 책을 읽고 또 읽었다. 집에서도, 학교에서도, 사무실에서도 늘 영어책과 씨름했다. 그 결과 영국인 브로커나 상인들과 직접 영어로 협상하는데 전혀 지장이 없게 되었다.

협회 내 인기와 영향력을 배경으로 그는 1921년 협회장 선거에 출마해 당선됐다. 나이와 경륜에서 앞선 쟁쟁한 경쟁자들을 물리친 승리였다. 이때 그의 나이 불과 26세였다. 그러나 이후 협회 내에서 권력 암투가 벌어지자 그는 새로운 조직 인도상공회의소Indian Chamber of Commerce를 설립한다. 특정 지역이나 특정 상인집단의 이익이 아닌, 인도 전체 사업가들의 이익을 대변하는 인도 최초의 상공인 단체였다. 물론 그가 회장을 맡았다. 그의 지도하에 인도상공회의소는 전국적 단위의 각종 기업인 행사를 적극 주관했다. 간디가 불복종운동으로 인해 체포되었을 때는 인도 상공인을 대표해 영국정부에 강력히 항의하기도 했다.

이후 그는 인도상공회의소를 확대 발전시켜 인도상공회의소연맹 FCCI을 설립한다. 전 인도기업인들을 대표하는 명실상부한 조직이다. FCCI는 영국의 부당한 경제 지배에 항의하는 강력한 결사체가 된다. 20~30대의 젊은 나이에 이런 전국적 조직을 만들고 관리하는 조직력과 지도력이 놀랍다.

이 같은 활동으로 전국적 인물이 된 그는 1928년 연방 국회의원에 당선된다. 경제적으로뿐만 아니라 정치적으로도 전국적 영향력을 가진 '젊은 거물'로 등장한 것이다. 이런 배경을 바탕으로 그는 영국 식민통치에 대항해 인도인과 인도기업인들의 이익을 적극 대변한다. 특히 통화와 환율 등 금융통이었던 그는 국회 내에서 인도의 무역적자를 심화시키는 영국정부의 인위적 환율조작에 대해 신랄히 비판했다.

그의 영향력과 위상이 높아지면서 간디와의 관계도 보다 공고해졌다. 그가 간디를 만난 것은 1916년. 간디가 당시 인도의 수도였던 캘커타를 방문했을 때다. 한 마르와리 상인이 그에게 간디를 소개해주었다. 이후 간디가 죽는 1948년까지 32년간 그들은 각별한 친분관계를 유지했다. 그는 간디에게 경제 관련 정책자문을 해주었고, 아무런 대가 없이 많은 경제적 후원을 제공했다. 기업인 출신인 그와 무소유를 주장하는 간디는 여러 면에서 의견을 달리했지만 그는 간디를 전폭적으로 지지했다. 경제적 후원과 관련, 간디가 요청하면 거부한 적이 없었다고 한다.

또한 간디가 추진하던 하리잔운동_{Harijan Movement}에도 적극 동참했다. 하리잔이란 간디가 카스트 최하층민인 불가촉천민을 일컬었던 말로 하리잔운동은 간디의 불가촉천민 지위향상 운동을 지칭한다. 마르와리 상인 가문 출신으로 돈 많고 권력 있는 기득권층인 그가 천민들의 지위향상 노력에 동참했다는 사실은 그가 얼마나 혁신적인 인물이었는지를 잘 보여준다. 그래서 평소 간디는 그를 매우 신뢰하고 칭찬을 아끼지 않았다. 1926년 4월 간디가 그에게 보낸 편지에도 그런 간디의 마음이 잘 나타나 있다.

"지난 힌두-이슬람 폭동에서 당신이 보여준 평화적이고도 용감한

위대한 지도자였던 간디(왼쪽 사진)와 간디의 지원자였던 G.D. 비를라

태도는 정말 존경할만 하오. 그것은 보통 사람이 감히 흉내 내기 힘
든 영웅적인 행동이었소."

정치인에서 다시 기업인으로

정치에 발을 들여놓았으나 G.D. 비를라의 정치활동은 그렇게 오래
가지 않았다. 그는 본래 정치인이라기보다 기업인이었기 때문이다. 그
가 기업 활동을 떠나있는 동안 그의 기업은 형을 비롯한 가족들이 맡
았다. 그가 정계에 몸담은 약 10년 동안 새로 추진된 사업은 거의 없었
다. 인도의 유력 신문 〈힌두스탄 타임스Hindustan Times〉 인수가 유일했다.
1929년 미국에서 발생한 대공황으로 기업 환경도 갈수록 악화됐다. 그
는 본업인 비즈니스로 돌아가야겠다고 생각했다. 고민 끝에 1930년 마
침내 그는 의원직을 사임한다. 어려운 결단이었다.

G.D. 비를라가 경영에 복귀하자마자 추진한 사업은 제당업체 설립
이었다. 시장조사를 해본 결과 제당사업이 장래성이 있었다. 논리는
면화사업과 비슷했다. 영국인들은 값싼 인도 사탕수수를 영국으로 가

져가 제당한 후 인도에 들여와 비싸게 팔았다. 당시 인도에는 이미 여러 개의 제당회사가 영업 중이었다. 두 개의 대형 영국계 회사를 비롯해 인도계 중소형 회사도 여럿 존재했다.

그럼에도 불구하고 그는 사업성이 충분하다고 판단했다. 여기서 그는 과감한 결정을 내린다. 제당공장을 단지 한 곳만 세우는 것이 아니라 다섯 곳을 동시에 설립키로 한 것이다. 이에 따라 회사가 갖고 있는 모든 돈을 다섯 개의 공장 건설에 집중 투자했다. 이는 어떻게 보면 아주 무모한 결정이다. 향후 사업이 잘 될지 어떨지 불확실한 상태에서 설탕산업에 '올인All In' 투자를 한 것이다. 일종의 도박이라 할 수 있다.

그런데 이 같은 도박은 크게 성공한다. G.D. 비를라의 회사는 기존에 있던 두 개의 대형 영국계 업체 다음으로 큰 제당회사로 부상했다. 뿐만 아니라 수십 퍼센트의 높은 수익성을 냈다. 이를 본 다른 인도기업들도 너도나도 제당사업에 진출하기 시작했다. 그러나 그의 회사가 인도기업으로는 최대 규모로 앞서 진출했기 때문에 여타 후발 인도기업들은 상대가 되지 않았다.

G.D. 비를라가 당시 시장을 장악하고 있던 영국계 대형 제당업체를 공략하는데 사용한 마케팅 전략도 주목할 만하다. 간디가 주창한 스와데시운동Swadeshi Movement을 적극 활용한 것이다. 스와데시운동은 인도판 '물산장려운동'으로 영국산 대신 인도 국산품을 애용하자는 일종의 독립운동이다. 그는 '인도의 국산품 애용! 인도인은 인도인이 만든 설탕을 사용합시다'란 슬로건으로 인도인들의 마음을 파고들었다.

제당사업의 성공을 통해 그는 새로운 경영교훈을 배운다. 첫째, 새로운 사업은 경쟁자보다 앞서 진출해야 한다. 둘째, 투자를 하려면 대규모로 해야 한다. 셋째, 주어진 외부 환경적 요인을 최대한 활용한다. 이때부터 그는 새로운 사업을 시작할 때마다 이런 원칙을 철저히 준수했다.

대규모 투자는 시간이 오래 걸린다. 그러나 일단 대규모 투자가 이루어지면 시장지배자가 될 수 있다. 즉, 이런 '시장지배자 전략'을 사용할 수 있을 정도로 그의 사업 규모가 커진 것이다. 이런 전략은 이후 1960년대 시멘트와 알루미늄 사업에 진출할 때도 적용해 큰 성과를 냈다. 손자인 아디티야 비를라는 이 전략을 전수 받아 비를라그룹의 경영철학으로 삼았다. 아디티야비를라그룹이 합성섬유 VSF, 절연체, 카본블랙 등의 생산에서 세계적 위치를 고수하고 있는 이유도 바로 그런 전략 덕분으로 평가된다.

전쟁은 G.D. 비를라에게 중요한 도약의 기회였다. 전쟁으로 인해 생긴 사업기회를 충분히 활용했기 때문이다. 제1차 세계대전이 발발했을 때 황마와 면화에 대한 수요가 급증해 사업을 크게 키울 수 있었다. 제2차 세계대전 때도 마찬가지였다. 전쟁 전 시작한 제당사업과 제지사업이 제2차 세계대전 동안 대호황을 기록했다. 이에 따라 인도가 독립하는 해인 1947년 이전에 비를라그룹은 이미 타타그룹에 이어 인도 제2기업으로 발돋움한다. 독립 이후에도 비를라그룹은 승승장구한다.

30년간 9,000% 초고속 성장

비를라그룹의 성장 속도가 얼마나 빨랐는지 살펴보자. 한창 잘 나가던 1939년부터 1969년까지 30년간 인도를 대표하는 두 기업 타타그룹과 비를라그룹은 눈부시게 성장했다. 그러나 성장률 면에서 타타는 비를라의 상대가 되지 않는다. 이 기간 동안 타타의 자산은 6억 2,420만 루피(110억 원)에서 50억 5,360만 루피(887억 원)로, 비를라는 4,850만 루피(8억 5,000만 원)에서 45억 6,400만 루피(801억 원)로 증가했다. 타타는 709% 성장한 반면 비를라는 9,310% 급성장했다. 거의 1만%에 가까운 경이로운 성장이다. 또 20세기 후반 성공 기업들과 비교해도 마찬가지다. 1980년대 성공신화인 바자즈오토Bajaj Auto는 1,852%, 전설적 성공기업 릴라이언스는 1,100% 성장했다. 비를라의 성장은 타의 추종을 불허한다. 가히 세계 기업사에 남을만한 초고속 성장이었다.

이 같은 비를라그룹의 초고속 성장에 대해 일부에선 곱지 않은 시선을 보내기도 한다. 독립 후 정권과 유착해 발전했다느니 인도정부의 허가제 경제체제License Raj 하에서 특혜를 입었다느니, 하는 비판이 바로 그것이다. 그러나 허가제 경제체제가 제안된 것은 1950년대이다. 이는 1960년대 들어 입법화됐고, 1970년대부터 본격적으로 가동됐다. 따라서 1970년대 이전에 이루어진 비를라그룹 고속성장의 원인이 인도정부와의 유착하에서 특혜를 받았기 때문이라고 주장하는 것은 무리다.

오히려 G.D. 비를라는 독립 이후 집권한 자와할랄 네루Jawaharlal Nehru 총리 체제에서 각종 견제와 제재에 시달렸다. 네루 행정부는 최고위 행정부 요원을 지명해 비를라그룹의 설립에서부터 제2차 세계대전 말까지의 모든 사업행위를 조사토록 했다. 일종의 세무조사인 셈이다. 이 조사는 장기간에 걸쳐 진행됐다. 이런 장기간 세무조사가 기업 활동에 큰 장애가 됐음은 물론이다. 아래는 잇따른 정부의 사업 규제에 좌절한 그가 1953년 네루 행정부에 보낸 서한의 내용 중 일부다.

"우리는 최근 영국 제조업체와 독일 철강업체로부터 합작사업을 하자는 제안을 받았습니다. 60대인 저는 이제 단순히 돈을 벌기 위해 새 사업을 벌이는 데에는 관심이 없습니다. 저의 유일한 관심은 이 나라의 산업 발전입니다. 이 합작사업을 해도 되는 지에 대해 정부에 여러 차례 문의를 했으나 아직까지 회신을 받지 못했습니다. 과연 이 사업들을 추진해도 되는지 알고 싶습니다."

이런 간절한 서신을 정부에 보냈지만 정부는 이번에도 응답이 없었다. 대신 네루 정부는 당시 비를라그룹이 야심차게 추진하던 항공사업을 같은 해 국유화시켜 버렸다. 기가 막힐 일이었다. 또한 네루의 딸인 인디라 간디 총리 정부는 1970년대 그의 UCB 은행도 국유화했다. 영국 식민지로부터 독립한 후로 오히려 그는 자주 좌절해야 했다. 이처럼 규제와 통제가 강한 상황에선 혁신적인 기업 활동이 불가능했다. 그래서 1970년대 이후 그의 손자 아디티야비를라는 인도시장이 아닌 해외시장 개척에 적극 나선다. 그 결과 아디티야비를라그룹은 인도 최초, 최대의 다국적 기업으로 변모한다.

수많은 학교 병원 등 세워 사회적 책임 다해

G.D. 비를라는 기업의 사회적 책임에도 매우 철저한 편이었다. 과학 교육의 중요성을 일찍 인식한 그는 자신의 고향 필라니에 미국 매사추세츠공과대학교MIT를 본떠 공과대학을 세웠다. 유명한 비를라기술과학대학Birla Institute of Technology and Science이 바로 그것이다. 인도 최고의 명문 국립 인도공과대학교IIT, Indian Institute of Technology에 버금가는 명문 사립 공과

인도의 전설적인 기업인 G.D. 비를라

대학으로 평가받고 있다.

그는 이외에도 수십 개의 학교를 설립해 교육사업에 있어 '교육의 명가名家'로 불리는 타타 가문에 못지않은 열정을 쏟아 부었다. 그는 인도 최고의 병원 중 하나로 꼽히는 봄베이병원을 비롯해 캘커타 등지에 수많은 병원을 설립했다. 최고의 시설과 진료를 자랑하는 이 병원들은 진료의 80%가 무료다. 또 절실한 힌두교 신자였던 그는 힌두교 사원인 비를라사원을 전국 방방곳곳에 세우기도 했다.

그가 기업의 사회적 책임을 다하려 노력한 것은 간디에게 많은 영향을 받았다. 간디는 평소 기업인들의 재산은 그들의 것이 아니며 사회를 위해 쓰라고 그들에게 일시적으로 맡겨진 것이라고 주장했다. 유명한 간디의 '신탁信託 이론'이다. 이에 따라 그는 간디의 독립운동을 경제적으로 후원하고 자선과 공공복지 활동에도 적극 나서게 된다. 자신은 물론 가족들에게도 근검절약을 생활화하도록 했으며, 비리 스캔들이

인도공과대학교와 함께 인도 최고의 이공계 대학으로 평가받는 비를라기술과학대학

생기지 않도록 최대한 노력했다. 그는 돈을 벌면 이를 소비하는데 쓰지 않고 재투자하는데 지출했다. 그는 돈에 대한 간디의 철학을 누구보다 앞서 몸소 실천한 기업인이었다.

1977년은 G.D. 비를라에게 비즈니스 차원에서 의미 있는 해였다. 이해에 비를라그룹은 매출에서 사상 처음으로 타타그룹을 앞섰기 때문이다. 비록 한 해에 그치긴 했지만, 그는 자신이 일군 기업이 인도 최대 기업으로 부상하는 순간을 목격한 것이다. 이후 심장마비로 쓰러진 그는 런던에서 치료를 받다 1983년 6월 88세의 나이로 세상을 떠난다. 20세기 인도 산업계를 풍미했던 큰 별이 진 것이다.

그는 죽기 직전 한 인터뷰에서 '인생에서 이루고자 했던 업적이 무엇이었느냐'는 질문에 이렇게 대답했다.

"제가 평생을 통해 이루려고 했던 목표는 대단한 사업가가 되는 것
이 아니었습니다. 단지 좋은 사람이 되고자 했지요. 이제 여러분들,
G.D. 비를라에 대해선 잊어주십시오."

자신의 존재를 잊어달라고 강조했던 20세기 위대한 마르와리 기업
인 G.D. 비를라는 인도기업사에서 잊을 수 없는 전설이 되었다.

글로벌 기업으로 거듭나는 '비를라 제국'

> "핵심역량 집중 전략 대신
> 재벌처럼 다양한 사업에 진출할 계획"

아디티야비를라그룹
KM 비를라 회장

인수합병과 공격적인 신규사업 진출

20세기 최고의 마르와리 기업인 G.D. 비를라가 죽자 그가 일군 주요 사업은 손자인 AV 비를라가 물려받았다. AV 비를라는 뛰어난 경영능력을 발휘해 아디티야비를라그룹을 인도 최대의 글로벌기업으로 성장시킨다. 그러나 1995년 그룹은 큰 위기에 직면한다. 그룹 회장인 AV 비를라가 전립선암으로 갑자기 사망했기 때문이다. 향년 51세였다. 이에 따라 당시 28세였던 아들 KM 비를라가 그룹 회장에 오른다.

아버지 AV 비를라는 증조 할아버지 G.D. 비를라를 잇는 뛰어난 기업인이었다. 인도정부의 각종 규제로 기업 활동이 어렵자 밖으로 눈을 돌려 해외 사업 확장에 크게 기여한 인물이다. 그는 당시 인도의 최대 다국적 기업을 건설한 장본인이었다. 때문에 젊은 KM 비를라가 경영권을 승계하자 주변에서 크게 우려했다. 그의 성격이 수줍음을 많이 타는데다 기업 경영 경험도 일천했기 때문이다. 아버지를 이어 거대 그룹을 제대로 이끌어갈 수 있을지 회의적인 시각이 많았다.

그러나 그는 곧 이런 우려가 기우였음을 증명한다. 비록 20대 젊은 나이에 거대 그룹 총수에 올랐지만 그 역시 마르와리 후손으로서 탁월한 경영능력을 보여주었기 때문이다. 그는 그룹 문화와 리더십, 경영전략에 대대적인 변화와 혁신의 바람을 몰고 왔다. 친족 중심의 전근대적인 경영에서 글로벌 기업으로 탈바꿈시키는 '비를라 르네상스'를 주도했다.

그룹 규모와 가치 측면에서도 괄목할만한 성장을 이뤘다. 부친이 사망한 1995년 15억 달러(1조 7,800억 원)였던 매출은 2014년 410억 달러(48조 4,200억 원)로 대폭 늘어났다. 자그마치 27배 이상 규모가 커졌다. 2015년 2월 기준 기업가치(시가총액)도 2조 3,000억 루피(40조 3,600억 원)로 인도 기업순위 4위를 차지하는 인도의 대표그룹으로 뛰어올랐다.

KM 비를라는 1967년 6월 14일생이다. 2016년 기준 48세다. 공인회계사이기도 한 그는 1992년 영국 명문 런던비즈니스스쿨LBS에서 경영학 석사학위를 받았다. 젊은 나이에 거대 그룹 경영을 승계한 그였지만 당시 그다지 두렵지는 않았다고 한다. 1992년 MBA를 마친 후 마르와리 가문의 관례대로 그룹에서 경영수업을 받던 터였기 때문이다. 여기에 어릴 적부터 배운 마르와리 가정교육도 큰 보탬이 됐다. 부모들은 그가 항상 독립적으로 사고하고 스스로 결정하도록 가르쳤다. 어린 그에게 가족 누구도 무엇을 하라고 강요하지 않았다. 그는 언제나 스스로 결정했고, 이미 이에 충분히 익숙한 상태였다.

할아버지 BK 비를라Basant Kumar Birla의 격려도 큰 힘이 됐다. 90세에 가까운 나이에 BK 비를라그룹을 이끌던 할아버지는 아들 AV 비를라가 죽자 손자에게 다음과 같이 말했다.

> "너에게 맡겨진 책임이 막중하다. 앞으로 네가 어떻게 이를 처리해 나갈 지 모든 사람이 주시하고 있다. 나는 네가 하는 사업에 이러쿵 저러쿵 관여치 않을 것이다. 모든 것은 네가 알아서 하도록 해라. 그러나 기업 운영과 관련해 네가 감당하기 너무 벅찬 것이 있으면 언제라도 내게 요청해라. 기꺼이 너를 도와줄 것이다."

그는 할아버지를 위시한 마르와리 친척들의 도움 없이도 그룹을 잘 이끌어 갔다. 경영을 승계한 후 그가 가장 먼저 추진한 일은 그룹 통합과 그룹 브랜드 강화였다. 그는 1996년 그동안 개별 회사명으로 운영되던 기업들을 통합해 '아디티야비를라그룹'으로 명명했다. 아버지를 기리기 위해 그룹명에 아버지 이름을 붙인 것이다.

이와 함께 그룹 로고로 '떠오르는 태양'을 채택했다. '아디티야'는 힌디어로 '태양'을 뜻한다. 새로운 로고를 채택한 이유는 새 시대의 도래를 알리기 위해서였다. 아울러 이제 새로운 변화가 시작됨을 전하기 위해서기도 했다. 일종의 '브랜드 내 브랜드 전략'이다. 인도인들 가운데 비를라 가문 그룹을 모르는 사람은 없다. 그러나 그는 그 가운데 아디티야비를라그룹을 브랜드화하기 위해 새로운 로고를 만든 것이다. 요즘 인도인들은 비를라그룹하면 자연스럽게 '떠오르는 태양' 아디티야비를라그룹을 떠올린다.

이어 그는 충격적인 조치를 발표한다. 창업 이후 정년이 없던 그룹에 정년제를 도입했다. 정년을 60세로 정한 후 60세가 넘은 350명의 부사장급 이상 임원을 단번에 해임키로 결정했다. 100년의 그룹 역사에서 전례가 없던 일이었다.

비를라그룹은 친족인 마르와리 출신 위주로 인력을 채용했다. 일단 채용하면 정년이 없었다. 죽을 때까지 근무하는 명실상부한 종신고용 제도였다. 이는 그들의 자식에게도 어김없이 적용됐다. 자식들의 비를라그룹 취업이 보장됐고 정년까지 해고 걱정 없이 일할 수 있었다.

젊은 신임 회장 KM 비를라가 보기에 이는 큰 문제가 있었다. 직원 자녀들 가운데 똑똑한 사람들은 세계적인 다국적 기업 등 보다 좋은 곳에 취직했다. 반면 갈 데 없는 자식들만 자신의 회사에 입사했다. 이러니 새로운 인재가 들어올 여지가 적었고, 기업 경쟁력이 생길 리 만무했다. 과거처럼 폐쇄적인 경제체제라면 큰 문제가 없을 수도 있다. 그러나 1990년대 초 개방한 인도경제는 치열한 경쟁의 바다에 뛰어든 상태였다. 비효율, 비능률을 초래하는 시대착오적 시스템을 바꾸지 않을 수 없었다. 처음에는 반대가 극심했지만 이제는 다들 이해한다. 이 조치를 통해 구시대 가신그룹을 정리하고 능력 있는 새 인물들을 외부에서 수혈했다.

기업 인수합병에도 적극 나섰다. 인수합병은 비를라그룹의 사업 전략이 아니었다. G.D. 비를라 이래 비를라그룹의 신규사업 진출은 기업인수가 아닌, 새 공장이나 새 회사 설립을 통해 이루어졌다. 그러나 개방된 경제에서 이 방식으론 글로벌 기업과 경쟁하기가 어려웠다. 인도경제는 1947년 독립 이후 1991년까지 수십 년간 폐쇄돼 있어 기업들의 경쟁력이 크게 저하됐다. 이런 상태에선 아무리 신규 기업이나 공장을 세운다고 해서 갑자기 경쟁력이 생길 리 만무했다. 이에 대한 해결책이 글로벌 기업의 인수였다. 글로벌 기업인수는 인도기업들의 덩치를 크게 키움은 물론 인수 회사를 통해 단기간에 기술력을 향상시킬 수 있기 때문이다.

대표적인 예가 2007년 아디티야비를라그룹의 간판기업 힌달코의 캐나다 노벨리스_{Novelis} 인수다. 힌달코는 세계 최대 알루미늄 압연 업체인 노벨리스를 60억 달러(7조 1,100억 원)에 매입했다. 이로써 새 합병회사 힌달코노벨리스는 단숨에 '포천 500대 기업'으로 부상하는 기염을 토했다. 이밖에도 그는 시멘트 업체 L&T와 호주의 구리광산, 소매업체, 정보통신업체 등 많은 기업을 사들였다.

특히 눈에 띄는 변화는 비즈니스 영역의 확대다. 과거 비를라그룹은 인도의 다른 재벌들과 달리 문어발식 확장을 하지 않았다. 황마, 면화, 시멘트, 알루미늄, 철강, 구리, 설탕 등 원자재 사업에 특화했다. 선택과 집중을 통해 사업규모와 경쟁력을 키웠다. 이른바 핵심역량_{Core Competence} 집중 전략이다. 그러나 KM 비를라 회장은 이 전략을 신뢰하지 않는다. 그는 다른 재벌들처럼 산업의 모든 분야로 진출하려는 계획을 갖고 있다.

> "저는 핵심역량 이론을 그다지 믿지 않는 편입니다. 재벌인 아디티야비를라그룹은 앞으로 많은 다양한 사업에 진출할 계획입니다. 만약 그 분야에 성공적으로 진출해 지배적 사업자가 될 수 있을 것이란 확신만 있다면 말입니다."

좀 특이한 전략이다. 요즘 세계 기업들의 추세는 선택과 집중을 통한 경쟁력 향상이다. 그는 이와는 정반대의 길을 가고 있다. 어쨌든 최근 아디티야비를라그룹은 원자재 외에 소비자 가전과 소매, 유통, 금융, IT, 브랜드 의류 등 다른 영역으로 사업을 급속히 확대하고 있다. 선친에게 물려받은 분야에 그치지 않고 새 사업 영역을 빠르게 확대, 구축하고 있는 것이다.

리더십도 크게 달라졌다. 과거 비를라그룹의 리더십은 주로 개인의 카리스마에 의존한 권위주의적 리더십이었다. 예를 들어 그의 아버지가 회사 직원에게 전화하면 사람들은 벌떡 일어나서 전화를 받았다. 아버지와 직원들 간에는 자주 접촉해 마음으로 통하는 상호 교감이 있었다. 반면 그의 리더십은 개인이 아닌 팀과 그룹 지향적이다. 그는 개인이 아닌 팀이 자율적으로, 적극적으로 나서길 원한다. 그래서 구성원들에게 보다 많은 자유와 권한도 부여했다. 마르와리 친족끼리의 경영이 판치던 그룹에 전문경영인 체제도 도입했다. 과거 그룹 회장의 지시만을 기다리는 체제에서 팀 스스로 움직이는 체제로 변화시켰다.

KM 비를라의 단기적 사업 목표는 새로 진출한 소매유통, 정보통신, IT, 금융, 엔터테인먼트 등에서 시장 지배 사업자의 지위에 오르는 것이다. 그의 장기적 목표는 세계에 내로라할 만한 세계 최고 수준의 글로벌 그룹이다. 과연 이 목표는 달성될 수 있을까.

그의 할아버지와 할머니는 이 목표가 반드시 실현될 것이란 굳은 신념을 갖고 있다. 이런 신념은 다음과 같은 일화에 근거하고 있다. KM 비를라가 세 살 때 일이다. 비를라그룹은 180여 명의 종교 지도자들이 참석하는 대규모 종교집회를 개최했다. 이 집회에 참석하고 돌아간 스리랑카의 한 무슬림 지도자는 그의 미래를 예언하는 편지를 할아버지에게 보냈다. 예언 내용은 두 가지였다. 그가 일곱 살이 되면 크게 아플 것이고, 역대 비를라 가문에서 가장 뛰어난 기업가가 될 것이라는 예언이었다. 이후 그는 일곱 살 때 실제로 뇌막염으로 거의 죽다가 살아났다. 따라서 조부모는 그가 최고의 기업인이 될 것이라는 두 번째 예언도 반드시 이루어질 것이라고 믿는다. 과연 나머지 예언도 실현될까. 지금까지 이룬 성과를 바탕으로 판단할 때 2016년 기준 48세에 불과한 그가 두 번째 예언을 실현시키지 못할 이유는 없어 보인다.

'새롭게 떠오르는 태양' 아디티야비를라그룹. 마르와리의 대표기업인 이 그룹이 21세기 글로벌 시대에 활활 타오르는 태양이 될지 아니면 석양에 지는 해가 될지 지켜보도록 하자.

세계1위 철강기업의 위엄

—

아르셀로미탈스틸
'락시미 미탈'

세계 최대 철강기업의 탄생

2006년 6월 세계 철강업계를 발칵 뒤집어놓는 빅뉴스가 발표되었다. 세계 1위 철강기업인 미탈스틸Mittal Steel이 2위 아르셀로스틸Arcelor Steel을 인수합병한다는 내용이었다. 이를 통해 경쟁 기업들이 감히 넘볼수 없는 슈퍼 공룡 철강기업이 탄생했다. 합병회사 이름은 아르셀로미탈스틸Arcelor Mittal Steel· 인수 금액은 무려 395억 달러(46조 7,400억 원)에 달했다. 미탈스틸의 자문사인 골드만삭스Goldman Sachs가 자문료로 받은 돈만 1억 9,000만 달러(2,250억 원)가 넘었다.

'철강왕'하면 우리는 미국의 앤드류 카네기Andrew Carnegie를 떠올리지만 세계 철강 지배력에서 카네기를 훨씬 능가하는 '21세기 철강왕'이 있다. 바로 합병회사 아르셀로미탈스틸의 회장인 마르와리 기업인 락시미 미탈Lakshmi Mittal이다.

룩셈부르크에 위치한 세계 최대 철강회사 아르셀로미탈스틸 본사

아르셀로미탈스틸이 얼마나 큰 회사길래 미탈 회장을 '21세기 철강왕'이라고 부르는 것일까. 아르셀로미탈스틸 합병 회사의 연간 조강 생산능력은 2007년 말 기준 1억 3,000만 톤으로 2위인 일본 신일본제철新日本製鐵의 3,270만 톤보다 세 배 이상 많다. 한때 세계 최대 철강기업이었던 포스코POSCO(3,010만 톤)도 상대가 안 된다. 특히 카네기 철강회사를 물려받은 미국의 유에스철강(2,120만 톤)보다 다섯 배 이상 앞선다. 세계 철강업계에 감히 경쟁자가 없는 '매머드 철강기업'이다.

가난한 마르와리 상인의 맏아들

락시미 미탈은 1950년 인도의 대표적인 상인계급 마르와리의 고향인 인도 북서부 라자스탄 주 사둘푸르Sadulpur에서 태어났다. 사둘푸르는 수도 뉴델리New Delhi에서 약 300㎞ 정도 떨어져 있는 자그만 시골 마을이다. 그는 다섯 아이 중 맏이였다.

아버지의 선견지명이었을까. 부친은 그의 이름을 힌두교에서 '부富의 여신'을 뜻하는 '락시미'로 지었다. 돈을 많이 벌라는 의미에서였다. 어릴 적 그는 매우 빈궁한 생활을 했다. 그가 거주한 곳은 타르사막Thar Desert의 가시덤불숲에 지어진 작은 콘크리트 집이었다. 조그만 중개무역사업을 하던 그의 할아버지가 지은 집이었다. 이 집에서 20여 명이나 되는 친척들이 함께 살았다. 이처럼 가까운 친척들이 모여 사는 대가족 제도는 마르와리의 중요한 특징이다. 그는 장판이 없는 맨 콘크리트 바닥에서 생활하고, 밧줄로 엮은 침대에서 잠을 잤다. 가난한 동네였던 그의 고향은 그가 떠날 때까지 전기도 수도도 들어오지 않았다. 나이 어린 미탈은 걷기 시작하면서부터 집안 일손을 거들어야 했다. 어머니가 우물에서 물을 길어 나르는 것을 도와주거나 잔심부름을 했다. 미탈은 훗날 어린 시절을 다음과 같이 회고했다.

> "저는 어릴 때 어려움을 많이 겪어 강인함을 체득했습니다. 누구든 어린 시절을 힘들고 도전적인 환경에서 산다면 자연스레 강인함을 배울 수 있을 것입니다. 어릴 때 겪은 힘들었던 기억이 후에 저를 강하게 이끈 힘이 되었습니다."

어린 시절을 라자스탄 주에서 보낸 후 미탈 가족은 당시 마르와리 상인들이 많이 몰리던 인도의 동부 지역 캘커타, 즉 지금의 콜카타 지역으로 돈을 벌기 위해 이주한다. 남한의 서른세 배나 되는 엄청난 땅덩어리를 가진 인도의 서부에서 동부로 이동하는 대장정이었다. 그때 미탈의 나이 여섯 살이었다.

그는 캘커타의 가난한 동네에서 살았다. 그의 집은 전차길 바로 옆 낡은 2층 아파트로 창문을 열면 얽히고설킨 전차 전깃줄이 시야를 가리는 곳이었다. 훗날 그는 새벽마다 시끄러운 전동차 소리에 잠을 깨곤 했다고 회상했다. 전차길 옆에 살았지만 정작 전차를 타보지는 못했다. 전차를 탈 만큼 경제적 여유가 없었기 때문이다. 그는 집에서 4km나 떨어진 학교까지 매일 걸어서 다녔다. 장마철인 몬순Monsoon 때는 거리에 들어찬 물속을 헤치고 학교에 다니느라 고생이 이만저만이 아니었다.

부친의 회사에서 비즈니스 훈련

아버지 모한 랄 미탈Mohan Lal Mittal은 캘커타로 이사해 한동안 영국계 철강회사에 다녔다. 그 후 철강사업에 익숙해지자 마르와리 출신들이 늘 그렇듯 자신의 철강사업을 시작했다. 이름은 이스팟인더스트리즈Ispat Industries였다. '이스팟'은 산스크리트어로 철강을 뜻한다. 미탈 가족이 최초로 운영한 사업이었다. 사업은 그럭저럭 잘된 편이었다.

학교가 끝나면 어린 미탈은 아버지 회사로 달려가 우편물 처리 등의 잔심부름을 하며 일손을 도왔다. 뜨거운 용광로와 빨갛게 달궈진 철강막대, 쉬지 않고 돌아가는 고무벨트 등 아버지가 운영하는 철강회사에서 미탈은 철강에 대해 많은 것을 보고 배웠다. 자신의 회사 혹은 타인의 회사에서 자녀를 훈련시키는 것은 마르와리 상인들의 전형적인 자

세계 최대 철강왕
락시미 미탈 회장

녀교육 방식이다. 아버지 회사에서의 경험은 어린 미탈이 장차 철강왕의 꿈을 키우는 데 결정적인 영향을 미쳤다.

어린 미탈은 매우 부지런하고 공부도 평균 이상이었다. 성격은 부끄럼을 많이 타고 내성적이었다. 말수가 적고 남 앞에 드러나는 것을 싫어했다. 그러나 그는 장차 인생에서 큰 인물이 되고자 하는 강한 열망을 가진 청소년으로 성장했다.

경영학을 공부하겠다는 꿈을 가진 미탈은 캘커타의 명문 세인트사비에르대학St Xavier's College에 입학했다. 소원대로 경영학과였다. 당시 경영학과는 최고의 인기학과였다. 사실 처음에 미탈은 대학 입학허가를 받지 못했다. 영어로만 수업하는 명문학교였기 때문에 외국인이나 영어가 가능한 인도 상류층 자제들에게만 입학을 허용했기 때문이다. 서민학교를 졸업한 미탈은 자격 미달이었다. 그러나 중고등학교 때 미탈의 회계학과 수학 성적이 탁월한 것을 보고 결국 미탈에게 입학 허가를 내주었다.

대학 입학 후 그는 많은 어려움을 겪었다. 대부분의 학생들이 특권

계급 출신이고 부자인데다 영어에 아주 능통했기 때문이다. 지금도 인도사회에는 그런 분위기가 강하지만, 당시는 영어를 말할 수 있다는 사실만으로도 특권층으로 인정받던 시절이었다. 따라서 그는 대학에 다니는 동안 일종의 '왕따'였다. 성격이 내성적인데다 주위 친구들처럼 영어를 자유자재로 말하지 못했으며 좋은 옷도 입지 못했다. 친구들이 서슴없이 가는 고급 식당 근처에는 갈 꿈도 꾸지 못했다.

또한 그는 시간이 날 때마다 아버지가 운영하는 회사 일을 도와야 했다. 이로 인해 공부할 시간이 늘 부족했다. 반면 주변 친구들 중 가족 회사에 가서 일을 도와주는 사람은 한 명도 없었다. 왜냐하면 친구들은 태어날 때부터 사람을 부리는 상류계층 출신이었기 때문이다.

밤낮으로 일과 공부에 매진

미탈은 기죽지 않았다. 부족한 영어실력을 키우기 위해 영어공부에 더욱 몰입했고, 회사 일을 돕느라 채우지 못한 학과목은 야간 과정으로 대신 이수했다. 이처럼 공부든 일이든 기죽지 않고 열심히 노력하는 자세는 미탈이 성공할 수 있었던 가장 기본적이고 중요한 기반이 된다. 미탈의 아버지 모한 랄은 당시 그를 이렇게 기억했다.

"교육이란 학교에서 우수한 성적을 내는 것뿐만 아니라 일도 포함됩니다. 아니, 일을 얼마나 잘 하는지가 학교 공부보다 더 중요할 수 있지요. 다행히 락시미는 공부도 일도 열심히 했습니다. 락시미는 새벽 수업을 듣기 위해 매일 새벽 다섯 시에 일어났습니다. 오후에 수업이 끝난 후에는 제 회사로 달려왔지요. 저녁까지 집에 갈 수 없었습니다. 그 다음 다시 학교로 달려가 야간 수업을 들었습니다. 제 아들 락시미는 어릴 때부터 공부도 열심히 하고 일도 열심히 했지요. 그 결과 오늘의 성취를 이루었다고 생각합니다. 인생의 성공이란 열심히 일한 것에 대한 보상입니다."

일과 함께 공부에도 매진한 결과, 그는 중고등학교에 이어 대학에서도 회계학과 수학 과목에서 매우 출중한 능력을 보였다. 1969년 졸업할 때 그의 성적은 그 대학 역사상 전무후무할 정도로 높았다.

그는 대학을 졸업한 뒤 바로 아버지 회사에 들어갔다. 그즈음 아버지 사업이 번창하여 일손이 많이 부족할 때였다. 경제적으로 여유가 생겼다. 미탈 가족은 캘커타 시내 남부 외곽 고급주택가로 이사했다. 정원이 딸린 매우 큰 집이어서 아버지는 이를 '미탈네 집Mittal House'으로 명명했다. 미탈은 이 집에서의 생활이 "매우 행복했었다"고 회고했다.

미탈은 아버지를 마음속 깊이 존경했다. 어려운 상황 속에서도 굽힐 줄 모르고 최선을 다하는 아버지가 위대해 보였다. 하지만 어린 시절 미탈은 좀처럼 아버지 얼굴을 볼 수가 없었다. 아침 일찍 출근해 밤늦게 돌아왔기 때문이다. 사업차 지방 출장도 잦았다.

자주 보기 어려웠지만 볼 때마다 그의 아버지는 "공부를 열심히 해서 좋은 성적을 받아라"하며 머리를 쓰다듬어 주었다. 아버지는 늘 시험이 언제인지, 방과 후 공부는 하루에 몇 시간 정도 하는지 자상하게 물었다. 이는 그에게 직간접적 압력이 되었다. 미탈은 아버지의 기대에 부응하기 위해 열심히 공부했고, 아버지가 묻기 전에 '하루에 몇 시간 공부를 하고, 시험은 어떻게 치렀는지' 등에 대해 자세히 보고했다. 심지어 아버지가 출장 갔을 때는 전보를 쳐서 시험 결과를 전하기도 했다. 훗날 그는 어릴 적 부모님의 학업에 대한 열의와 관심을 높게 평가했다.

미탈의 아버지는 자신의 사업을 도와주는 아들들, 특히 장남인 미탈에 대해 상당히 자랑스러워했다. 당시 그의 아버지는 "내 아들들이 나보다 못하다면 내 사업은 벌써 망했을 거야. 특히 락시미 그놈은 무언가 크게 될 놈이야"라고 자주 되뇌곤 했다.

남들 앞에서 아들 자랑을 많이 하던 아버지는 미탈에게 도전정신을 일깨워주었다. 아버지는 틈이 날 때마다 "도전을 받아들여라. 새로운 과제에 대해 결코 두려워하지 말라"고 강조했다. 새로운 것에 대한 강한 '도전정신'은 그의 일생을 관통하는 교훈이 되었다.

'자유로운 세상' 인도네시아에 진출

대학을 졸업하자마자 그는 스물한 살의 나이에 결혼했다. 인도인들이 흔히 하는 중매결혼이었다. 결혼 후 미탈의 생활은 안정을 찾았다. 아버지의 사업도 잘 되어 경제적으로 여유도 생겼다. 행복했다. 그러나 젊은 미탈은 안주할 수 없었다. 그는 보다 큰 꿈과 왕성한 도전정신을 갖고 있었다. 미탈은 아버지 그늘을 벗어나 자신만의 철강사업을 하고 싶었다. 그의 꿈은 카네기와 같은 세계적인 철강왕이 되는 것이었다. 아버지도 야망이 있는 아들을 적극적으로 지지했다.

미탈은 1976년 26세의 젊은 나이에 인도네시아로 진출해 사업을 하기로 결정한다. 인도네시아 진출은 미탈이 장차 세계 철강왕이 되기위한 시금석 역할을 했다. 당시 고국인 인도에서는 여러 가지 규제가 심해 사업을 하기 어려운 상황이었다. 인도정부가 사회주의적 폐쇄 경제정책을 펼 때였다. 이른바 '허가제 경제체제'였다. 기업을 하려면 모든 것을 정부로부터 허가받아야 했다. 이로 인해 기업 활동에 대한 제약이 많이 따랐다. 당연히 인도기업인들의 사기는 저하되고 창의적 활동은 위축되었다. 게다가 인도에서는 전기가 부족해 하루에도 여러 번씩 정전이 되는 등 사업 환경도 열악했다. 반면에 인도네시아는 외국인 투자 규제가 적었고, 전기나 도로 등 사회기반시설이 인도에 비해 훨씬 우수했다. 그는 처음 방문했던 인도네시아의 인상을 다음과 같이 회고했다.

> "인도는 경쟁이 죽은 곳이었습니다. 각종 규제로 인해 기업인들은 질식할 정도였지요. 그곳에서 성장이나 발전은 기대하기 어려웠습니다. 그에 비해 인도네시아는 '자유로운 세상Free World'이었습니다. 많은 외국기업들이 들어와 활발히 사업하고 있었지요. 기업가로서 저는 이 같은 역동적인 인도네시아의 매력에 푹 빠졌습니다."

미탈은 인도네시아에서 '이스팟인도Ispat Indo'라는 이름의 제철회사를 세웠다. 공장은 수도 자카르타Jakarta에서 약 700㎞ 떨어진 수라바야Surabaya라는 도시에 위치했다. 인도인이 해외에 설립한 최초의 철강회사였다. 본격적인 글로벌 기업인의 길로 들어선 것이다. 이스팟인도 운영을 통해 경영자로서의 능력을 유감없이 발휘하기 시작하면서 그는 세계적인 경영자로서의 가능성을 보여준다.

미탈은 인도네시아에서 정말 열심히 일했다. 하루 중 잠자는 시간을 빼고 모든 시간을 공장에서 보냈다. 1976년에 아들 아디티야 미탈Aditya Mittal이 태어날 때도 그는 1,400℃가 넘는 용광로 곁을 지켰다.

미탈뿐 아니라 아내 우샤Usha도 공장 일을 함께했다. 따라서 아들 아디티야는 아버지의 호주산 고물차 홀덴의 뒷좌석에서 혼자 시간을 보내야 했다. 우샤는 말이 통하지 않는 외국에서 아기를 키우랴, 공장 일하랴 많은 고생을 했지만 부부는 더욱 더 일체감을 느낄 수 있었다. 또한 우샤도 철강사업에 대해 많은 것을 배울 수 있었고, 이후 실제 철강사업을 맡아 회사 경영에 깊이 개입한다. 미탈은 밤낮으로 열심히 일하면서도 자신의 월급은 250달러(29만 6,000원)로 한정했다. 남는 회사 수익의 대부분은 모두 재투자에 사용했다.

미탈의 사업은 점차 커져 공장을 연 지 2년 후에는 일본에도 수출했다. 그동안 인도네시아에서 경쟁자 없이 독과점을 누리던 일본 철강업체들의 활동은 눈에 띄게 위축되었고, 일본으로 철수하는 기업들도 출현했다. 인도에서 '굴러온 돌' 미탈이 '박힌 돌' 일본기업들을 밀어내기 시작한 것이다. 인도네시아 현지에서는 이를 '다윗이 골리앗을 물리친 사례'로 평가했다.

미탈은 14년간 인도네시아에서 머물며 사업을 진행했다. 그의 철강회사는 어느새 인도네시아에서 탄탄한 입지를 갖춘 중견회사로 자리매김했다. 열악한 환경 속에서 철강사업을 성공시킨 그는 이제 누구보다도 '철강기업은 어떻게 설립해 운영하고, 시장을 장악하고 있던 기존 기업들과 어떻게 경쟁하며, 경쟁에 뒤처지지 않고 지속적 성장을 하기 위해서는 무엇을 해야 하는지' 잘 알게 되었다. 그는 인도네시아 진출이 큰 도전이요 모험이었다고 훗날 회고했다.

적자를 흑자로 바꾸는 마법의 손

락시미 미탈은 '세계 철강왕'이 되겠다는 꿈이 있었다. 그러나 꿈을 실현하기에는 현실은 너무 옹색했다. 미탈이 철강사업을 시작할 때 연간 생산량은 3만 톤에 불과했다. 그러나 14년 후에는 33만 톤으로 열 배 이상 증가했다. 결과는 성공적이었지만 이 정도 속도로는 일생을 바쳐도 세계 철강왕의 꿈을 이루기 어려워보였다. 무언가 '다른' 게임 방식이 필요했다. 해답은 '글로벌 진출'이었다. 해외에 나가 다른 철강 회사를 인수해 몸집을 키우는 것이었다. 이때부터 그는 해외 철강회사 인수에 필사적으로 나섰다. 해외기업 인수합병을 가능하게 한 것은 인도네시아에서 14년간 철강회사를 설립해 운영한 경험과 철학, 그리고 이때 모아둔 자금이었다.

미탈은 경영난에 빠진 해외 국영기업을 싸게 사들여 이를 빠른 시간 내에 우수 기업으로 탈바꿈시키는 전략을 썼다. 1989년 중미中美의 작은 나라 트리니다드토바고의 제철소 대리경영은 그 첫 사례였다. 그는 한 달에 1,000만 달러(118억 원)의 손실을 기록하던 트리니다드토바고 국영 철강회사를 맡아 1년도 채 안 되는 기간 동안에 흑자로 바꿔놓았다. 매출도 두 배로 늘렸다. 이 회사는 미국과 독일의 유명 컨설턴트와 전문가들이 회생길이 없다며 포기한 기업이었다.

미탈이 트리니다드토바고 제철소 경영을 맡자마자 취한 가장 중요한 조치는 경영진의 교체였다. 그는 60명에 달하는 독일 출신의 고위 임원들을 인도인으로 모두 바꾸었다. 당시 독일 임원들의 임금 합계는 2,000만 달러(236억 원)였다. 이에 비해 인도 인력의 임금은 독일인의 10분의 1에 불과한 200만 달러(23억 6,000만 원)였다. 이에 따라 고용

비용을 현저하게 줄일 수 있었다. 여기에 그의 리더십도 큰 역할을 했다. 교체된 인도 임원진들은 미탈의 지휘대로 충실히 잘 따랐다.

경영진 교체에 따른 흑자 전환과 아울러 철강 생산량도 급격히 늘어났다. 1989년 미탈이 트리니다드토바고 제철소 경영을 처음 맡을 때 생산량은 42만 톤이었다. 이후 4년이 지난 1993년에는 생산량이 100만 톤으로 급증했다. 이로써 매달 1,000만 달러(118억 원)가 넘는 흑자를 내겠다고 한 트리니다드토바고 정부와의 약속도 지켰다. 미탈은 당초 트리니다드토바고 정부와의 약속대로 1994년 이 회사를 인수했다. 장차 '세계 M&A의 제왕'으로 불릴 미탈의 첫 기업 인수합병이었다.

카자흐스탄에서도 비슷한 일을 해냈다. 1995년 미탈은 카자흐스탄 국영 철강업체를 인수했다. 인수금액은 4억 달러(4,730억 원)였다. 철강회사의 규모치고는 아주 싼 가격이었다. 당초 카자흐스탄 정부는 최소 25억 달러(2조 9,500억 원)를 제시했다. 그러나 곤경에 처한 카자흐스탄 정부의 약점을 간파한 미탈은 6분의 1도 안 되는 가격으로 낮춰 불렀다.

회사 인수 후 그가 가장 먼저 취한 조치는 직원들에게 밀린 월급을 지급하는 것이었다. 미탈은 당시 6개월 동안이나 월급을 받지 못해 고통 받던 노동자들에게 총 900만 달러(106억 원)의 월급을 지급하였다. 이로 인해 직원들의 사기가 충천되었을 뿐 아니라 미탈에 대한 신뢰감을 심어주었다.

다음 조치는 트리니다드 제철소 때와 마찬가지로 부실 경영인의 교체였다. 비싼 연봉을 받으면서도 무사안일과 비효율적으로 근무하던 임원들을 인도인으로 모두 바꾸었다. 교체된 인도인 임원들은 과거 소련에서 공부한 사람들로 러시아어에 능통했다. 그들은 카자흐스탄 노동자들과 막힘없이 의사소통을 할 수 있었고, 카자흐스탄의 문화에도 매우 익숙했다. 따라서 미탈은 인도인 경영진들을 채용함으로써 고용 비용을 현격히 줄였을 뿐 아니라 자신의 경영철학을 카자흐스탄 노동자들에게 충실히 전달할 수 있었다.

그는 또 비용 절감을 위해 회계 보고시스템을 대폭 개선시켰다. 그 전에는 월간 기준으로 총 생산비용을 보고하던 방식에서 매일 아침 전날 소요된 생산비용을 보고하도록 한 것이다. 이 조치로 인해 긴요한 지출만 허용되고 불필요한 자금의 지출은 철저히 통제되었다. 이는 '파르타Partha'라고 불리는 고대 인도의 재무관리 방식으로 그날 지출된 모든 비용을 일과 후 정산하는 것이다. 이는 마르와리 기업인들이 오늘날도 널리 애용하는 회계 기법이다.

이런 조치들의 결과 1년도 채 안 되어 회사는 흑자로 전환되었고, 월간 생산량도 12만 톤에서 25만 톤으로 두 배 이상 증가하였다. 미탈은 생산된 철강의 95%를 중국 등 인접국에 수출했다. 인접국에 수출하므로 수송비용도 적게 들었다. 당시 이 철강회사는 카자흐스탄 경제를 좌지우지할 만큼 큰 규모였다.

미탈은 카자흐스탄에서 철강업체뿐 아니라 다른 많은 사업체도 사들였다. 예를 들어 지역 석탄회사, 전력회사, 시가지 전차와 기차운행 서비스 사업, 텔레비전 방송국 등도 인수했다. 철강회사가 자리 잡은 테미르타우 전 도시를 사들인 것이나 마찬가지였다. 그가 전력회사, 전차, 기차 서비스업체 등을 사들인 이유는 노동자들이 걸핏하면 파업을 하여 사업에 큰 지장을 초래했기 때문이다. 특히 겨울이면 영하

40℃까지 내려가는 도시에서 전력회사가 파업한다는 것은 철강업은 물론 도시 전체를 마비시키는 결과를 가져왔다. 미탈은 이들 업체를 모두 인수해 안정적으로 운영함은 물론 직원들의 고용을 보장해 카자흐스탄 국민들로부터 많은 지지를 받았다.

이에 따라 미탈은 카자흐스탄 정부로부터 국가원수급 칙사 대접을 받았다. 그가 카자흐스탄을 방문할 때면 대규모 경찰 사이드카가 호위를 하고, 거리에서는 시민들의 열렬한 환영을 받았다. 외국인으로서 테미르타우 시민들을 위해 많은 일을 했고, 망해가던 국영 철강회사를 기사회생시켰기 때문이다. 카자흐스탄 성공신화로 인해 미탈의 이름은 세계적으로 널리 알려지게 되었다.

위의 사례들로 알 수 있듯 미탈의 인수합병 성공전략은 눈여겨볼 부분이 많다. 첫째, 그는 부실기업 인수 시 특별 실사팀을 파견해 수익을 낼만한 회사인지 사전에 철저히 검증한다. 둘째, 경쟁력을 강화하고 비용을 줄이는 등 엄격한 구조조정을 실시한다. 그 과정에서 경영구조를 완전히 개조한다. 셋째, 과감하게 규모를 키우는 전략을 구사한다. 다시 말해 국내 수요에 안주하지 않고 글로벌 시장을 목표로 대규모 판매 전략을 세운다. 넷째, 능력 있는 최고의 경영진을 선임한다. 그는 뛰어난 능력에 비해 비교적 낮은 연봉을 받는 인도인 출신을 기용함으로써 경영 위험을 최소화하는 전략을 채택했다.

부드럽고 상냥한 대그룹의 총수

해외 국영 철강기업을 성공적으로 인수한 미탈은 1995년 그의 일생에서 또 다른 중대한 결정을 내린다. 그는 지금이야말로 아버지를 비롯한 가족들과 완전히 결별하고 자신만의 회사를 새롭게 세워야 할 좋은 시점이라고 생각했다. 그가 인도네시아에서 이스팟인도를 설립해 운영했지만 경영에 있어서는 아버지나 동생 등 가족, 형제의 도움도 적지 않게 받았다. 그러나 직접 기업을 설립하고 운영하면서 자신감을 얻은 그는 오직 자신의 힘으로 일군 회사를 갖고 싶었다.

이에 따라 그는 기업의 이름도 '이스팟인터내셔널Ispat International'이라고 새로 지었다. 이 회사의 구성은 그가 인수한 트리니다드토바고와 멕시코, 카자흐스탄 제철소, 그리고 자신의 이름 약자를 따서 세운 지주회사인 LNM홀딩스 등으로 이루어졌다.

미탈 회장은 이스팟인터내셔널을 통해 향후 세계 각국의 철강회사를 인수합병했다. 이스팟인터내셔널은 2004년에 미국의 유력 철강회사인 인터내셔널철강그룹ISG을 인수하면서 기업 이름을 '미탈스틸'로 개명했다.

카자흐스탄 국영 철강회사를 인수한 1995년만 해도 미탈은 세계 철강업계에 그다지 이름이 알려진 인물이 아니었다. 이즈음 '이스팟인터내셔널'의 총 철강 생산량은 560만 톤에 불과했다. 그 해 8월 독일 함부르크에서 국제철강회의가 열렸다. 이 회의에서 미탈은 자신의 향후 목표는 연간 2,000만 톤을 생산하는 것이라고 발표했다. 당시 세계 최대 철강회사로 연간 2,700만 톤을 생산하는 일본의 신일본제철과 맞먹는 수치였다. 그의 발언에 사람들은 비웃었다. '풋내기' 개인 철강사업자의 허풍으로 받아들였다.

그러나 풋내기 철강업자 미탈은 차근차근 자신의 목표를 현실화시켜 나갔다. 그는 멕시코 국영 철강회사인 이멕사IMEXA 인수 이후에도

억만장자 락시미 미탈의 저택. 영국에서 가장 비싼 집으로 알려진 이 저택은 2008년 2억 2,200만 달러(2,600억 원)를 주고 구입했다.

캐나다와 독일, 미국, 아일랜드, 남아프리카공화국 등 제철업체를 계속 사들여 몸집을 급속도로 불려나갔다. 10년간 그가 인수한 기업만도 30여 개에 달했다. 미탈의 경영전략 특징은 불량기업을 우량기업으로 탈바꿈시킨 후에도 이 회사들을 팔지 않는다는 점이다. 그는 우량기업으로 탈바꿈시킨 새 회사를 계속 소유해 덩치를 키우는 방식으로 급성장했다. 그 결과 그의 회사는 1995년 조강능력 총 560만 톤에서 9년 후인 2004년에는 4,600만 톤의 조강 능력을 갖춘 세계적 철강회사로 급부상했다. 사람들이 어림없을 것이라며 비웃었던 목표치(2,000만 톤)를 자그마치 두 배 이상 달성한 것이다.

마침내 철강왕에 오르다

앞서 보았듯이, 2006년 6월 미탈은 세계 철강업계를 발칵 뒤엎을 만한 소식을 발표했다. 세계 1위 미탈스틸이 세계 2위 아르셀로스틸을 합병한다는 내용이었다. 미탈은 어떻게 사상 초유의 인수합병을 성사시켰을까.

아르셀로스틸은 2002년 프랑스, 스페인, 룩셈부르크 3국 국영 철강사들의 합병으로 탄생한 철강회사다. 합병의 주역은 전前 아르셀로스틸 회장이었던 기 돌레Guy Dolle였다. 기 돌레도 합병에 관한한 일가견이 있는 사람이었다.

미탈이나 돌레 회장 모두 철강회사가 살아남기 위해서는 덩치를 키울 필요가 있다는 합병론자였다. 세계 철강산업이 너무 파편처럼 나뉘어 있어 철강 원료와 수요 업계들에 대한 협상력이 약할뿐 아니라 금융시장에서도 저평가 받고 있어 통합화가 필요하다고 역설했다. 따라서 둘은 이미 서로를 가상의 적으로 여기고 있었다.

이런 상황에서 'M&A의 달인' 미탈 회장이 아르셀로스틸 인수 작전에 들어갔다. 인수를 위한 미탈스틸의 작전명은 '프로젝트 올림푸스Project Olympus'였다. 미탈은 돌레 회장이 캐나다의 한 철강회사를 인수하는데 신경을 집중하는 동안 인수 준비를 착착 진행했다.

2006년 1월 26일. 마침내 미탈은 돌레 회장에게 전화를 걸어 선전포고했다.

> "미탈스틸이 내일 아르셀로스틸 주주들에게 모든 주식을 팔라고 제안할 것입니다."

이 말을 들은 돌레 회장은 거의 실신할 지경이었다. 그의 옆에 있던 한 측근은 당시 돌레 회장이 고층 빌딩에서 떨어져 자살하려는 사람처럼 보였다고 전했다.

미탈이 아르셀로스틸을 인수하려는 방법은 주식교환이었다. 주식교환이란 인수대상 기업의 주식을 현금으로 사는 게 아니라 자사의 주식과 교환하는 방법이다. 현금으로 남의 회사를 인수하려면 거액의 돈이 든다. 이 돈은 대개 은행 등에서 빌리는데, 그러면 당연히 큰 빚을 질 수밖에 없다. 이에 비해 주식교환은 현금이 필요 없어 부채를 지지 않아도 된다. 주식교환에 의해 기업을 인수하기 위해서는 자신의 회사 가치, 즉 시가총액이 크면 클수록 유리하다.

미탈은 이 같은 주식교환 방식을 통해 수많은 기업을 인수해 왔다. 그는 인수한 회사를 재건하여 시가총액을 늘리고, 주식교환으로 또 다른 기업을 인수했다. 미탈이 아르셀로 인수 금액으로 제시한 금액은 152억 달러(17조 9,400억 원)였다. 당시 미탈스틸의 시가총액은 225억 달러(26조 5,600억 원)로 아르셀로스틸을 여유 있게 웃돌았다. 이처럼 높은 시가총액을 유지하고 있었기에 거액의 매수 시도가 가능했다.

미탈스틸의 아르셀로스틸 인수를 막기 위해 돌레 회장은 온갖 노력을 다했다. 주주들에게 두 차례에 걸쳐 주식 배당을 늘리겠다고 제의하는가 하면, 50억 유로(6조 6,000억 원)에 달하는 현금을 환원하겠다고 약속했다. 주주들을 자기편으로 묶어두기 위한 달콤한 제의였다. 이와 함께 조강 생산량 세계 12위였던 러시아 세베르스탈Severstal과의 우호적 합병 계획도 발표했다. 세베르스탈을 '백기사'로 끌어들여 인수를 저지하려는 목적이었다. 돌레 회장은 이 같은 방법으로 미탈을 막

철강왕 락시미 미탈 가족. 왼쪽부터 아들 아디티야, 며느리 메그하, 아내 우샤, 락시미 미탈 회장

을 수 있다고 확신했다.

돌레 회장은 또 미탈에 대한 인신공격도 서슴지 않았다. 그는 미탈의 인수 자금을 더러운 돈을 뜻하는 '멍키 머니Monkey Money'라고 비난하는가 하면 "아르셀로의 철강제품이 고급 향수라면 미탈스틸의 제품은 싸구려 오드콜로뉴Eau De Cologne"라고 깎아내렸다. 또 그는 "미탈 회장은 산업가도 아니요, 철강인도 아니다. 그는 기회주의적 기업인에 불과하다"고 목소리를 높였다. 자크 시라크Jacques Chirac 프랑스 대통령을 비롯한 프랑스 정치인들도 '경제 민족주의'를 내세우며 미탈에 대한 비난의 대열에 합류했다. 다른 유럽 정부들도 미탈스틸의 아르셀로스틸 인수를 반대하고 나섰다.

미탈이 아르셀로스틸 인수를 위해 상대해야 했던 대상은 일곱 개 유럽 정부, 여덟 개 규제당국, 다섯 명의 억만장자와 수많은 투자기관, 금융분석가와 법률가 등 셀 수 없이 많았다. 미탈로서는 그야말로 사면초가였다. 당시 심정에 대해 그는 다음과 같이 회고했다.

"당시 아르셀로스틸 인수 제안이 그렇게 격한 반응을 불러올 것이라고는 전혀 예상하지 못했습니다. 매우 슬펐습니다. 21세기 문명 시대에 이런 종류의 언급이 난무하다니 참 답답했지요."

미탈은 자신에 대한 비난에 직접적으로 대응하지 않았다. 대신 전 세계를 오가며 일에만 몰두했다. 그는 신중하고 인내심이 강한 사람이었다. 대화와 설득도 능했다. 그는 시간을 두고 차근차근 아르셀로스틸 주주들과 프랑스를 위시한 각국 정치인, 관료들을 설득했다. 신문과 방송 등 각종 매체를 통한 홍보에도 적극 나섰다.

미탈이 인수합병 제의를 한 지 5개월만인 2006년 6월 25일 미탈과의 합병안에 관해 결론을 내리는 아르셀로 이사회가 열렸다. 이사회는 늦은 밤까지 계속되었다. 매수조건은 한 주당 40유로(5만 3,000원), 매수 총액은 269억 유로(35조 5,200억 원)로 당초 제안보다 40% 넘게 상향되었다. 또한 미탈 측의 합병회사 주식 보유율도 43.6%로 낮추겠다고 약속했다. 이런 파격적 양보안에 아르셀로 이사회는 결국 미탈스틸과의 합병을 승인했다. 마침내 미탈의 신중하면서도 끈질긴 전략이 성공을 거둔 것이다.

미탈이 아르셀로스틸 인수합병에 성공하자 언론들은 그의 빠른 판단력과 실행력, 자신감과 열정, 그리고 참을성과 설득력이 성공의 견인차였다고 일제히 전했다.

역사상 최대 철강왕에 등극한 락시미 미탈, 과연 앞으로 그가 나아
갈 꿈의 종착지는 어디일까. 무한한 꿈을 향한 마르와리 글로벌 기업
인 미탈의 항해는 계속되고 있다.

락시미 미탈의 특별한 세계화 전략

"통합만이 세계 철강업계가
살 수 있는 길이다."

아르셀로미탈스틸
락시미 미탈 회장

신도 놀란 글로벌 인수합병

미탈과 아르셀로의 합병 이후 락시미 미탈의 투자 전략은 진화하고 있다. 기존 기업을 인수합병하여 덩치를 키우는 것과 함께 새로 철강 공장을 세우는 전략이다. 포스코, 신일본제철 등 여타 기업들이 하는 방식이다. 이를 위해 미탈은 고국인 인도에 대규모 투자를 약속했다.

2007년 락시미 미탈의 인도 북동부 오리사Orissa와 자르칸드Jharkhand 주에 약 180억 달러(21조 2,500억 원)를 투자해 각각 1,000만 톤씩 총 2,000만 톤 규모의 공장을 세우겠다고 주정부와 양해각서를 체결했다. 오리사 지역은 포스코가 인도 역사상 최대 외국인투자 규모인 120억 달러(14조 2,000억 원)를 투자해 1,200만 톤짜리 일관제철소를 짓기로 한 곳이다. 만약 미탈의 계획이 예정대로 추진된다면 포스코를 제치고 인도 역사상 최대 규모의 외국인 직접투자가 되는 것이다.

그러나 아르셀로미탈스틸이나 포스코 모두 현지 주민들의 반대로 인해 공장부지 확보에 어려움을 겪고 있다. 이에 따라 실제 투자가 이루어질지는 미지수다. 미탈은 2009년에도 인도 중남부인 카르나타카Karnataka 주에 64억 달러를 들여 600만 톤 규모의 철강 공장을 추가로 짓겠다고 발표했다. 진척이 지지부진한 오리사와 자르칸드 지역 투자와 별개로 추가 투자를 한다는 것이다. 그러자 포스코도 이에 질세라 같은 주(카르나타카)에 65억 달러(7조 7,000억 원)를 투자해 동일한 규모(600만 톤)의 제철소를 짓겠다고 선언했다. 이에 따라 미탈의 고국인 인도에서 포스코와 미탈이 치열한 철강 전쟁에 들어간 듯했다. 그러나 2016년 현재 두 회사의 제철소 건설 계획은 거의 백지화 상태다. 제철소 부지확보 등의 어려움 때문이다.

미탈은 브라질에도 새 철강 공장을 짓기로 했다. 2009년 말 그는 브라질 남동부인 에스피리투산투Espirito Santo 주에 50억 달러(6조 원)를 들여 일관제철소를 세우기로 했다. 또한 브라질에 향후 지속적으로 투자하겠다는 뜻도 밝혔다. 브라질은 일본 신일본제철이 미탈에 맞서기 위해 이미 진출한 곳이어서 양측 간 물러설 수 없는 철강 전쟁이 벌어질 전망이다. 미탈은 '인수합병의 제왕'과 함께 이제 '신규투자 제왕'으로의 등극도 꿈꾸고 있다.

미탈은 철광석과 석탄 등 자원 부문에도 활발히 진출하고 있다. 철광석과 석탄 등 자원 가격은 21세기에 들어 중국과 인도경제가 빠르게 성장하면서 급등하는 추세다. 철광석의 경우 2001년 이후 8년간 약 400% 올랐으며, 석탄은 600% 이상 폭등했다. 이에 따라 대부분의 철강회사들은 원료 수급에 큰 어려움을 겪고 있다. 이에 비해 아르셀로

미탈스틸은 어려움이 덜한 편이다. 왜냐하면 이 회사는 현재 필요한 철광석의 50% 정도를 자체 조달하기 때문이다. 미탈은 이 철광석 자급 비율을 2020년까지 80%로 끌어올린다는 계획이다. 이를 위해 그는 자원 산업 진출에도 열을 올리는 중이다.

락시미 미탈 회장을 '21세기 철강왕'의 자리에 오르게 한 가장 중요한 경영전략은 세계화Globalization와 인수합병이다. 오늘날 세계화라는 말은 너무 일상적으로 쓰여 진부할 정도다. 그러나 미탈 회장은 세계화라는 말이 인구에 회자되기 훨씬 이전인 1970년대부터 세계화의 필요성을 절실히 깨달았고, 실제로 이를 남보다 앞서 실행에 옮겼다.

전통적으로 철강산업은 '지역적Regional'이었다. 국가 간 경계로 말한다면, 철강산업은 해외가 아닌 국내 수요를 대상으로 했다. '철강은 국가 기간산업'이라는 구호에서도 확인할 수 있듯이 국가 발전을 위해 국가가 철강기업을 세우고 운영하는 것은 당연하다고 생각했다. 과거 우리나라의 포항제철(현재의 포스코)이 그랬고, 신일본제철의 전신인 야하타제철八幡製鐵도 국영으로 출발했으며, 중국 최대 철강회사인 바오산스틸Baoshan Iron & Steel도 국영이다. 여타 세계 많은 국가의 철강사도 마찬가지였다.

국영 철강회사에서 이익을 내는 것은 우선적 고려 대상이 아니었다. 생산량이 첫째였다. 이들 국영기업은 생산량 증대에만 주로 신경을 썼다. 심지어 과잉생산으로 철강이 시장에 넘쳐날 때도 그랬다. 이로 인해 철강 가격이 속절없이 떨어졌다.

미탈 회장은 철강 가격이 하락할 때 철강회사들이 생산량을 줄이지 못하는 이유를 다음 두 가지라고 생각했다. 첫째는 철강 업체들의 규모가 너무 작기 때문이고, 둘째는 생산량 증대를 위주로 하는 철강기업들의 '이기적 경영'이었다.

이런 상황을 타개하기 위해 미탈은 철강산업이 세계화함과 동시에 기업 간 합병을 통해 규모를 키워야 한다고 생각했다. 그에게 있어 세계화와 M&A는 별개가 아닌 서로 '결합된 개념'으로 이 둘은 동시에 추진되었다.

철강기업을 키우기 위해서는 여느 철강회사처럼 자체 투자를 통해 성장하는 방법이 일반적이었다. 그러나 철강공장을 새로 설립해 덩치를 키우는 방법으로는 돈도 많이 들고 시간도 오래 걸리는 등 한계가 있었다. 그래서 눈을 돌린 것이 기존 기업 M&A였다.

그러나 당시만 해도 철강산업에서 기업 M&A는 거의 찾아보기 힘들 때였다. 그가 1990년대 말 전 세계를 돌며 '세계 철강업계는 통합해야 살 수 있다'고 역설했지만 이에 귀 기울이는 사람은 아무도 없었다. 그러나 미탈 회장은 자신의 생각을 착실히 실천에 옮겼고, 1980년대 후반부터 철강 기업 M&A에 적극 나섰다.

'철강산업은 지역적'이라는 기존 경영자들의 고정관념 덕택에 미탈은 오히려 더 많은 기회를 가질 수 있었다. 아무도 이 시장에 관심을 갖지 않았기 때문이다. 경쟁자 없는 무한 황금 시장, 바로 '블루오션Blue Ocean'이었다. 시장에 대한 남다른 혜안을 가진 마르와리 기업인 미탈은 아무도 넘보지 않는 블루오션에서 마음껏 기업사냥에 나서 마침내 21세기 철강왕에 등극했다.

35만 원으로
세계 3위 ICT기업을 일구다

—

바르티에어텔
'수닐 미탈'

삼성전자에 거절당한 기업가, 아시아 3대 갑부로 등극

2010년 7월 8일 개발도상국 사상 최대 규모의 인수합병이 성사됐다. 인수금액은 107억 달러(12조 6,400억 원). 주인공은 인도의 최대정보통신 회사인 바르티에어텔Bharti Airtel로 인수 대상은 쿠웨이트의 자인그룹Zain Group이 보유한 아프리카 15개 국가의 정보통신사업 지분이었다.

이후 바르티에어텔은 영역을 더욱 넓혀 아시아와 아프리카의 20여 개 국가, 3억 2,500만 명의 가입자(2015년 3월 기준)를 가진 명실상부한 글로벌 기업으로 급부상했다. 바르티에어텔은 중국의 차이나모바일China Mobile, 영국 보다폰Vodafone에 이어 세계 3위의 휴대전화 서비스업체로 도약했다.

바르티에어텔은 한국의 SK텔레콤과 같은 휴대폰 서비스 제공업체로 바르티그룹의 창업주인 수닐 미탈Sunil Mittal 회장은 자수성가한 마르

세계 3위 ICT기업 바르티에어텔의 수장 수닐 미탈 회장

와리 출신 기업인이다. 그는 단돈 35만 원을 빌려 자전거부품상을 시작해 한 세대 만에 인도 정보통신 제왕에 등극하면서 세계적인 기업을 일구었다. 그의 탁월한 경영능력은 세계적으로도 인정받아 2006년 미국 〈포천Fortune〉지는 그를 '올해의 기업인'으로 선정했으며, 〈포브스Forbes〉도 '자수성가 한 아시아 3대 갑부'로 꼽았다. 2008년에는 텔레콤 분야 세계 최고의 영예상인 'GSMA상'을 수상했다.

지난 2000년대 초반 자금난을 겪던 미탈 회장이 투자요청을 위해 삼성전자 인도 법인을 찾았다가 퇴짜를 맞은 일화는 유명하다. 2000년 11월 인도의 수도인 뉴델리에 자리한 삼성전자 사무실에 40대 초반의 인도기업인이 찾아왔다. 삼성이 유망 파트너를 찾는다는 소식을 듣고 투자유치를 위해 방문한 것이다. 당시 자금난을 겪던 그는 삼성으로부터 1,200만 달러(약 142억 원)를 투자 받고 싶었다. 그러나 삼성은 그에게 퇴짜를 놓았다. 당시 그의 회사가 크게 어려움을 겪고 있었고 사업 전망도 좋지 않다고 판단했기 때문이다.

삼성에 거절당한 그는 무거운 마음으로 발길을 돌렸다. 하지만 삼성 대신 다른 글로벌 기업의 투자를 받은 그의 회사는 이후 급속하게 성장했다. 수년이 지난 후 그의 회사는 인도 최대 정보통신사로 우뚝 섰으며, 그는 천문학적인 재산가가 되었다. 미국 경제잡지 〈포브스〉는 2014년 3월 그가 가진 재산이 무려 100억 달러(12조 원)에 달한다며 그를 세계 최고 갑부순위 120위에 선정했다.

그의 재산은 그가 돈을 빌리려 했던 삼성전자의 이건희 회장(110억 달러, 112위)과 엇비슷하게 불어났다. 정말 '사람 팔자 시간문제'란 말이 실감난다.

마르와리 출신 기업인 미탈 회장은 말 그대로 맨 손으로 사업을 시작해 오로지 기업가정신으로 거대 그룹을 일군 인도의 대표적인 성공 사례 중 하나다. 후진국 경제발전 과정에서 흔히 볼 수 있는 정권과의 유착도 없었고, 특혜도 없었다. 오히려 거대 재벌이 아니어서 정부로부터 각종 차별과 불이익을 받으면서 인도 대표기업으로 우뚝 섰다.

스즈키 발전기 독점 판매와 난관

수닐 미탈 회장은 1957년 10월 인도 서북부 펀자브Punjab 주의 루디아나Ludhiana란 곳에서 태어났다. 그래서 그를 펀자브 출신 기업인을 의미하는 펀자비Punjabi라고도 하지만, 마르와리 기업인이 맞다. 왜냐하면 앞서 살펴본 '세계 최대 철강왕' 락시미 미탈 회장과 같은 성姓을 쓰는 것에서도 알 수 있듯이 그의 가문은 라자스탄에서 이주한 마르와리이기 때문이다.

1976년 펀자브대학을 졸업한 그는 바로 비즈니스 일선에 뛰어든다. 크랭크축 등 자전거부품을 만드는, 공장이랄 것도 없는 자그만 철공소였다. 자본금 2만 루피(35만 원)는 아버지에게 빌렸다. 그때 그의 나이 불과 19세였다.

자전거부품 사업은 생각 외로 잘 됐다. 그래서 2년 후 두 개의 자전거부품 공장과 외과 수술용에 쓰이는 얇은 스테인리스 강판 공장을 더 세웠다. 사업이 잘 되었으나 젊은 미탈은 보다 큰 꿈의 실현을 위해 잘 되던 사업을 접는다.

1980년 하던 사업체를 모두 팔고 인도 최대 경제도시인 봄베이(오늘날 뭄바이) 떠난다. 봄베이에선 마르와리 기업인이 으레 하던 무역업자가 됐다. 수입 철강과 황동, 플라스틱 볼트 등을 팔기 위해 기차를 타고 인도 전국 방방곡곡을 누비고 다녔다.

무역업자로서의 생활이 익숙해질 무렵인 1982년 미탈은 자신의 비즈니스 인생에서 가장 결정적인 성공기회를 잡는다. 일본 스즈키Suzuki 사가 만든 전기발전기를 인도 내에서 독점 판매할 수 있는 권한을 부여받게 된 것이다. 어떻게 해서 그런 행운이 찾아왔을까.

"한 고객 사무실에서 철강 세일을 하던 중이었습니다. 그때 스즈키 자동차의 일본인 세일즈맨이 사무실로 들어왔습니다. 스즈키 소형 발전기의 인도 내 판매망 구축을 위해 출장 온 그는 이를 팔려고 무진 애를 쓰고 있었지요. 그는 이 발전기가 길거리 아이스크림 판매대의 소형 냉장고를 돌리는데 유용한 것이라고 말했습니다. 저는 이 말을 듣자마자 이 발전기가 인도에서 대박사업이 될 것임을 직감했습니다. 왜냐하면 인도는 전기가 부족해 정전이 되는 경우가 비일비재했기 때문이지요. 가정용 발전기로 적격이라고 판단했습니다. 저는 그 자리에서 만약 스즈키사가 제게 인도 내 판매 독점권을 주면 발전기를 대량 수입하겠다고 제의했습니다."

　스즈키 세일즈맨은 미탈이 아직 20대 초반의 젊은이인데다 하는 사업도 대단치 않아 보여 처음엔 망설였다. 그러나 미탈이 이 사업에 대단한 열정을 보이는데다 신용장을 보내는 등 믿음을 주는 행동에 스즈키사는 결국 그에게 인도 내 발전기 판매 독점권을 주기로 결정했다.

　여기서 미탈이 독점권을 따낸 것은 오로지 행운 때문만은 아니었다. 스즈키 세일즈맨을 만난 것은 분명 행운이었지만 발전기 사업이 유망할 것이라는 사실을 간파한 것은 마르와리 출신 기업인인 그의 직감과 판단력이었다. 사람들은 살아가면서 많은 기회를 만난다. 그러나 기회를 간파할 능력이 없으면 그것이 기회인지도 모른 채 지나쳐 버리고 만다. 설사 직감과 뛰어난 판단력이 있다고 해도 이것만으론 부족하다. 직감을 자신의 사업으로 현실화시킬 수 있는 설득력과 추진력 등이 필요하다. 미탈은 새파랗게 젊은 나이에다 하는 사업도 별반 내세울 게 없었다. 하지만 자신이 믿을 만하고 능력이 있는 사람임을 스즈키사 직원에게 끈질기게 설득시켰다. 그가 마르와리의 사업가적 기질을 타고 났음을 엿보게 하는 대목이다.

　수입 스즈키 발전기는 수입하자마자 불티나게 팔렸다. 고객들로부터 주문이 쇄도해 물량이 달릴 정도였다. 얼마 되지 않아 미탈은 스즈

인도의 수도 델리 인근 신도시 구르가온에 위치한 바르티에어텔의 본사

키 발전기의 세계 최대 수입상이 되었다.

젊은 미탈은 발전기 수입 판매사업을 통해 장래 큰 기업가로 성장하는데 필요한 자본을 축적함은 물론 많은 것을 배우고 경험한다. 마케팅과 광고, 브랜드 가치의 중요성을 깨닫게 되고 스즈키와 같은 외국 대기업과 함께 사업하는 방법 등을 배운다.

정부의 발전기 수입 금지로 타격

장애물 없이 탄탄대로를 달릴 것으로 기대됐던 그의 사업은 그러나 몇 년 지나지 않아 칠흑 같은 어둠에 직면한다.

그가 발전기 사업으로 큰 돈을 벌자 1983년 비를라와 시리람Shriram 등 대기업이 이 사업에 진출했다. 인도정부는 이들 대기업에 독점권을 주더니 급기야 모든 발전기의 해외 수입을 금지했다. 국내 산업을 보호한다는 명분이었다. 미탈 회장은 그때의 상황을 '암흑'이라고 표현했다.

> "어느날 갑자기 사업이 공중으로 날아가 버렸습니다. 정부는 발전기 수입을 일체 금지했지요. 앞이 깜깜해졌습니다. 정말 암흑 같았습니다. 무엇을 해야 할지 갈피를 못 잡았지요. 모든 것이 그렇게 한 순간에 사라졌습니다."

그가 처한 상황을 안타까워 한 스즈키 측은 인도정부와 스즈키의 합작 자동차인 마루티스즈키의 딜러를 해보라고 권했다. 그러나 이것도 여의치 않았다. 마루티스즈키는 반﹡ 국유기업이어서 딜러 여부는 정치적 영향력에 의해 결정되었기 때문이다. 그럼에도 불구하고 스즈키 측이 미탈에게 판매대리점을 줄 것을 인도정부에 요청했으나 정부는 이를 거부했다. 마루티스즈키 자동차 판매대리점을 받지 못한 것에 대해 그는 어떻게 생각했을까.

> "전혀 괘념치 않았습니다. 물론 당시 마루티스즈키 판매대리점을 하면 많은 돈을 벌 수 있었습니다. 그러면 저는 부자가 돼서 편하게 살 수 있었겠지요. 그러나 저를 편안하게 만들지 않은 것은 신의 뜻이었다고 여겼습니다. 제게는 자동차 판매상이 아닌 다른 길이 예정되어 있다고 생각했습니다."

사람들은 일이 잘못되면 자신이 운이 없어서 그렇다고 흔히 생각한다. 그러면서 자신의 운명을 탓하기도 한다. 그러나 수닐 미탈은 그렇게 생각하지 않았다. 실패를 겪고도 좌절치 않고 이 길은 내 길이 아닌가 보다, 라고 긍정적으로 생각했다. 실패를 받아들이는 자세가 얼마나 중요한 지를 일깨워 준다. 실제로 그에겐 새로운 세계가 기다리고 있었다.

새 사업거리를 찾아 한국, 일본, 대만 등 해외출장에 나선 그는 대만의 한 무역박람회에서 눈에 번쩍 들어오는 상품을 발견한다. 당시 인도에는 없던 터치톤(누름) 방식의 전화기였다. 그는 대만의 전화기 공급업체와 바로 계약을 체결했다.

터치톤 전화기는 인도시장에 나오자마자 잘 팔려나갔다. 미탈의 전화기 사업도 눈부시게 발전했다. 사업이 번창하자 팩스기, 자동응답전화기, 무선전화기 등으로 급격히 사업을 확대했다. 이들 모두 인도 회사가 제조한 제품으로는 최초 출시였다.

휴대폰 서비스업 진출로 새로운 도약

1992년 인도 정부는 휴대폰 등 정보통신 시장을 개방했다. 정부는 휴대폰 서비스업체 공개입찰을 발표했다. 이 사실을 신문에서 읽은 미탈은 이 사업에 진출하기로 결정했다.

그는 전화기 사업을 형제들에게 맡겨둔 채 6개월간이나 휴대폰 사업에 대한 마스터 플랜을 짜는데 집중했다. 공개입찰 주요 상대는 유명한 다국적 기업을 위시한 인도 국내 대기업들이었다. 이들에 비하면 미탈의 회사는 피라미에 불과했다. 어떻게 할 것인가. 미탈은 여태까지 그래왔던 것처럼 저명 외국 기업과 컨소시엄을 구성키로 했다. 그것만이 성공 가능한 시나리오였다.

하지만 문제는 돈과 지명도였다. 그의 회사는 외국 회사의 관심을 끌만한 자금도 없었고 지명도도 없었다. 오직 믿는 구석이라곤 카리스마나 설득력 등 그의 개인적 능력이었다. 과거 스즈키 자동차 세일즈맨을 설득해 인도 내 발전기 판매 독점권을 따냈듯이 몸으로 부딪쳐보는 방법 밖에 없었다. 과연 이 방법이 통할 수 있을까.

휴대폰 서비스업체 입찰에 참가한 컨소시엄은 30개사가 넘었다. 프랑스의 비방디Vivendi와 컨소시엄을 이룬 바르티는 델리, 봄베이, 캘커타, 첸나이Chennai 등 인도의 주요 대도시 네 곳을 모두 입찰 받는 기염을 토했다. 놀랄만한 성과였다.

그러나 정부는 바르티의 독주가 마음에 들지 않았던지 입찰에 개입해 새로운 정책을 발표했다. 한 지역에는 한 개 회사만 영업허가를 내준다는 것이었다. 정부의 부당한 간섭이었다. 정책을 바꿀 것이라면 애초 입찰을 시작하기 전에 바꿨어야 했다. 엄정한 심사를 거쳐 결과가 나온 후에야 새 정책을 내놓는다는 것은 법과 원칙이 존중되는 선진국에서라면 있을 수 없는 일이다. 정부가 결과가 나온 후 정책을 변경한 이유에 대해 미탈은 다음과 같이 분석했다.

> "만약 우리가 아닌 다른 대기업이 4대 도시 영업권을 따냈다면 정부는 그대로 두었을 것입니다. 당시 정부는 아웃사이더인 우리가 대기업들의 독점적인 클럽을 깰 것 같으니까 이를 우려해 갑자기 정책을 바꾼 것이라고 생각합니다."

앞서 수차례 보았지만 인도정부는 중소기업인 미탈에 결코 우호적이지 않았다. 아니 몇몇 사례에서는 매우 편파적이고 차별적이기까지 했다. 그의 사업이 잘 될까 싶으면 시장에 개입해 대기업들에 독점권을 주는 등 대기업에 우호적인 환경을 만들어 주었다. 그런 환경에서도 미탈은 결코 좌절하지 않고 성공적인 응전을 했다. 이 점이 미탈의 특장이고 강점이다. 차별적인 환경에 불만을 늘어놓는 대신 적극적이고 현명하게 대처해 성공을 이루는 것이다. 이는 정보통신 사업에서도 그대로 나타난다.

주요 도시 네 곳 모두에서 따냈던 영업권을 취소당한 바르티는 델리 지역 두 개의 영업권 가운데 한 곳만 받았다. 그러나 미탈은 불평하지 않고 조용히 준비하며 시간을 기다렸다. 왜냐하면 다른 컨소시엄들이 입찰비용으로 너무 많은 비용을 써내 이들이 조만간 파산할 것으로 예상했기 때문이다.

비관적인 그의 전망은 몇 년 후 정확하게 들어맞는다. 1999년 휴대폰 서비스 산업은 심각한 위기에 직면한다. 많은 업체들이 정부와 약속한 대규모 라이선스 비용을 지불하지 못하는 상황이 되었다. 정부는 이들 업체에 미납한 라이선스 비용을 지불하라고 압박을 가했다.

이후 라이선스 비용을 지불하지 못한 다수의 업체들이 도산하기 시작했다. 그는 그들의 라이선스를 싼값에 사들여 전국을 장악한다. 인도 정보통신 제왕으로 등극하는 순간이었다.

그러나 전국 영업권을 확보했다고 안심할 상황이 아니었다. 더욱 큰 시련과 도전이 다가오고 있었다. 과거 발전기나 전화기 사업 때와 같은 상황이 재현됐다. 이 사업이 수지가 맞을 것처럼 보이자 그동안 무

관심한 것 같던 대기업들이 이 시장에 새롭게 진출하기로 결정한 것이다. 특히 인도 최대 그룹인 릴라이언스와 타타그룹이 CDMA 부문으로 진출할 것이라고 발표했다. 바르티는 GSM 부문이었다. 당시 관측통들은 릴라이언스의 진출로 바르티가 크게 고전할 것이라고 전망했다. 왜냐하면 릴라이언스는 기업 규모도 클 뿐만 아니라 경영도 잘 하는 대그룹이었기 때문이다. 릴라이언스가 열정을 갖고 추진하는 사업은 실패하는 경우가 거의 없었을 뿐만 아니라 정부라는 든든한 백(?)도 갖고 있었다.

그러나 릴라이언스 커뮤니케이션의 진입에도 불구하고 바르티는 흔들리지 않았다. 그러자 정부는 CDMA 업자에 유리하게 정책을 수정했다. CDMA 업자의 라이선스 비용을 낮추어 사용자들이 이를 더 싸게 이용할 수 있게 만든 것이다. 이 같은 정책변경에 국영기업인 BSNL도 CDMA 분야 휴대폰 서비스 시장에 본격 진출하기로 결정했다.

하지만 릴라이언스커뮤니케이션 등이 무시할 수 없는 속도로 시장 점유율을 늘렸지만 바르티를 앞지르지는 못했다. 릴라이언스가 진입한 후 1년이 넘게 지났는데도 불구하고 2003년 가입자 수는 릴라이언스커뮤니케이션이 210만 명으로 2위에 그쳤다. 바르티는 300만 명으로 선두를 고수했다. 바르티의 수성이 확고해지고 영업이익이 급격히 호전되자 주식도 반등하기 시작했다. 마침내 골리앗과의 기나긴 싸움에서 일단 승리를 이뤄낸 것이다. 미탈 회장은 직원들과 함께 마치 올림픽 게임에서 금메달이라도 딴 듯 기뻐하며 승리를 자축했다.

미탈 회장은 경영이 안정되기 시작한 이듬해인 2004년 세상을 놀라게 하는 중대한 결정을 내린다. 자신의 사업 기반인 바르티의 모든 전화 네트워크를 스웨덴 에릭슨Ericson, 독일 지멘스Siemens, 핀란드 노키아Nokia 등 외국 기업에 팔기로 결정했다. 자신의 핵심역량이며 자산인 마케팅과 고객서비스 개발, 새로운 비즈니스 기회 창출 등에만 집중하기로 한 것이다.

이런 사례는 바르티 이전에는 개발도상국에서 전례가 없던 일이었다. 왜냐하면 핵심역량만 남기고 나머진 남에게 맡겨 비용을 절감하고 생산성을 극대화하는 전략, 즉 아웃소싱은 선진국 기업들이 인도 같은 개발도상국 기업을 대상으로 하는 전략이기 때문이다. 바르티의 아웃소싱 사례는 정반대였다. 개발도상국인 인도기업이 선진국 기업인 에릭슨, IBM 등에 비핵심업무를 맡긴 것이다. 이런 사례는 바르티 이전에는 전례가 없던 일이었다. 바르티의 네트워크 분야 등 아웃소싱은 내용이나 형식에 있어 혁명적이었다. 미탈 회장의 혁명적인 조치 후 바르티의 실적은 나날이 좋아졌다. 2003년 이전까지는 매년 적자였으나 네트워크 등 매각 이후에는 매년 흑자를 냈다.

'인도 정보통신 제왕'의 위치를 굳힌 2006년 말 미탈 회장은 시장을 놀라게 하는 또 다른 계획을 발표한다. 미국 월마트Wal-Mart와 제휴해 인도 소매시장에 진출하겠다는 것이다. 소매업을 해본 경험이 전혀 없는 그로선 매우 충격적인 발표였다. 미탈 회장의 속도경영과 함께 마르와리 기업인의 특성인 끊임없는 도전정신을 여실히 잘 보여준다.

그러나 인도정부의 소매시장 규제로 인해 인도 진출에 어려움을 겪던 월마트는 2014년 바르티유통과의 결별을 선언한다. 월마트가 인도 공무원들에게 거액의 뇌물을 제공한 사실이 밝혀져 파문이 일면서 이 결별을 촉진시켰다.

미탈 회장은 큰 충격을 받았으나 소매업을 중단 없이 계속 추진해 성공적으로 소매유통업을 운영 중이다. 바르티유통은 2015년 기준 이지데이Easyday라는 브랜드하에 인도 전역에 수백 개의 매장을 설치해 운영하고 있다. 미탈 회장은 장차 인도가 세계 최대의 소매 시장이 될 것이라는 전망하에 정보통신에 이어 소매·유통부문에서도 새로운 혁명을 꿈꾸고 있는 것이다. 맨 손으로 시작해 당대에 세계 굴지의 정보통신 기업을 일군 마르와리 기업인 수닐 미탈 회장의 도전은 계속되고 있다.

위험 즐기는 비즈니스 승부사

—

달미아그룹
'람크리쉬나 달미아'

적극적으로 위험에 뛰어드는 마르와리

"마르와리 상인과는 맞서지 마라."

인도시장에 널리 퍼져 있는 소문이다. 마르와리 상인들은 뛰어난 상술과 함께 위험을 무릅쓰는 기업가정신으로 명망이 높다.

모든 사업에는 위험이 따른다. 이 위험을 관리하는 것이 바로 기업경영의 핵심 중 하나다. 비즈니스 세계에서는 위험을 감수하는 사람들에게 보상이 돌아간다. 경영인들, 특히 새로운 사업을 시작하는 사업가들은 기꺼이 위험을 무릅쓰는 사람들이다. 마르와리 성공의 비결은 바로 적극적으로 위험을 감수하는 놀랄만한 기업가정신에 있다.

상당수의 거대 마르와리 비즈니스 그룹들은 19세기, 그리고 특히 제1, 2차 세계대전이 일어났던 20세기 초반 동안 리스크가 큰 투기시장에서 과감한 투기를 통해 부를 축적하였다. 위험이 높은 투기시장의 역사는 무역의 역사만큼이나 길다. 그리고 마르와리가 인도를 넘어 세계 도처로 흩어지던 이주 초기부터 마르와리는 이러한 투기시장에 깊이 개입했다. 영국의 역사학자인 에드워드Edwards는 그의 고전 〈봄베이 가제트Gazetteer of Bombay〉에서 다음과 같이 말한다.

> "마르와리 상인들과 인도의 부유한 계층은 도시에서 내륙지방 주민들을 대표하여 수 없이 많은 투기사업을 행하고 있다. 정부의 약속어음Promissory Notes에 따라 황마와 면화, 씨앗기름에서부터 밀과 미얀마산 쌀, 캘커타에서 생산된 마대麻袋 가방들, 그리고 금과 은에 이르기까지 다양한 회사의 주식들이 투기적으로 거래되고 있다."

그는 마르와리의 고향인 셰카와티Shekhawati와 비카네르Bikaner 지역에서 이미 활발한 투기시장이 형성되어 있음에 주목했다. 아편을 거래하는 봄베이Bombay와 캘커타의 정기적 투기시장은 이미 1830년대에 시작하여 그 기반을 갖추기 시작했다. 황마는 화약을 포장하는 자루를 만드는 원료로 사용되면서 제1차 세계대전 동안 황마시장의 투기는 극에 달했다. 면화는 미국의 시민전쟁 시기에 투기의 정점을 찍었다. 은 선물시장은 제1차 세계대전 시기의 아편이나 면화, 황마시장 만큼이나 중요했다.

주식시장 역시 투기를 위한 중요한 장소였다. 마르와리는 1860~1900년 사이 주식시장에 적극 뛰어들었다. 캘커타 증권거래소는 1850년에 공식적으로 설립되었다. 이어 1863년 주식브로커의 명단에서 몇몇 마르와리의 이름이 눈에 띄기 시작하더니 20세기 초에는 마르와리 상인들이 캘커타 주식시장을 거의 장악했다.

에드워드는 1791년에 마르와리의 회계장부 기재내역을 살펴볼 기회가 있었다. 그곳에는 소위 '파트카Fatka, 先物'로 알려진 비Rain의 투기거래내역이 적혀 있었다고 한다. 이는 장마를 몰고 오는 계절풍(몬순)이 언제 시작될 지에 대해 정확한 날짜를 놓고 거는 도박이었다.

넓은 의미에서 보면, 사실 언제 우기가 시작될 것인지는 무더운 인도 북부지역에서 가장 관심을 많이 갖는 소재였다. 특히 경제적 차원에서 농산물 수확에 미치는 영향으로 볼 때 인도에서 매우 중요하고 핵심적인 의미를 지녔다. 그러나 영국의 인도 식민통치자들과 그들을 계승한 인도인 통치자들은 이런 종류의 투기를 달가워하지 않았다.

영국의 인도 식민지배 당시 정부의 한 관계자는 "지역 전문 자본의 상당량이 교역의 합법적인 형태에서 투기로, 보다 정확히 표현하자면 '와이다Vaida'라는 예상거래의 수단인 도박으로 전환되었다"고 말했다. 이에 따라 투기시장에 대한 정부의 단속이 산발적으로 진행되었다.

그럼에도 불구하고 위대한 마르와리 기업가들은 뛰어난 상업적 통찰력을 바탕으로 적극적인 투기에 나섰다. 그들은 이렇게 번 돈을 새로운 산업에 투자해 산업가로 부상하였다. 이의 전형적인 사례로 인도의 유력 마르와리 기업 달미아그룹Dalmia Group의 창업주 람크리쉬나 달미아Ramkrishna Dalmia를 들 수 있다.

공격적인 투자로 대박을 이루다

달미아는 1893년 마르와리의 고향 라자스탄의 작은 마을 치라와Chirawa에서 가난한 농부의 아들로 태어났다. 달미아는 말도 배우기 전에 가족과 함께 당시 상업의 중심지였던 인도의 동북부 캘커타로 이사했다. 캘커타에선 현지어인 벵골어_{Bengali}를 배우며 자랐다.

당시 캘커타는 영국의 식민지 인도의 수도였다. 외딴 사막지역에서 대도시로 나가면 생활이 나아지길 기대했지만 캘커타에서 그의 가족은 여전히 매우 가난하게 살았다. 그러다 달미아가 18세가 되던 해에 아버지가 돌아가셨다. 아버지가 남긴 재산은 이곳저곳에 진 빚뿐이었다. 18세에 불과한 달미아가 이제 온 가족의 생계를 책임져야 했다. 여기서 온 가족이란 그의 엄마, 남동생 자이다얄_{Jaidayal}과 세 명의 여동생, 그리고 할머니와 그의 아내 등이었다. 이렇게 많은 식구들이 한 달 13루피 짜리의 작은 단칸 월셋방에서 함께 살았다. 13루피는 한화로 치면 고작 몇백원이다. 다행히 금과 은 판매상을 하던 외삼촌이 그에게 자그마한 일자리를 주었다. 덕택에 직업을 가졌으나 벌이는 가족을 간신히 먹여 살릴 정도였다.

그러나 이 일자리는 달미아가 장차 큰돈을 벌도록 만드는 중요한 계기가 된다. 이때 습득한 금과 은 판매에 대한 경험과 지식을 바탕으로 은 투기에 적극 나섰기 때문이다.

당시 달미아는 비록 가난했으나 젊고 야심만만했다. 그는 단시간에 큰돈을 벌고 싶었다. 요즘 말로 하면 '대박의 꿈'을 꾸었다. 물론 투기는 매우 위험하지만, 짧은 시간에 대박을 가능케 할 수단은 투기뿐이었다. 그는 은 투기를 위한 종잣돈을 만들기 위해 푼돈을 모으고 지인들로부터 돈을 빌렸다. 그 결과 당시로서는 제법 큰돈인 1,000루피를 모았다. 그는 은 투기에 적극 뛰어들었다. 당시 영국 런던의 은 시장은 상승세에 있었다. 수익금도 그만큼 늘어났다.

그러나 리스크가 큰 투기시장에는 언제나 실패가 따르는 법. 갑자기 은 시장이 곤두박질쳤다. 결국 투자에 실패했고 갖고 있던 종잣돈을 거의 다 날렸다. 빌린 돈을 갚지 못해 그의 신용은 바닥으로 떨어졌다.

파산을 선언하자 시장에선 아무도 그를 반겨주지 않았다. 단 1루피의 돈도 없어 낙담해 있을 때 그는 런던에서 온 전보 한 통을 받는다. 은 시장이 곧 반등할 것이라는 내용이었다. 그는 바로 시장으로 달려가 친구들과 지인들에게 은 시장이 반등할 테니 은을 구매하라고 권유했다. 그러나 이미 신용을 상실한 그의 권유를 아무도 귀담아 듣지 않았다. 지인들은 그의 요청을 거절했고, 한편으론 비웃었다.

이때 불현듯 생각난 사람이 언젠가 만난 적이 있는 점성술사였다. 그 점성술사는 달미아가 미래에 대단한 부자가 될 것이라고 예언한 바가 있었다. 그는 점성술사에게 곧장 달려가 은을 사도록 권유했다. 다행히도 점성술사는 7,500파운드의 대규모 은을 구매하기로 결정했다. 점성술사는 은 시장 정보에 대한 대가로 그에게 100루피를 주기로 했다.

아울러 점성술사는 그에게 10루피를 추가로 더 줄 테니 은을 구매하겠다는 전보를 보내고 오라고 말했다. 달미아는 기쁨에 겨워 전차를 타고 우체국으로 달려가 전보를 보냈다.

그러나 다음날 그가 갠지스강에 발을 담근 채 기도하는 동안 점성술사가 보낸 심부름꾼이 급하게 왔다. 심부름꾼은 그에게 점성술사가 은 구매를 취소했다고 전했다. 놀란 달미아는 곧장 점성술사에게 달려갔다. 그는 점성술사에게 자신이 장래에 큰 부자가 될 것이라고 말한 그의 예언을 상기시키면서 은 구매를 취소하지 말라고 간청했다. 그러나 거듭된 그의 간청에도 불구하고 점성술사의 마음을 돌릴 수는 없었다.

낙담해서 집으로 돌아오는 중 전날 신청한 은 구매 거래가 성사되었다는 전보를 받았다. 실망스럽게도 전보에는 당일 은 시장이 폭락해 투자한 돈의 절반을 잃었다는 소식도 담겨 있었다. 점성술사를 볼 면목이 없었다. 은 구매를 취소하지 못했다는 말을 점성술사에게 차마 하지 못하고 끙끙 앓았다.

그러나 행운의 여신은 그의 편이었다. 며칠이 지나자 은 시장이 급반등하기 시작했다. 놀라운 반등은 한동안 지속되었다. 시장의 폭락에도 불구하고 구매 취소를 하지 않았기 때문에 그와 점성술사의 투자는 원금 복구는 물론 큰 수익을 냈다. 그가 본래 투자금에 큰 수익금을 보태 점성술사에게 돌려주자 점성술사는 기뻐 어쩔 줄 몰라 했다. 점성술사는 달미아가 장차 자신의 예언대로 큰 부자가 될 것이라고 거듭 강조했다.

만약 신중한 사람이라면 이쯤에서 이익금을 챙기고 그만두는 것이 당연하다. 그러나 젊은 달미아는 대박을 꿈꾸었고 모험에 뛰어드는 스타일이었다. 조그만 투자 성공에 만족할 수 없던 그는 이익금을 모두 은 구매에 재투자했다. 심지어 그는 전망이 좋은 은 시장에 더 많이 투자하기 위해 아내의 장신구를 몰래 훔치기까지 했다. 달미아는 훔친 장신구를 전당포에 맡기고 200루피를 받아 이 돈까지 은에 투자했다. 다행히도 은값은 계속 올랐고 그의 수익금은 원금의 두 배가 되었다. 그는 이 돈으로 또다시 은을 구매했고, 얼마 지나지 않아 수익금은 원금의 일곱 배가 되었다.

달미아는 누군가에게 자신의 투자 성공을 자랑하며 비밀을 털어놓고 싶었다. 그러나 마음을 터놓을 친구가 없었다. 그래서 그는 어머니에게 마음속 이야기를 했다. 그는 어머니에게 아내의 장신구까지 전당잡아 투자를 한 것이 성공했다고 자랑했다. 그러자 어머니는 그 자리에서 엄하게 그를 꾸짖었다. 당장 전당포에 가서 장신구를 찾아 아내에게 돌려주고 앞으로는 절대 훔친 물건으로 투자하지 말라고 말했다. 어머니는 또 "우리 식구는 한 달에 50루피 정도면 편안히 살아갈 수 있으니 앞으로는 절대 무리한 투자를 하지 말라"고 경고했다.

달미아는 어머니의 말씀에 순종하기로 하고 보유한 은을 팔아 이익금을 챙기라고 대리인에게 전보를 보냈다. 그러나 행운의 여신이 그와 함께 했는지 그 전보가 전달되는 과정에서 문제가 발생했고, 그의 바람과 달리 은의 매도는 이루어지지 않았다. 은 시장은 그날 이후 극적인 상승세를 보였다. 그의 수익금은 원금의 열다섯 배로 크게 불어났다. 그는 이제 큰돈을 손에 쥔 부자가 되었다. 그의 투기는 이후에도 한동안 계속됐다.

투기를 통해 상당한 돈을 모으자 달미아는 1933년 투기를 그만두고 그 돈으로 비즈니스에 본격적으로 뛰어들었다. 이때 그의 나이 40세였다. 그의 첫 사업은 인도 북부 비하르Bihar 주 디나푸르Dinapur에서의 무역업이었다. 무역업은 산업이 발달하지 못했던 당시 인도인들이 흔히 하던 비즈니스였다. 무역업이 번성하자 이제 설탕공장을 시작해보겠다는 생각을 했고, 이를 실행에 옮겼다. 그의 제조업 분야 첫 사업이었다. 마르와리 달미아의 기업인 인생이 시작된 것이다.

첫 번째 설탕공장을 세운지 얼마 되지 않아 그는 비하르 주의 데흐리온소네Dehri-on-Sone에 또 다른 설탕공장을 지었다. 이 장소는 현재 '달미

젊은 시절 람크리쉬나 달미아와
그의 아내 사라스와티

아의 마을'이라는 뜻의 달미아나가르Dalmianagar로 이름 붙여져 그를 기리
고 있다.

　이어 그는 시멘트사업에도 뛰어들어 인도의 시멘트산업의 부흥에
대단히 큰 공헌을 했다. 그가 시멘트산업을 시작한 것은 1936년이다.
당시 시멘트업계는 기존 회사들이 완전히 업계를 통제하며 독점하고
있었는데 그는 여기에 도전장을 내밀었다. 이들과의 치열한 경쟁에 직
면하자 그는 비하르의 달미아나가르, 파키스탄의 카라치Karachi, 하리야
나Haryana 주의 달미아다드리Dalmia Dadri, 펀자브 주의 단도트Dandot, 타밀나
두Tamil Nadu 주의 달미아푸람Dalmiapuram, 라자스탄 주의 사와이마드푸르

Sawai Madhopur 등 각기 다른 장소에 여러 개의 시멘트공장을 지어 맞대응했다. 그는 또 남동생 자이다얄과 사위 사후 샨티 프라사드Sahu Shanti Prasad의 도움을 받아 시멘트, 종이, 은행, 보험회사, 비스킷, 항공사, 철도, 탄광, 출판과 신문, 섬유, 화학물질 등과 같은 다양한 분야에 진출했다.

그 후 그는 바라트은행Bharat Bank을 설립하고 인도 전역에 지점을 세웠다. 항공사업에도 뛰어들어 제2차 세계대전 후의 항공기 폐기물품들을 인수했다. 그는 바라트보험회사의 지분을 인수하여 화재 및 손해보험회사도 설립했다. 이후 그는 펀자브국립은행Punjab National Bank의 지분을 인수했으며, 인도의 최대 영자신문인 〈더 타임스 오브 인디아The Times of India〉의 지배 지분도 사들였다. 무일푼으로 시작한 달미아는 당대에 설탕, 시멘트, 종이, 은행, 보험, 항공사, 철도, 탄광, 출판, 언론, 섬유, 화학 등을 아우르는 가히 '달미아 제국'이라 할만한 거대한 기업그룹을 건설했다. 달미아그룹은 1950년대 당시 인도 재벌랭킹 4위를 자랑했다.

1947년 인도의 독립 당시 그는 인도에서 가장 부유하고 막강한 힘을 가진 사람들 가운데 하나였으며 많은 정치인들과도 막역한 관계를 유지했다. 그와 좋은 관계를 유지하던 정치인 중에는 나중에 파키스탄의 총리가 된 무하마드 알리 진나Muhammad Ali Jinnah도 있었는데, 진나는 자신이 살던 주택을 그에게 팔았다. 한때 달미아는 인도 재무부장관의 물망에 오르기도 했다.

한편 대단한 박애주의자이자 자선가였던 그는 많은 종교적, 교육적, 사회적 행사를 주관하고 고통 속에 있던 수천 명의 사람들에게 도움을 주었다. 그는 소 도축을 반대하는 단체를 결성하여 인도에서 모든 소 도축이 없어질 때까지 고기를 먹지 않고 곡물만 먹을 것이라고 맹세했고, 죽는 날까지 이 맹세를 지켰다. 그는 또 1948년에는 '하나의 세계정부One-World Government'라는 아이디어를 제기할 만큼 선각자적 비전을 갖춘 인물이기도 했다.

평생 여섯 번 결혼해 자그마치 열여덟 명의 자식을 두었던 달미아는 장기간 질병을 앓다가 1978년 85세의 나이로 눈을 감았다. 무일푼으로 시작해 위험에 적극 맞서며 거대한 기업 제국을 일군 마르와리 기업인의 풍운아적인 삶이었다. 오늘날 그의 후손들이 가진 재산을 합치면 약 100억 달러(12조 원)에 달하는 것으로 추정된다.

디지털시대에도 빛나는 마르와리의 비즈니스 능력

—

플립카트 '사친 반살&비니 반살'

서른 세 살에 억만장자가 되다

2015년 9월 경제전문잡지인 〈포브스 인디아Fobes India〉는 인도 억만장자들의 순위를 발표했다. 억만장자가 많은 인도이지만 이들 가운데 특히 눈에 들어오는 젊은 인물들이 있었다. 서른세 살의 사친 반살Sachin Bansal과 비니 반살Binny Bansal이 그들이다. 이들은 인도 최고의 전자상거래 기업인 플립카트Flipkart의 공동 창업주로 각각 이 회사의 회장과 대표이사CEO를 맡고 있다.

이들이 소유한 재산은 13억 달러로 우리돈 약 1조 5,400억 원으로 인도 내 부자순위 86위를 기록했다. 20대 중반에 창업한 이들은 창업한 지 10년도 채 안 되는 짧은 시간에 어마어마한 재산을 가진 갑부로 부상했다. 이들은 모두 마르와리 상인 집안 출신이다.

인도의 재계에는 마르와리 후손들이 전통산업에선 여전히 각광받

인도의 최대 전자상거래 업체 플립카트 공동창업주인 사친 반살(좌)과 비니 반살. 삼십대 초반인 이들의 재산은 1조 원이 훨씬 넘는다.

지만 정보기술IT 등 새로운 산업분야에선 눈에 띄는 활약을 보이지 못한다는 시각이 존재한다. 이에 따라 일부에선 마르와리 기업인들의 쇠퇴를 주장하기도 한다. 왜냐하면 전통적 비즈니스인 교역과 금융에 익숙한 마르와리 기업인들이 컴퓨터와 인터넷이 중시되는 디지털시대에는 어울리지 않는다고 생각하기 때문이다. 그러나 이를 비웃기라도 하듯 마르와리의 젊은 후예들은 오늘날 디지털시대에도 타고난 비즈니스 능력을 유감없이 발휘하고 있다. 대학을 갓 졸업한 젊은 마르와리 기업인들은 인도의 전자상거래 시장을 쥐락펴락하고 있다.

2016년 현재 인도의 전자상거래 10대 기업 중 다섯 곳이 외국계다. 미국계인 아마존Amazon 인디아, 이베이Ebay 인디아 등이 다수를 점하고 있다. 외국계를 뺀 나머지 다섯 곳 중 네 곳을 마르와리 출신 젊은 기업인들이 창업해 운영하고 있다. 즉, 인도인이 소유한 다섯 개의 전자상거래 기업 중에서 네 개가 마르와리 소유 기업이다. 12억이 넘는 인구 중에서 극소수에 불과한 마르와리가 디지털시대의 인도 전자상거래 시장을 장악하고 있는 것이다.

인도는 세계에서 전자상거래 시장이 가장 빠르게 성장하는 곳이다. 2009년 39억 달러(4조 6,400억 원)였던 인도의 전자상거래 규모는 2013년 126억 달러(15조 103억 원) 규모로 급성장했다. 4년 만에 세 배 이상 늘어났다. 증가 속도가 매우 빠르다. 인도의 전자상거래 시장을 놓고 세계 각국 기업들의 경쟁도 치열하다. 미국 아마존과 이베이, 중국의 알리바바Alibaba, 일본의 소프트뱅크SoftBank 등도 대규모로 인도에 투자하고 있다. 예를 들어 아마존은 인도에 이미 진출해 활발하게 사업을 하고 있다. 재일동포 손정의 회장이 경영하는 소프트뱅크는 2014년 10월 인도의 유망 전자상거래 기업인 스냅딜Snapdeal에 6억 4,700만 달러(7,700억 원)의 투자를 단행했다. 중국 알리바바도 2015년 8월 스냅딜에 5억 달러(6,000억 원)를, 미국의 이베이는 네 차례에 걸쳐 약 3억 달러(3,500억 원)를 투자했다.

인도 최고의 전자상거래 기업 세 군데를 꼽으라면 플립카트와 스냅딜, 아마존 인디아를 들 수 있다. 이중에서 인도 토종기업인 플립카트가 단연 선두를 달리고 있다. 2015 회계연도 2014년 4월에서 2015년 3월까지의 연간 매출액은 플립카트가 50억 4,000만 달러(6조 41억 원), 스냅딜이 35억 달러(4조 2,000억 원), 아마존 인디아가 16억 8,000만 달러(2조 13억 원)를 기록했다.

'인도의 알리바바'로 불리는 플립카트는 2007년에 20대의 마르와리 청년들인 사친 반살과 비니 반살이 창업했다. 이들은 성姓이 같을 뿐 아니라 나이도 같고 출신도 같다. 둘의 고향은 인도 북서부 펀자브 주와 하리야나 주의 공동 주도_{州都}인 찬디가르_{Chandigarh}다. 그러나 둘은 마르와리 출신이라는 것 외에 인척상 아무 관계도 없다.

이들은 또 공교롭게 출신학교도 같고 전공도 같다. 고향인 찬디가르에 소재한 성안나수녀원학교를 같이 다녔고, 인도 최고의 명문인 인도공과대학교 델리캠퍼스에서 똑같이 컴퓨터공학을 전공했다. 그래서 둘은 어릴 적부터 친했다.

사친의 집안은 마르와리 전통을 따라 기업가의 길을 갔다. 아버지도, 동생도 기업인이다. 그러나 사친은 기업인 대신 프로게이머가 되고 싶었다. 어릴 적부터 컴퓨터 게임을 좋아했고 실력도 뛰어났다. 그러다 대학 졸업 후 2006년 그는 아마존 인디아에 입사했다. 시니어 컴퓨터 엔지니어라는 직책이었다. 사친은 몇 달 후 비니를 아마존 인디아로 끌어들였다. 당시 비니는 미국 뉴저지에 소재한 중견 컴퓨터회사에 다니고 있었고 구글에 두 번 입사지원을 했다가 고배를 마신 후였다. 즉, 이직을 심각히 고려하던 중이었다.

아마존 인디아에서 컴퓨터 엔지니어로서 그들이 하는 일은 단조로웠다. 비즈니스 가문의 피가 흐르고 있던 그들에게 엔지니어는 만족스럽지 못했다. 그들은 보다 도전적인 과제를 원했다. 둘은 아마존 인디아에 근무하면서 전자상거래 시장에서 부를 일굴 기회가 있다는 사실을 간파했다.

함께 일한지 8개월 만에 그들은 아마존 인디아에 사표를 제출했다. 이어 2007년 9월 그들은 플립카트를 창업했다. 상호인 플립카트는 '짐을 싣는 카트에 상품들을 툭 던져 놓다'라는 의미다. 영어로는 상당히

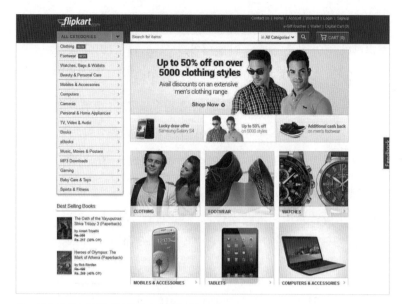

인도 최대 전자상거래업체인 플립카트의 온라인쇼핑몰

쉽게 다가오는 이름이다. 창업비용으로는 40만 루피(703만 원)가 들었다. 창업주인 사친과 비니가 창업비용을 공동으로 마련했다. 우리 돈 불과 700만 원으로 창업한 기업이 7년만인 2014년 회사가치 150억 달러(18조 원)의 인도 최대 전자상거래 기업으로 성장했다. 삼십대 초반인 그들의 재산은 천문학적인 1조 5,000억 원으로 불어났다.

그들은 창업 초창기에는 온라인 책 판매에만 주력했다. 미국 아마존의 방식을 따라한 것이다. 그러다 온라인 책 판매가 일정한 궤도에 오르자 취급 상품을 점차 다양한 상품으로 확대했다. 2016년에 이르러선 음악, 영화, 게임 등 미디어를 비롯해 휴대전화 및 액세서리, 카메라와 컴퓨터 등 사무용품, 식기와 밥통 등 주방용품, 오디오와 텔레비전 등 가전상품, 각종 미용 및 건강상품, 가방, 의류, 인형 등 취급하지 않는 상품이 없을 정도다.

플립카트는 2014년 하반기 중국 스마트폰 업체 샤오미와 독점 계약해 인도에 샤오미폰을 갖다 팔았다. 대성공이었다. 다양한 모델을 수만 대에서 수십만 대를 플립카트닷컴에서 특별세일 행사를 했는데, 모두 몇 분 혹은 몇 초 내에 매진됐다.

자체 스마트폰도 제작해 온라인으로 판매하고 있다. 예를 들면 2014년 2월 모토로라Motorola와 합작해 저가 스마트폰 모토G를 출시하는가 하면, 그 해 3월에는 안드로이드 스마트폰 모토X를, 5월에는 모토E 등을 잇달아 출시했다. 제품은 시장에 나오기가 무섭게 모두 팔려나갔다.

인도 전자상거래를 휘어잡는 마르와리

플립카트에 이어 인도 전자상거래 2위 기업 스냅딜의 공동창업주 로히트 반살Rohit Bansal도 마르와리다. 1982년생인 그는 펀자브 주의 말로우트Malout 출신으로, 델리에서 공부했다. 유명한 델리퍼블릭스쿨DPS을 나온 후 명문 인도공과대학교IIT 델리캠퍼스에서 컴퓨터공학을 전공했다. 플립카트의 공동 창업주인 사친, 비니와 출신 대학교도 같고 전공도 같다.

로히트 반살과 스냅딜을 공동 창업한 쿠날 바흘Kunal Bahl과 관련된 재미있는 일화가 있다. 둘은 델리퍼블릭스쿨을 같이 다닌 친구로 공부를 잘 하기로 소문이 났다. 그러나 로히트가 인도의 최고 수재들만 입학한다는 IIT에 바로 합격한 반면 쿠날은 수차례 재수에도 불구하고 IIT

인도의 유력 전자상거래업체
스냅딜의 공동창업주 로히트 반살

입학에 실패했다. 쿠날은 IIT 입학을 포기하고 미국의 명문 펜실베이니아대학교University of Pennsylvania의 기계공학과에 진학했다. 여기서도 '인도의 IIT에 떨어지면 미국 MIT에 간다'는 소문을 보여주는 것 같아 재미있다. 그만큼 인도 IIT에 입학하는 것이 어렵다는 말이다. 쿠날은 이후 최고의 경영대학원으로 평가받는 펜실베이니아대학교의 와튼스쿨과 노스웨스턴대학교Northwestern University의 켈로그스쿨에서 공부했다.

마르와리인 로히트의 가족은 모두 비즈니스에 종사한다. 아버지는 곡물 상인이고, 여러 삼촌들도 모두 비즈니스맨들이다. 로히트는 대학 졸업 후 컴퓨터 회사에 들어가 컴퓨터엔지니어로 잠시 월급쟁이 생활을 했다. 남의 회사에 취직해 월급쟁이 생활을 한 것은 그의 가까운 친지 중 그가 유일했다고 한다. 그만큼 마르와리 출신들은 자신의 비즈니스를 하는데 매우 익숙하다.

그래서 인도 최고의 명문 대학인 IIT를 졸업한 로히트가 스냅딜을 세워 비즈니스를 한다고 했을 때도 집안에서 아무도 반대하지 않았다고 한다. 아니 반대는커녕 그런 날이 오길 마치 기다렸던 것처럼 오히려 적극적으로 격려했다. 안정된 직장을 마다하고 사업을 시작하면 위험이 많이 따를 것임을 잘 알고 있음에도 말이다. 로히트는 "가족들은 제가 사업을 하면서 향후 부닥칠 불확실성은 당연한 것이라면서 도리어 안심하는 듯한 분위기였다"고 회고했다. 위험을 대하는 마르와리 가문의 자세와 태도가 잘 나타나 있다.

이처럼 마르와리 젊은이들이 창업에 적극 나서는 것에 대해 크리쉬나 타누크 인도비즈니스대학교ISB 경영학과 교수는 다음과 같이 분석했다.

> "마르와리 공동체는 전통적으로 무역과 비즈니스에 종사해 왔고 이 분야에 강점을 지니고 있습니다. 최근 전자상거래는 전통적인 상거래를 인터넷상에서 하는 것으로 마르와리 출신들에게 매우 익숙한 것 같습니다. 특히 요즘 부상한 젊은 전자상거래 마르와리 기업인들은 컴퓨터와 회계, 수학에 능할 뿐 아니라 '리스크를 지는 것이 보답을 받는다'는 가문의 철학 등이 결합해 똑똑한 마르와리 젊은이들이 비즈니스에 적극 뛰어들고 있습니다."

만약 우리의 젊은이들이라면 어떨까? 예를 들어 서울대학교 공과대를 나온 똑똑한 젊은이가 안정된 직장을 팽개치고 사업을 한다고 하면 우리 부모들은 과연 어떤 반응을 보일까? 대부분이 반대하지 않을까. 부모들의 반대는 물론이고, 그런 선택을 하는 젊은이를 찾기도 매우 어려울 것이다. 요즘 우리 사회에선 공무원이나 공기업 취업 등 안정된 직장이나 연예인 등을 선호하는 풍조가 만연하기 때문이다. 그런

인도 최초의 소프트웨어 회사를 설립한
나렌드라 파트니

점에서 위험에 적극적으로 맞서는 마르와리 젊은이들의 모습이 부럽
게 다가온다.

인도 IT 혁명의 선구자 마르와리

인도는 IT 산업으로 널리 알려진 나라다. IT 중에서도 소프트웨어 서
비스산업이 크게 발달했다. 이 분야 총 매출은 2014년 말 기준 1,470억
달러(173조 4,600억 원)로 인도 국내총생산의 7.5%에 달한다. 이 가운
데 수출은 1,000억 달러(118조 원)로 인도 전체 수출액의 25%를 점유
하고 있다. 그만큼 IT 소프트웨어 산업이 인도경제에서 차지하는 비중
은 대단히 크다.

IT가 인도에서 이렇게 중요한 산업이지만 IT 산업계에 뛰어난 마르
와리 기업인이 없다는 비판이 있다. 그만큼 마르와리 기업인들이 IT 등
첨단산업의 변화에 제대로 대처하지 못했다는 말이다.

현재 인도의 IT 소프트웨어 산업을 이끌고 있는 대표적인 기업은 타

뭄바이에 위치한 파트니컴퓨터의 연구센터

타컨설턴시서비스_{TCS}, 인포시스_{Infosys}, 위프로_{Wipro}, 커그니전트_{Cognizant} 등이다. TCS는 인도 최대기업인 타타그룹의 자회사로, 타타그룹은 조로아스터교를 믿는 상인 출신 잠셋지 타타_{Jamsetji Tata}가 1868년 창업한 기업이다. 인포시스는 나라야나 무르티_{Narayana Murthy} 등 일곱 명의 브라만 계급 출신들이 1981년 세웠다. 위프로는 구자라트_{Gujarat} 상인출신 무슬림인 아짐 프렘지_{Azim Premji} 회장이 부친의 사업을 이어받아 운영하는 기업이다. 모두 비非 마르와리 출신이다.

그런 면에서 IT 산업에서 활약하는 뛰어난 마르와리 기업인이 없다는 말이 타당한 것처럼 들린다. 그러나 사실 인도 IT 기업의 선구자는 마르와리 출신이다. 인도 최초의 소프트웨어 서비스 회사인 파트니컴퓨터_{Patni Computer}의 창업주 나렌드라 파트니_{Narendra Patni}가 바로 그 주인공이다.

나렌드라는 1943년 마르와리 자이나교_{Jainism} 가문에서 태어났다. 공부를 잘했던 나렌드라는 인도 최고의 명문 인도공과대학교 루르키캠퍼스에서 전기공학을 전공했다. 대학 성적이 우수해 그는 미국 매사추세츠공과대학교에서 주는 장학금을 받고 유학해 전기공학으로 석사학위를 받았다. 이어 같은 대학의 유명한 슬로안경영대학원에서 경영학석사 학위도 취득했다. 비록 전기공학을 전공했지만 마르와리의 피가 흐르는 그가 경영에 관심이 있었음을 보여주는 학업 이력이다.

대학원 졸업 후 그는 지도교수인 포레스터Forrester가 창업한 컨설팅 회사에 애널리스트로서 취업했다. 이때부터 나렌드라는 IT에 눈뜨기 시작했다. 포레스터 교수는 컴퓨터의 주기억장치인 램과 컴퓨터 그래픽을 최초로 발명한 선구적인 컴퓨터 과학자였기 때문이다. 포레스터 교수 밑에서 일하는 동안 젊은 나렌드라는 인도가 역외 IT 소프트웨어 아웃소싱 사업 대상 지역으로 매우 유망할 것이라는 생각을 했고, 바로 이를 실천에 옮겼다.

1972년 20대의 나이로 갓 결혼한 나렌드라는 미국 매사추세츠 캠브리지에 소재한 원룸 아파트에 역외 소프트웨어 아웃소싱 사무실을 차렸다. 아내 푸남Poonam과 함께였다. 역외 아웃소싱, 즉 인건비가 비싼 미국 등 선진국 기업들이 인건비가 싼 인도 같은 개발도상국 기업에 소프트웨어 관련 일을 맡긴다는 것은 요즘은 당연한 것처럼 생각된다. 그러나 1970년대 당시만 하더라도 이는 대단히 혁명적인 일이었다. 역외 소프트웨어 아웃소싱 사업이 부각된 것은 1990년대 이후였다. 따라서 머리로 생각해낸 아이디어인 역외 아웃소싱 사업이 실제로 현실에서 가능할 것인가를 두고 이들 부부는 수도 없이 실험을 거듭했다. 만약 이 아이디어가 현실이 된다면 미국 등 세계 기업 경영에 혁신을 몰고 올 뿐만 아니라 자신들도 큰돈을 벌 수 있었다.

무르티 등 인포시스 창업 영웅들 배출

1978년 파트니 부부와 두 파트니 형제들은 인도의 중서부 도시인 푸네Pune에 정식 컴퓨터 아웃소싱 회사를 연다. 바로 자신들의 성姓을 딴 파트니컴퓨터다. 창업 멤버들은 총 20명이었다. 이 가운데는 나중에 인도 IT의 상징 인물이 되는 유명한 나라야나 무르티를 비롯해 난단 닐레카니Nandan Nilekani, 고팔라크리쉬난Gopalakrishnan 등이 포함됐다. 파트니컴퓨터에서 함께 근무했던 이들 세 명과 다른 네 명 등 총 일곱 명은 몇 년 후인 1981년 파트니를 그만두고 나와 인포시스를 창업한다.

위에 언급했듯이 인포시스는 이후 인도 2위의 IT 회사로 우뚝섰다. 인포시스의 2015년 2월 기준 시장가치는 425억 달러(50조 1,500억 원), 고용인원은 19만 명으로 세계적 명성을 가진 글로벌 기업이 됐다. 위에 거론한 나라야나 무르티를 위시한 세 명은 모두 나중에 번갈아 가며 인포시스의 회장을 맡는다. 참고로 난단 닐레카니는 세계적 베스트셀러였던 〈세계는 평평하다The World is Flat〉의 저자 토머스 프리드만Thomas Friedman에게 이 책을 쓰도록 영감을 준 인물로 유명하다.

창업한 지 얼마 되지 않아 일곱 명의 유능한 직원들이 동시에 떠나가자 인도 최초의 컴퓨터 아웃소싱 회사인 파트니컴퓨터는 큰 타격을 받았다. 나렌드라는 이때 매우 충격을 받고 이들에게 서운함을 느꼈다고 한다. 파트니에서 역외 아웃소싱 회사의 혁신적 아이디어와 기술, 방법 등을 익힌 그들이 나가 경쟁사를 설립했기 때문이다.

이외에도 여러 우여곡절을 겪지만 다행히 파트니컴퓨터는 이후 비교적 안정적인 성장을 했다. 비록 크게 성공한 인포시스 만큼은 못했지만, 2005년 기준 파트니컴퓨터의 매출은 인도 IT 기업 중 6위를 기록했다. 직원 수는 1만 2,000명에 달했다. 경제잡지인 〈포브스 인디아〉에 따르면, 이 해에 파트니컴퓨터의 최고경영자 나렌드라 파트니 회장은 인도 억만장자 순위에서 47위를 차지했다. 그가 가진 재산은 7억 5,000만 달러(8,850억 원)였다. 그야말로 맨손으로 시작해 대단한 갑부가 된 것이다.

그러나 위에서 잠시 살펴본 것처럼, 파트니의 실적은 후발자 인포시스에 비해 한참 부족하다. 파트니의 부진은 1990년대 말 IT 산업계의 변화를 읽지 못한 것이 큰 원인으로 지적되고 있다. 파트니는 당시 '밀레니엄 버그'로 불리던 Y2K 상황에 능동적으로 대처하지 못한 것으로 평가받는다.

특히 공동 창업한 형제들 간의 불화가 파트니의 성장을 가로막은 것으로 알려졌다. 나렌드라의 동생들은 파트니를 계속 운영하기보다는 회사를 매각해 현금을 확보하려 했다. 결국 이는 2011년 현실화된다. 파트니컴퓨터는 이 해 5월 미국계 IT 회사인 iGATE에 12억 달러(1조 4,160억 원)에 매각됐다. iGATE는 매출이 파트니의 3분의 1에 불과한 작은 회사였다. 나렌드라는 이 매각에 반대했으나 형제들의 고집을 꺾지 못해 그의 회사는 결국 팔리고 말았다. 이로써 인도 최초의 컴퓨터 아웃소싱 서비스 회사 파트니컴퓨터는 역사 속으로 사라졌다.

불운은 계속 이어졌다. 2014년 6월 미국에서 심박정지수술을 받던 나렌드라는 회복하지 못한 채 숨을 거두었다. 향년 71세였다. 인도 IT 산업혁명의 선구자인 그가 자신의 기업과 함께 영원히 역사의 장으로 떠나간 것이다.

그와 함께 파트니컴퓨터에서 초창기 함께 일했던 나라야나 무르티 회장은 다음과 같이 슬퍼했다.

"저는 파트니에서 나렌드라 대표 밑에서 일했습니다. 당시 저는 소프트웨어 팀장을 맡고 있었지요. 그는 대단히 뛰어난 리더였습니다. 우리가 언제나 최선의 결과를 도출하도록 이끌었지요. '인도 IT의 아버지'의 죽음은 저를 포함해 우리 모두, 그리고 그를 존경하는 수많은 사람들에게 아주 큰 손실입니다."

나렌드라와 파트니컴퓨터에서 30년간 근무한 한 직원도 그를 진심으로 추모했다.

"나렌드라 대표님은 아이디어가 매우 풍부하고 열려있는 분이었습니다. 그는 또 대단히 겸손하신 분이었지요. 그는 미국에서 학교 졸업 후 한때 회사 경비원도 했습니다. 말단 경비원으로 시작해 최고의 지위에까지 오르신 분이지요. 대표님은 저희 이름을 기억해 항상 이름을 불러주곤 했습니다. 그의 죽음은 제 개인적으로 엄청난 충격이고 슬픔입니다."

나렌드라는 역외 아웃소싱이란 개념이 존재하지 않을 때, 아무도 아웃소싱에 대해 상상하지 못했을 때 이를 생각해내고 실천한 선각적 경영인이었다. 그는 인도 최초의 역외 아웃소싱 IT 회사를 만들었으며 이를 계기로 인도가 글로벌 IT 강국으로 부상하는데 대단히 중요한 역할을 했다. 위에서 보았듯이, 사실 인도 IT의 신화인 인포시스가 탄생하는 결정적 계기를 제공한 것도 바로 마르와리 출신 기업인 나렌드라의 공로이다. 인도 최고의 비즈니스맨 마르와리의 숨결은 전통산업뿐 아니라 첨단 IT 산업에도 강하게 살아 숨 쉬고 있다.

'혼란 마케팅'으로 유통황제가 되다

—

퓨처그룹
'키쇼르 비야니'

최대 슈퍼마켓체인 '빅바자르' 창업

2006년 1월 26일. 이날은 인도의 떠오르는 신생 재벌 퓨처그룹Future Group의 키쇼르 비야니Kishore Biyani 회장에게 두고두고 잊을 수 없는 날이다. 이날은 그룹 산하 슈퍼마켓 체인인 빅바자르Big Bazaar('바자르'는 인도어로 '시장'을 의미)가 겨울 바겐세일을 하는 날이었다. 정기적으로 진행하는 세일이라기보다는 전년 가을 인도 대명절인 디왈리Diwali 축제 세일 때 성원해준 고객들에게 감사의 의미에서 벌이는 특별 할인행사였다.

보통 1월은 가족과 함께 즐기는 시즌이어서 한가하다. 이날을 세일 날짜로 잡은 것도 바로 그때문이었다. 너무 복잡하지 않은 공간에서 한가롭고 여유 있게 즐기다 가라는 의미에서 선택한 날짜였다. 인도 전역 주요 도시에 퍼져 있는 빅바자르 문은 오전 아홉시에 일제히 열기로 돼 있었다.

그런데 문을 열기 훨씬 전인 아침 일곱시부터 전국 주요 도시에서 비야니 회장에게로 전화가 빗발쳤다. 뭄바이를 비롯해 벵갈루루Bengaluru, 구르가온Gurgaon, 콜카타 등 전국 매장 곳곳에 이른 새벽부터 수많은 인파가 몰려 비상상황이 펼쳐졌다는 것이었다. 줄을 선 인파들로 인해 도로가 막히고, 조급한 고객들은 매장 철제문을 부수고, 일부는 매장 직원들에게 빨리 문을 열지 않는다며 욕설을 퍼부었다. 매장 인근 주택가 주민들은 모여든 인파로 인해 집을 드나들 수 없다며 경찰에 신고하는 사태로까지 번졌다. 결국 전국 빅바자르 매장 곳곳에 경찰이 출동했다.

오전 열시쯤 뭄바이 남부 매장에 직접 나가본 비야니 회장은 실제 인파를 보고 눈을 의심했다. 보통 하루 총 3,000~4,000명의 고객이 드나드는 매장 안에 1만 명이 넘는 사람들로 가득 차 있고, 또 밖에는 수만 명의 고객이 줄을 서서 자기 차례를 기다리고 있었다. 단순히 세일 성공에 기뻐할 일이 아니었다. 잘못하면 큰 불상사가 발생할 수도 있는 상황이었다. 결국 경찰은 안전사고 방지를 위해 매장 문을 조기에 닫을 것이라고 방송했다. 군중들은 이 방송에 격렬하게 반발했다. 새벽부터 와서 기다렸는데 물건도 사기 전에 매장 문을 닫는다는 것은 말이 안 된다는 반응이었다.

성난 군중들로 인해 문을 닫으려는 경찰의 노력은 실패했다. 상황이 악화돼 폭력 조짐을 보이자 경찰은 경영진과 협의한 후 입장을 번복했다. 문을 조기에 닫지 않고 오히려 세일기간을 며칠 더 연장한다고 발표했다. 그러자 고객들의 분노는 풀어졌고 사태는 진정됐다. 그럼에

인도 최대의 소매체인 퓨처그룹의 키쇼르 비야니 회장

도 불구하고 매장에 들어가지 못한 일부 고객은 직원에게 뇌물을 주면
서까지 매장 안으로 들어가려 시도했다. 매장 안에서는 비싼 TV, DVD
플레이어, 휴대폰 단말기 등이 마치 값싼 야채가 팔리듯 불티나게 팔
렸다.

이날 저녁 방송과 다음날 전국 주요 신문은 일제히 빅바자르 사태를
다음과 같이 전했다.

'할인판매 대혼란 빅바자르 세일 폭발적 성공'

'빅바자르'의 모기업인 퓨처그룹은 2014년 5월 기준 인도 전국 250
여 개 도시에 1,400여 개의 매장을 갖고 있다. 매장 총 규모가 3,000만
평방피트가 넘고 고용인원이 3만 5,000여 명에 이른다.

퓨처그룹의 주력 기업은 판타룬리테일Pantaloon Retail로 소매가 핵심 분
야다. 그러나 최근에는 사모펀드PE, 소비자금융, 보험 등 금융 부문으

로도 사업영역을 급속히 확장하고 있다. 2014년 회계연도(2014년 7월 ~2015년 6월) 매출은 3,800억 루피(6조 6,800억 원)로 인도 오프라인 소매체인 분야 최대치를 기록했다.

퓨처그룹의 창업주인 키쇼르 비야니 회장은 브랜드 소매체인시장의 불모지인 인도에 '소매혁명'을 일으키며 인도 유통의 영웅으로 부상했다. 비야니 회장은 2016년 기준 52세다. 그의 이름은 2000년대 중반까지만 해도 인도인들에게 매우 생소했다. 지난 2001년 빅바자르를 창업하고부터 그의 이름이 서서히 사람들에게 오르내리기 시작했는데, 이제 인도에서 그의 이름을 모르면 간첩일 정도가 됐다.

그는 인도의 경제 붐을 타고 대성공을 거두며 '인도의 유통황제' 자리에 올랐다. 그가 보유한 재산은 2015년 10월 기준 13억 달러(약 1조 5,340억원). 2007년 명망 있는 미국의 소매업자연맹ANRF에 의해 '올해 최고의 글로벌 소매업자'로 선정되기도 했다. 또한 하버드 경영대학원의 '하버드 비즈니스 리뷰'에 성공사례로도 소개되었다.

합리성에 매료된 마르와리 청년

비야니 회장은 1961년 봄베이 교외 작은 마을에서 마르와리 출신 가문에서 태어났다. 전형적 마르와리 상인인 아버지는 의류판매와 가구판매점 등을 운영했다. 가족이 먹고 살기에 크게 부족하지 않는 생활이었다. 어렸을 적 그의 삶도 특별한 점은 없었다.

굳이 중학교와 고등학교 시절 그의 특징을 든다면 마르와리 가문의 특성상 사업에 관심이 많았고 '합리성'에 매료된 아이였다는 점이다. 그는 남들이 자신에게 무슨 일을 하라고 할 때 늘 '왜 그것을 해야 하는

지' 이유를 들어야 움직였다. 그는 어떤 책에선가 '인간은 합리적 동물'이라는 구절을 읽었고, 이는 학창시절 그를 매료시킨 단어였다.

고등학교를 마친 후 그는 봄베이에 소재한 평범한 대학에 들어갔다. 비야니는 후에 대학에서 현재의 자신을 있게 한 특별한 무언가를 배운 적은 없었다고 회고했다. 공부 대신 친구들과 주로 캠퍼스 밖으로 놀러 다녔다. 대학보다 실제 사회를 배우는 것이 그에게는 훨씬 흥미로웠다.

당시 가장 자주 갔던 곳은 봄베이 바닷가에 자리한 고급호텔 오베로이$_{Oberoi}$였다. 당시 대단히 성공한 사업가인 디루바이 암바니를 보기 위해서였다. 릴라이언스란 인도 최대 기업을 일군 당사자인 암바니 회장이 그 호텔 헬스클럽 회원이었기 때문이었다.

마르와리 상인의 피가 흐르는 그는 암바니 회장의 성공담에 매혹돼 멀리서 암바니 회장을 보는 것만으로도 큰 희열을 느꼈다. 암바니 회장은 대학시절 그의 우상이고 꿈이었다. 물론 당시에도 암바니 회장 못지않게 큰 재벌 기업을 이끌고 있는 인도기업인들은 여러 명 있었다. 그러나 이들은 대개 부친이나 선조로부터 사업을 물려받은 사람들이었다. 이에 반해 암바니 회장은 무無에서 출발해 거대 기업의 총수에 오른 기업가였다. 그때부터 마르와리 청년 비야니는 암바니 회장과 같은 자수성가형 기업인을 꿈꿨다. 경영에 대한 책에 심취하기 시작한 것도 이때부터였다.

'20세기 인도 최고의 기업인'인 암바니 회장과 같은 인물이 되겠다고 결심한 청년 비야니는 대학 졸업 후 취업 대신 잠시 부친 사업을 돕는다. 그러다 약관의 나이인 26세이던 1987년, 친구 아버지와 함께 남성복 의류업체 '판타룬'을 창업한다. 가족사업을 돕다가 창업하는 것은 마르와리 젊은이들의 일반적인 행로이다. 회사는 인도 최초의 남성 정장바지 브랜드를 생산하는 업체였다. 현재 판타룬리테일의 모체가 된 기업이다. 직원은 비야니를 포함해 열 명이었다.

'앞선 자의 이익'이라고 했던가? 인도 최초의 남성 정장바지 브랜드라는 평판에 힘입어 그는 성공을 거둔다. 그 결과 판타룬은 설립 5년 후인 1992년 기업공개IPO를 단행한다. 그러나 기업 운영은 쉽지 않았다. 제품의 질은 좋았지만 경쟁사들이 뛰어들어 가격경쟁이 치열했고, 배송비용이 많이 들어 사업에 어려움을 겪는다. 10여 년간 사업을 했지만 매출도 10억 루피(175억 원)를 넘지 못했다.

고민하던 비야니 회장은 1997년 자체 매장을 설립하기로 결정한다. 자체매장 설립계획에 주변 사람들은 대부분 반대했다. 소매판매 경험이 없는 제조업체가 직접 판매에 나선다는 것은 너무 위험하다는 지적이었다. 그러나 비야니의 생각은 달랐다. 지금까지 해왔던 제조업으로는 승산이 없다고 판단했다. 즉 '게임의 방식'을 바꾸기로 결정한 것이다. 그는 많은 반대에도 불구하고 직매장 설립을 밀어붙였다.

직매장 설립 지역으로는 동부 대도시인 캘커타를 선택했다. 이에 대해서도 반대 의견이 많았다. 이왕 직매장을 설립하기로 했으면 인도 최대 경제도시인 뭄바이나 수도인 뉴델리를 택할 것이지 왜 대도시 중에서도 못사는 편에 속하는 캘커타를 선택했느냐는 것이다.

이에 대해서도 비야니 회장은 달리 생각했다. 그는 캘커타는 일반적인 생각과는 달리 돈이 많고 충성심 있는 소비자가 많다고 판단했다. 캘커타 주민들은 매우 감성적인 사람들이고 그래서 감성적으로 접근하면 브랜드 판매가 먹힐 것이란 얘기다. 따라서 그는 캘커타를 잡으면 다른 지역은 어렵지 않게 진출할 수 있을 것이라고 생각했다.

작은 양복제조업자에서 유통 영웅으로

캘커타에 설립한 직매장은 대성공이었다. 당초 예상했던 연간 목표 매출 7,000만 루피를 훨씬 초과해 1억 루피(17억 5,000만 원)를 달성했다. 캘커타 매장의 성공은 비야니 회장에게 중요한 교훈을 준다. 인도 소매시장이 아직 저개발 상태라는 사실이었다. 이때부터 그는 남성바지 소매시장 공략에 매우 공격적으로 나서게 된다. 적극적인 소매시장 진출과 함께 매출이 급속히 성장하기 시작했다. 1998년 매출 10억 루피(175억 원)를 넘더니 2001년에는 20억 루피(350억 원)로 불과 3년 만에 두 배가 되었다.

그러나 이때만 해도 비야니 회장은 인도 비즈니스계에서 크게 주목받지 못했다. 주목받지 못했을 뿐만 아니라 인정받지도 못했다. 개성이 강하고 말투도 어눌한 그는 말도 퉁명스럽게 함부로 했다. 또 공식행사장에선 좌불안석, 몹시 불안해했다. 그런 그를 공식행사 주최자가 초대할리 만무했다. 비록 조그만 성공을 일궜다고 하지만 인도 비즈니스 업계에서 그는 주변인에 불과했다.

그는 잘 나가는 다른 인도 사업가들과 달리 명문학교를 나온 것도 아니었고, 외국에서 공부한 경험도 없었다. 그저 별볼일 없는 '뭄바이의 마르와리 상인 출신'으로 철저히 무시당했고, 사람들은 그에게 사업자금을 빌려주려 하지 않았다. 소위말해 '가망 없는 인물'로 치부되었다.

그런 그가 2001년 큰일을 낸다. 판타룬 직매장 성공에 자극받은 비야니 회장이 인도에는 없는 하이퍼마켓 '빅바자르' 설립을 결정한 것이다. 재래시장 혹은 구멍가게 밖에 없는 인도에 유통혁명을 불러일으킨다는 계획이었다. 빅바자르는 의복에서 가전, 가구, 가정용품 등 식품을 제외한 거의 모든 가정용품을 파는 슈퍼마켓 체인이다. 남성 정장 바지 브랜드 전문 판매사업자에서 본격적인 유통업자로의 대변신을 모색하는 순간이었다.

앞에서 살펴보았듯이 빅바자르는 대성공을 거두었다. 비야니 회장은 빅바자르를 설립한 이듬해인 2002년 서구식 식품 슈퍼마켓 체인인 푸드바자르Food Bazaar를 설립해 역시 대성공을 거둔다. 그러나 이에 만족하지 않은 비야니 회장은 2006년에는 퓨처캐피탈Future Capital이라는 회사를 세워 사모펀드와 부동산펀드, 소비자금융 등 유통업을 넘어 금융부문으로 적극 진출했다.

비야니 회장의 금융업 진출은 완전히 새로운 영역에 대한 도전이지만 그간 해온 사업과 연관성이 없는 것은 아니었다. 이는 "소매판매와 자본이 결합되어야 한다"는 비야니 회장의 평소 지론에서 비롯된 것이다. 소비자들에게 금융지원을 해 그들이 소비할 능력을 갖게 해줘야 한다는 주장이다. 따라서 그의 금융업 타깃 고객은 자신의 상점에서 물건을 사는 소비자들이다. 자신의 쇼핑몰에서 물건을 사는 고객들이 자신의 금융회사에서 돈을 빌리게 하고, 또 이 돈으로 소비자들이 자신의 상점에서 물건을 구매토록 유도하는 선순환 구조를 노리는 것이다. 이런 사업 방식은 영국의 슈퍼체인 테스코Tesco나 미국의 백화점 시어스Sears를 벤치마킹한 것이다.

빅바자르와 푸드바자르의 대성공으로 비야니 회장은 인도 비즈니스계의 주변인에서 '인도의 유통영웅', '소매판매 제왕'으로 떠올랐다. 이제 아무도 그를 '뭄바이의 마르와리 상인 출신'이라고 무시하거나 비아냥거리지 않는다. 언론들은 그를 대서특필하기 바쁘고, 각종 공식행사에선 그를 초대하지 못해 안달이 났다. 돈 많은 인도 거부들이 나서 사업자금을 빌려 주겠다고 서로 아우성이다. 불과 몇 년 만에 그에 대한 인식이 180도 바뀐 것이다.

비야니 회장은 어떻게 비교적 짧은 시간에 기업가로서 '대박'의 꿈을 실현했을까? 그의 성공전략과 비결은 무엇일까?

시장조사를 놓치지 말라

비야니 회장의 대표적인 성공전략으론 '혼란 마케팅Chaos Marketing'이 있다. 다음은 〈월스트리트저널〉이 이에 대해 보도한 내용이다.

> 비야니 회장이 뭄바이의 한 빅바자르 매장을 예고 없이 방문했다. 당황한 매니저가 비야니 회장을 매장 안으로 안내했다. 매장은 난장판이었다. 비좁은 통로 옆에 상품들이 정돈되지 않은 상태로 수북이 쌓여 있다. 진열대에서 흘러넘친 밀과 콩 등이 여기저기 널부러져 있고, 신선한 야채로 채워져 있어야 할 채소 코너엔 거무티티하게 썩은 양파가 드문드문 눈에 띄었다. 쇼핑 카트는 통로 한구석에 처박혀 있고, 안내 방송은 너무 시끄러워 매장 내에서 대화가 불가능할 정도였다. 쇼핑 매장을 이런 식으로 유지하면 대개는 경영자로부터 불호령이 떨어지기 마련이다. 그러나 비야니 회장의 반응은 달랐

다. 그는 매장 매니저를 흡족한 미소로 바라보며 칭찬했다.

"지시한 대로 잘하고 있구먼."

인도 최대의 토종 소매유통기업인 판타룬리테일은 독특한 매장 운영방식으로 인도 유통시장을 장악했다. 비야니 회장은 이를 두고 혼란 마케팅이라 부른다.

처음 매장을 열었을 때부터 비야니가 이런 마케팅 전략을 선택한 것은 아니다. 2001년 빅바자르를 오픈할 때는 선반 위에 물건을 가지런히 진열했고 손님들이 지나다니는 통로도 널찍하게 설계했다. 달콤한 음악도 잔잔하게 흘러나오게 했다. 미국 할인점인 월마트를 인도에 그대로 옮겨 놓은 듯했다. 매장을 개장하자마자 손님들이 밀려들었다. 성공이 바로 코앞까지 다가온 듯 싶었다. 그러나 거기까지였다. 손님들은 매장 구경만 할 뿐 물건을 사지 않았다. 에어컨이 나오는 시원한 통로를 사람들은 산책하듯 그냥 지나갔다. 그나마 날이 갈수록 사람들의 발길도 뜸해졌다. 뭔가 잘못된 것이 분명했다. 많은 사람들이 매장을 찾았는데도 왜 물건을 사지 않고 그냥 돌아갔을까? 그는 정신을 가다듬고 인도 소비자들을 새롭게 분석했다.

처음에 비야니 회장은 인도 국민 대다수가 저소득층이라는 점을 간과했다. 대대적인 시장조사를 한 결과 11억 명의 인도 소비자는 크게 세 부류로 나눌 수 있었다. 첫 번째 계층은 좋은 직업을 가진 고학력 소비자들로 외국 주요 대기업들이 공격 대상으로 삼는 소비자들이다. 여기에 속하는 인도인은 대략 전체의 14%로 추정됐다. 두 번째는 운전수, 가정부, 요리사, 보모 등으로 인도 전체 소비자의 55%로 집계됐다.

인도인들의 구미에 맞게 일부러 복잡하게 상품을 진열한 빅바자르 매장

대략 5억 5,000만 명에 달하는 거대 그룹이다. 세 번째는 최저 생활수준에 허덕이는 빈민층이었다.

비야니 회장은 두 번째 계층을 마케팅 타깃으로 잡았다. 그리고 이계층에 속하는 사람들은 괜히 기가 죽는 으리으리한 매장보다 재래시장 분위기의 속편한 가게를 더 선호한다는 사실을 알아냈다. 비야니 회장은 곧바로 매장을 다시 설계했다. 널따란 매장 통로를 반으로 좁히고 가지런한 물건을 뒤죽박죽 흩어 놓았다. 싱싱한 상품 위에 일부러 살짝 상한 물건을 얹어 놓았다. 물건 고르는 재미를 높여주기 위한 조치였다.

야채도 깨끗하게 닦아서 진열하는 대신 밭에서 갓 뽑아 온 것처럼 지저분한 상태로 놓아뒀다. 때가 좀 묻어 있어야 손님들에게 신선하다는 인상을 줄 수 있기 때문이다. 매장 바닥도 재래시장이나 기차역 바닥같이 회색의 화강암 타일로 다시 깔았다. 친근감을 높이기 위한 무대장치다. 높은 선반 대신 큰 상자에 물건을 담아 소비자들이 내려다보며 쉽게 고를 수 있도록 했다. 깨끗한 매장을 지저분하게 바꾸는 데 점포당 5만 달러(5,900만 원)가 들었다. 예상은 적중했다. 비좁은 가게엔 손님이 끊이지 않았다. 매출은 빠르게 늘었다.

비야니 회장의 '혼란 마케팅'은 인도시장과 소비자에 대한 철저한 연구의 산물이다. 인도시장의 특성이 어떠하고, 소비자가 좋아하는 것이 무엇인지 면밀하게 분석한 후 이를 공략하기 위해 내놓은 전략이었다.

빅바자르나 푸드바자르의 '혼란 마케팅'은 매장 분위기를 인도 재래시장처럼 만드는 데 주력했다. 왜냐하면 인도인들은 넓고 깨끗하며 쾌적한 서구식 매장에선 오히려 불편함을 느낀다고 판단했기 때문이다. 물건들을 통로에 지저분하게 늘어놓은 것도, 매장 바닥을 회색 화강암 타일로 깐 것도, 높은 선반 대신 큰 박스에 물건을 담아 사람들이 내려다보며 고를 수 있게 만든 것도 모두 인도 재래시장 분위기를 조성하기 위한 의도였다.

또 서구식 슈퍼마켓과 달리 매장 안에 많은 직원을 두고, 다양한 인도 지방 사투리로 안내 방송을 한 것도 마찬가지다. 인도 재래시장에서 소비자들은 직원들에게 끝없이 질문을 해댄다. 또한 인도에는 지방어 밖에 모르는 고객도 많기 때문이다.

이에 대해 비야니 회장은 "우리는 사람들이 꿈을 꿀 때 사용하는 언어로 광고한다. 나 역시 영어로 꿈꾸는 사람이 아니다"며 영어만이 아닌 인도 지방어로 광고하는 이유를 설명했다.

그러나 그의 판매 전략이 '혼란 마케팅'이라 해서 경영도 인도 재래 시장처럼 구식으로 하는 것은 아니다. 퓨처그룹의 자금과 인력관리 등은 어느 세계 유수기업 못지않게 효율적이다. 독일 테크롤로지 대기업인 SAP AG로부터 기술지원 및 자문을 받고 있고, 5만여 개 품목의 재고관리를 위해 도요타TOYOTA의 '저스트 인타임' 방식을 채택하고 있다.

빅바자르가 성공한 또 다른 이유는 광고에 투자를 많이 한다는 사실이다. 비야니 회장은 그동안의 사업 경험을 통해 사람들은 일단 들어서 알아야 구매충동을 가진다는 사실을 뼈저리게 실감했다. 그는 "남보다 많이 팔기 위해선 남보다 큰 목소리로 외쳐야 한다"고 강조한다. 그래서 광고비로 지출되는 돈도 타 기업에 비해 많은 편이다.

비야니 회장의 성공엔 배우고자 하는 강한 열정도 큰 뒷받침이 되었다. 경영, 그리고 시장과 소비자에 대한 그의 탐구 열정은 유명하다. 그가 가장 흠모하는 기업인은 세계 최대 할인점인 월마트의 창업주 샘월튼Sam Walton이다. 샘 월튼이 집필한 책인《샘 월튼 자서전Sam Walton Made in America》은 너무 많이 읽어 닳고 닳았다고 한다. 그는 샘 월튼이 항상 규칙을 새로 쓰는 사람이라고 생각했다. 월튼은 살아있는 동안 기존에 존재하던 형태를 결코 따르지 않았다. 비야니 회장이 사업을 시작한 후 새로운 영역에의 도전을 그치지 않는 점도 바로 월튼의 영향이다.

'경영'이 최우선이다

비야니 회장은 시간이 아깝다며 좋아하는 골프도 치지 않는다. 즐기던 테니스도 쳐본 지 오래다. 대신 주기적으로 명상과 요가를 한다. 시간이 나면 경영서를 한 줄이라도 더 본다. 그렇지만 샘 월튼을 좋아하고 경영서를 즐겨 읽는다고 해서 서구식 경영방식에 경도되지는 않는다. 서구식 경영을 배우는 이유는 이를 자신이 잘 알고 있는 인도사회와 문화 등과 결합하기 위해서다.

그는 인도를 대표하는 소매제왕이지만 자동차는 소나타급 중형차인 혼다 어코드를 몬다. 최고급 세단이 아니다. 그 이유를 묻자 비야니 회장은 다음과 같이 답했다.

> "최고급 호텔에 가면 키가 크고 건장한 체격에 위엄 있게 차려 입은 경비원을 보게 되지요. 나도 그렇지만, 일반인은 호텔에 들어서기도 전에 이 같은 경비원에 주눅들기 마련이지요. 벤츠 등 고급차를 타는 것도 비슷합니다. 사람들이 부러워하긴 하지만 쉽게 접근하기 어려워합니다."

비야니 회장은 2007년 《인도에서도 그런 일이 벌어졌다It happened in India》라는 책도 발간했다. 동료와 함께 펴낸 자서전 성격의 책이다. 그는 이 책에서 기업과 기업인에 대한 자신의 생각을 밝히고 있다.

> "기업가는 세 종류가 있습니다. 바로 창조자, 현상유지자, 파괴자입니다. 제 아버지는 인도의 대다수 기업인이 그런 것처럼 현상유지자입니다. 저는 자신을 창조자인 동시에 파괴자라고 생각합니다. 현상유지란 제 사전에 없습니다. 끊임없는 변화와 성장이 모든 기업의 중심이 되어야 합니다. 만약 기업이 변화하고 발전하지 않는다면 그

것은 기업이 아닙니다. 기업인은 목표를 크게 정하고, 스스로의 능력을 믿으며, 비록 목표가 이루어질 가능성이 높지 않더라도 커다란 위험을 감수하며 전진하는 사람입니다. 기업인은 결단력과 리더십을 갖추고 동료로 하여금 자신의 꿈을 믿도록 이끌어야 합니다."

그의 사업 대상은 대중이다. 또한 그는 엘리트주의를 싫어한다.

"저는 만년필이나 시계 등에 수백, 수천만 원이나 지불하는 사람들을 결코 이해할 수 없습니다. 이들을 대상으로 사업을 한다는 생각을 가져본 적도 없습니다. 저는 대중들과의 접촉이 끊어질 때를 두려워할 뿐입니다. 저는 이에 대해서 편집적인 두려움을 갖고 있습니다. 제 사업은 수많은 소비자를 관찰하고 그들의 감정을 이해하며, 그들이 무엇을 필요로 하는지 파악하고 이에 순응하는 것입니다."

뭄바이에 소재한 비야니 회장의 사무실에 들어서면 벽에 걸려있는 열두 개의 사진 액자가 방문객을 맞는다. 그의 정신적 지주들이다. 샘월튼, 테레사 수녀, 인도 최고의 시인 타고르, 《성공하는 사람들의 7가지 습관》의 저자 스티븐 코비Stephen Covey, 인도의 대표 IT 기업 인포시스 창업주인 나라야나 무르티, 인도의 저명한 과학자이자 전 대통령인 압둘 칼람Abdul Kalam 등이다.

그런데 특이하게도 마지막 액자에는 사진이 없다. 대신 거울이 들어있다. 그는 그 거울 속의 자신을 자주 들여다본다. 앞으로 크게 성공해열두 번째 액자의 주인공이 되고 싶어 한다.

과연 마르와리 기업인 비야니 회장의 성공 행진은 앞으로도 계속될 것인가? 인도의 '소매제왕'을 넘어 디루바이 암바니 같은 인도 최고의 기업인이 되려는 그의 꿈은 실현될 수 있을까? 소비자에 매우 충실한 그의 자세가 변하지 않는다면 자신의 사무실 액자의 열두 번째 주인공이 되는 것도 불가능한 꿈만은 아닐 것이다.

돈 냄새 맡는 천부적 감각

—

모디그룹
'구자르말 모디'

연매출 30조 원의 거대 그룹 '모디'

인도의 주요 도시에 가면 'Twenty Four Seven'이라는 서구식 편의점을 쉽게 볼 수 있다. 유력 마르와리 기업인 모디그룹_{Modi Group}에서 운영하는 소매체인이다. 모디그룹은 2013년 기준 연매출 30조 원 규모에 직원 수 2만 8,000명에 달하는 대기업이다. 음료 등 각종 소비재 상품과 담배, 화학제품, 의료기 등을 생산하고 엔터테인먼트, 교육, 고급식당, 패션 등의 비즈니스를 한다. 모디그룹은 1933년 마르와리 기업인 구자르말 모디_{Gujarmal Modi}가 창업했다. 야심찬 야망의 소유자였던 구자르말은 일에 대한 추진력이 매우 강했다. 그는 자신에게 주어진 기회들을 최대한 활용하여 인도 굴지의 모디그룹을 일구었다.

구자르말의 비즈니스 제국은 그의 선조 람 박시 모디_{Ram Baksh Modi}가 운영하던 소박한 가족사업에 그 뿌리를 둔다. 19세기 중반 지역 통치자의 군대에 보급품을 공급하는 일이었다. 이 사업은 몇 세대를 걸쳐 오며 점차 규모를 키웠고, 구자르말의 부친인 물타니말 모디Multanimal Modi에 이르러 상당한 규모로 성장했다.

그의 아버지 물타니말은 결혼을 네 번이나 했다. 첫 번째 아내는 아들을 낳기 전에 사망하였다. 물타니말은 가업을 승계할 아들이 필요했다. 그래서 찬디 데비Chandi Devi를 두 번째 아내로 맞았고 1902년 아들을 출산하였다. 이 아들이 바로 구자르말이다.

그러나 그의 어머니는 불행히도 그를 낳은 지 며칠 되지 않아 사망했다. 이후 물타니말은 세 번째 결혼을 했다. 그러나 마치 운명의 장난과도 같이 세 번째 아내도 약 1년 후 사망하였다. 아버지는 구즈리 데비Gujri Devi와 네 번째로 결혼하였다. 양어머니 구즈리 데비는 구자르말을 친자식처럼 매우 사랑하고 아꼈다. 구자르말은 살아가면서 양어머니에 대한 감사와 그리움을 누누이 표현했다. 그래서 그는 람 프라사드Ram Prasad란 자신의 이름도 양어머니 이름을 따라 구자르말로 바꾸었다.

마르와리 가문 출신답게 구자르말은 기업 경영에 타고난 사람이었다. 그는 주변 사람들의 눈치를 보지 않고 주도권을 잡아 자발적으로 사업을 추진했으며, 이를 실현시키기 위해 쉬지 않고 일했다. 아버지는 그가 고등학생일 때 학업을 그만두게 했다. 그래서 그는 어릴 때부터 가업에 종사했다. 그의 아버지는 정규교육보다 비즈니스 현장에서의 실무교육을 더 선호했다. 다행히 구자르말은 학습능력이 매우 뛰어났다. 현장에서 무엇이든 빨리 익혔다. 아버지는 학교교육이 부족한 그에게 개인교습을 시켰다. 또한 구자르말은 시간이 날 때면 독서에 매달렸다. 마케팅, 비즈니스 상무商務, 엔지니어링에 관한 많은 책을 읽었다. 이는 개인교습과 더불어 그에게 큰 자신감을 심어주었고, 장차 세상으로 나갈 준비를 하게 해주었다.

구자르말은 굉장히 혁신적인 인물이었다. 아버지를 설득해 기존 회계방식을 현대식으로 바꾸고, 제분공장을 보험에 들도록 했다. 이는 이후 화재로 인해 제분공장이 불에 탔을 때 가족을 재난으로부터 구해주었다. 그는 제분공장의 재건을 감독하고 동시에 거대한 인력을 관리하는 일에 책임감을 갖고 주도적으로 나섰다.

구자르말은 야망이 컸다. 하지만 당시 식민지 모국인 영국의 억압적인 태도와 기업 경영에 대한 지역 군주君主의 비협조적인 태도로 인해 그가 야망을 펼칠 여지가 없었다. 갈수록 구자르말이 있던 파티알라 Patiala 지역은 사업을 하기 어려운 곳이 되었다. 지칠 대로 지친 그는 파티알라를 떠나야겠다고 결심했다. 아버지는 이에 대해 반대했다. 그러나 그는 1932년 30세의 나이에 마침내 이를 실행에 옮긴다. 주머니엔 단돈 400루피(7,000원) 뿐이었다.

야심차게 고향을 떠났지만 어떤 일을 할지는 아직 정해지지 않은 상태였다. 구자르말은 사업기회를 찾아 델리 등 이곳저곳 헤매고 다녔다. 그런 와중에 정부가 인도 특산물의 생산을 장려하기 위해 설탕에 대한 수입관세를 인상하기로 결정했다는 소식을 들었다. 그는 바로 "이거다!"고 손뼉을 쳤다. 그는 설탕공장을 세우기로 마음먹었다. 이를 위해 인도의 중북부 우타르프라데시Uttar Pradesh에서 사업을 하던 사촌들에게 도움을 요청해 자금을 마련했다.

자금이 마련되자 그는 설탕공장으로 적합한 장소 물색에 나섰다. 델리에서 약 50㎞ 떨어진 베구마바드Begumabad가 최적의 장소였다. 그는 바로 공장을 세웠다. 1933년, 향후 거대한 제국이 될 모디그룹의 시작이었다. 설탕사업은 처음에는 어려웠지만 시간이 지나면서 점차 자리를 잡았고, 사업은 흑자로 돌아섰다. 그가 성취한 업적에 만족한 아버지는 그의 공장에 거액(20만 루피)을 투자했다. 그의 사업은 더욱 활기를 띠게 되었다.

공장을 세우고 운영하는 일은 쉽지 않았다. 마을 전체를 설득해야 했고, 지역의 반대세력에도 대처해야 했다. 사탕수수의 풍년 여부에도 많이 영향을 받았다. 흉작 때는 설탕사업 성장에 악영향을 끼쳤고, 풍년이 들었을 때에는 사탕수수의 과잉공급을 초래하여 가격이 하락했다. 그러나 이런 롤러코스터 같은 급격한 상황 변화에도 불구하고 그는 인내심을 갖고 사업을 지속했다.

사탕수수는 계절 작물이기 때문에 설탕공장 역시 계절에 따라 운영되었다. 그러다보니 노동자들은 계절에 따라 불안정하게 근무했다. 구자르말은 노동자들에게 지속적인 일거리를 제공할 사업을 물색했다. 또한 설탕공장이 위치한 베구마바드를 산업도시로 성장시켜야겠다는 커다란 구상 하에 사업 다변화를 적극 모색키로 했다. 그 결과 1939년버터 대용의 식물성 유지인 바나스파티Vanaspati공장을 세웠다. 이는 그가 설탕사업 초기부터 목표했던 사업 분야 중 하나였다. 그는 또 1940년에는 바나스파티공장에서 나오는 찌꺼기를 처리하기 위해 세탁비누 공장을 세웠고, 이후 목욕비누로까지 사업을 확대하였다. 바나스파티를 포장하려면 주석 캔 용기가 필요했으므로 이를 자급자족하기 위해 같은 해에 캔공장도 세웠다. 이어 바나스파티 사업에 필요한 기름

공장 또한 설립했다.

당시는 제2차 세계대전이 전 세계를 전쟁의 수렁으로 몰아넣을 때였다. 영국 역시 식량, 옷, 기타 필수품들의 극심한 부족에 직면했다. 군대의 식량부족 문제를 해결하기 위해 영국정부는 인도기업가들에게 건과일과 건야채 등 가공품을 생산하도록 요청했다. 그 시절 인도에는 그런 가공품을 생산할 시설이 거의 없었다. 상황을 간파한 구자르말은 군대의 수요를 충족시키기 위해 두 개의 새로운 기업을 설립한다. 모디푸드프로덕트Modi Food Products와 모디서플라이스코퍼레이션Modi Supplies Corporation이 바로 그것이다. 이와 관련해 영국 정부는 1942년 그의 공로를 기려 작위를 수여한다.

사회복지시설 지원과 여성 권리 향상에 기여

구자르말의 사업이 크게 확대되면서 베구마바드의 노동력도 지속적으로 증가했다. 이에 따라 깨끗한 물공급과 의료시설, 학교, 주택 등에 대한 필요성도 더욱 커졌다. 그는 이 같은 다양한 생활편의시설들을 세워 노동자들에게 제공했다. 그의 후원하에 베구마바드는 산업도시로 급속히 성장했다. 베구마바드는 1945년 구자르말 모디를 기념하여 모디나가르Modinagar로 공식 개명됐다.

구자르말은 1947년 향후 급속한 사업 성장과 팽창을 위해 페인트와 니스 공장을 세웠다. 이는 이듬해인 1948년 양말공장과 텐트공장 설립으로까지 이어졌다. 1954년 그는 산소가스공장을 시작했다. 1959년에는 모디나가르가 아닌 델리에 섬유공장과 제분공장, 양조장을 세웠으며, 1961년에는 손전등공장과 아크전극공장을 설립했다. 그의 마지막

구자르말 모디와 그의 아내 다야와티

위대한 업적은 1975년 모디고무회사의 설립이다. 이는 세계적으로 유
명한 독일의 타이어 및 튜브 제조업체인 컨티넨털AG와 협력하여 세
웠다.

　구자르말은 기업의 사회적 책임에도 큰 족적을 남겼다. 비즈니스 제
국이 성장함에 따라 그의 자선적이고 인도주의적 공헌활동 또한 커
졌다. 그는 사업만큼이나 직원들에 대해서 많은 신경을 썼다. 직원들
을 위해 시설이 우수한 주택을 짓고 직원의 자녀들을 위해 많은 학교
와 대학교를 세웠다. 모디나가르 주민들의 복지를 위해 의료시설들도
건립했다. 또한 자신의 재산을 출원해 여러 개의 자선기관을 만들었으
며, 여성의 권리 강화를 위해 성인 여성들을 대상으로 다양한 직업훈
련 및 교육을 실시했다. 모디나가르에 여자직업전문대학과 간호사훈
련센터를 세웠고, 그 외 여러 지역에 많은 교육기관을 설립했다.

　그는 인생 말년에 여러 질환들과 더불어 심한 황달을 앓았다. 이는 간과 신장, 심장에 치명적인 영향을 미쳤다. 그는 봄베이에 가서 수술을 받았으나 결국 1976년 1월 22일 새벽에 숨을 거두었다. 한 시대를 풍미한 위대한 마르와리 기업인의 퇴거였다.

그가 죽은 후 그의 비즈니스 제국은 다섯 아들들에게 나뉘어졌다. 다섯 아들들은 모두 오늘날 성공적인 사업가로 성장했다. 창업주 구자르말 모디와 그의 거대한 비즈니스 제국은 한 세기가 지난 오늘날까지도 인도 산업계에 커다란 영향을 미치고 있다. 특히 그의 모험을 무릅쓰는 투철한 기업가정신과 뛰어난 비전, 선견지명, 강한 추진력은 오늘날도 그가 세운 그룹하에서 여전히 살아 숨 쉬고 있다.

혼자하기 어려우면 합작하라

—

아드벤츠그룹
'사로지 포다르'

질레트와의 합작을 성공시킨 마르와리 청년

인도사람들은 아드벤츠그룹Adventz Group의 사로지 포다르Saroj Poddar 회장에게 항상 감사해 한다. 왜냐하면 합작을 통해 세계적인 면도기 업체 질레트Gillette를 인도에 들여왔기 때문이다. 질레트와의 비즈니스 합작은 포다르 회장이 글로벌 기업과의 국제적 동맹 구축이라는 능력을 보여준 중요한 사례다.

포다르 회장은 마르와리 재력가 가문에서 태어난 기업가로 연 30억 달러(약 3조 5,800억 원) 규모의 아드벤츠그룹을 이끌고 있다. 2016년에 69세가 되었다. 아드벤츠그룹은 비료, 공학, 사회기반사업, 부동산, 가구, 소매 등 23개 분야의 자회사로 구성되어 있다. 인도의 북동부인 콜카타 지역에서 가장 큰 기업 중의 하나다.

마르와리 가문 출신 포다르 회장은 아주 어릴 적부터 사업에 관심을

집념과 끈기로 질레트와의 합작을 성사시킨 사로지 포다르 회장

갖기 시작했다. 1960년대 아직 다 자라지도 않은, 막 면도를 시작했던 새파란 젊은이 포다르는 질레트에서 큰 사업기회를 보았다. 당시 인도 경제는 대부분 폐쇄된 상태에 있었다. 수출품목도 제한되어 있어 고품질의 면도날이 부족한 실정이었다. 포다르는 인도란 나라의 크기와 인구수를 고려해 볼 때 인도에서 질레트의 성공 가능성이 매우 크다고 생각했다. 그래서 고등학생이었던 포다르는 미국 질레트 측에 해외우편을 통해 여러 차례 합작 제의를 했다. 당시 인도에서 외국계 회사로 통하는 유일한 통로는 합작뿐이었다. 그러나 그의 제안은 모두 거절당했다. 질레트 측은 "인도가 사업활동을 하기 어려운 나라이고, 대주주 소유권도 우리가 갖기를 원한다"며 거절했다.

하지만 젊은 포다르는 결코 포기하지 않았다. 그는 이후에도 자주 질레트에 합작을 요청하는 편지를 보냈다. 이 편지에서 그는 인도 내 사업 파트너로 자신을 선택하면 최고의 선택이 될 것이라고 강조했다.

끈질긴 그의 요청에 마침내 질레트가 호응했다. 런던에서 만나자는 연락이 온 것이다. 1973년 7월 런던에서 첫 면담이 이루어졌다. 면담에서 질레트 측 대표는 "많고 많은 인도인 중에서 우리가 왜 당신을 사업파트너로 선택해야 하는지, 또 인도 회사들이 함께 일하고 싶다면서 우리에게 보낸 편지들이 방 하나를 가득 채우고도 남는데 왜 굳이 당신을 선택해야 하는지" 그에게 물었다.

그는 이에 대해 무수히 많이 생각해왔고 그동안 편지로도 누차 적었기에 자신 있게 대답했다. 젊은 포다르의 자신 있는 답변에 호감을 가졌는지 1977년 질레트는 그와 합작을 같이 하기로 결정했다고 알려왔다. 그가 질레트와 합작을 시도한지 약 10년만의 결실이었다. 그러나 그게 다가 아니었다. 당시 인도정부는 사회주의적 폐쇄정책을 유지하고 있어 외국 회사와의 합작 절차는 대단히 어렵고 복잡했다. 합작회사 ISPL을 설립하는 데는 추가로 7년이 더 걸렸다. 질레트는 합작회사 지분의 24.5%를, 포다르는 27%를 소유했다. 17년간의 지난한 과정을 거쳐 성공의 문턱을 넘은 것이다. 그 후 질레트는 인도시장에 우수한 면도기를 공급했고, 합작회사의 매출과 주식은 빠르게 상승했다.

정직과 겸손을 신념으로 삼다

질레트 프로젝트를 수행하기 이전 포다르는 대학생 시절 가족이 운영하는 방적공장에서 일을 배우기 시작했다. 주로 최고경영자인 아버지를 도와주는 경영과 관련된 업무였다. 그의 아버지는 당시 인도에서 가장 큰 석탄광산을 소유했으나 1971년 정부에 의해 국유화됐다. 포다르의 아버지는 이후 큰 방직공장을 설립하기도 했다. '가족 비즈니스

가 아닌 다른 일을 해볼 생각이 없었느냐'는 질문에 포다르는 자신을
위해 준비된 마르와리 가문의 비즈니스 기반이 있다는 것이 행운이며
혜택이라고 밝혔다. 그는 마르와리 가문 출신이란 사실에 대해 상당한
자부심을 갖고 있다.

> "잘 아시다시피, 마르와리식의 훈련과 규범, 헌신 등은 자연스럽게
> 가문을 통해 물려받는 자질이지요. 마르와리 가문의 아이들은 어릴
> 적부터 늘 이러한 자질을 배우는데, 모든 가족 간 토론이 사업을 중
> 심으로 이루어지기 때문이죠. 저는 매우 운이 좋은 사람으로, 아버
> 지와 장인께서는 제게 올바른 가치를 심어주시려고 심혈을 기울이
> 셨죠. 이런 덕택에 저는 물품 공급자와 사업 파트너, 직원, 고객 등
> 모든 사람들에게 항상 공정하게 대할 수 있었습니다. 그 결과 저는
> 에이버리Avery와 아레바Areva와 같은 몇몇 다국적 기업들의 회장에
> 임명되는 특권을 누릴 수 있었지요. 이들 회사의 주식을 한 주도 갖
> 고 있지 않음에도 말입니다."

포다르 가문 역시 다른 마르와리 가문들처럼 가정에서부터 비즈니
스 교육이 시작된다. 사도지 포다르의 아들 악샤이Akshay에 따르면 포다
르 가문은 어릴 적부터 '비즈니스'란 단어를 자주 듣는다고 한다. 또한
할아버지나 아버지가 일하는 모습도 자연스레 보게 된다. 자신도 모르
는 사이 비즈니스에 익숙해지는 것이다.

포다르가 질레트와 사업을 시작하고 나서 얼마 지나지 않아 런던에
갔을 때의 일이다. 이때 포다르는 런던정치경제대학에서 공부하고 있

던 악샤이를 몇몇 회의에 초청하곤 했다. 포다르는 악샤이에게 회의 진행상황을 보며 관찰하고 배우라고 했다. 이후 악샤이는 전공인 금융과 회계공부를 마치자마자 2000년부터 포다르와 함께 여러 프로젝트를 상근으로 맡게 되었다.

가족의 중요성과 가치는 포다르 가문에 깊게 뿌리 박혀 있다. 아들 가족은 물론 시집간 딸들 가족을 포함한 가족 전원이 매주 일요일마다 저녁식사를 함께 한다. 가족 간의 빈번한 교류와 화목은 마르와리의 특성이기도 하거니와 특히 포다르 회장은 이를 매우 중시한다.

포다르의 기업은 2008년 이후 급속하게 성장했다. 당시 고인이 된 장인 KK 비를라로부터 비료 복합기업인 주아리아그로Zuari Agro와 어려움을 겪던 엔지니어링 회사 텍스마코Texmaco를 물려받은 상황이었다. 그는 전설적인 기업인 KK 비를라의 세 딸 중 둘째인 즈요츠나Jyotsna와 결혼했다. 장인이 살아 계실 때 장인은 그를 텍스마코를 살려낼 적임자로 지목하였다. 그만큼 포다르를 신임했다는 얘기이다. 그는 강력한 구조조정을 실시해 회사를 주력산업 위주로 재편해 엔지니어링과 비료생산을 중심으로 하는 탄탄한 회사로 탈바꿈시켰다.

전문가들은 포다르의 주요한 업적으로 질레트 등 글로벌 거대 기업들과 제휴를 맺고 이들을 인도로 들여온 점을 든다. 바로 이러한 기업가적 능력 때문에 포다르는 전통적으로 인도 동부에서 사업을 운영하던 지명도 낮은 마르와리 기업인에서 전국적인 지명도를 가진 인물로 부상할 수 있었다.

온화한 성품을 가진 포다르가 가장 소중하게 여기는 비즈니스맨의 자질은 무엇일까? 바로 정직과 겸손이다.

"만약 당신이 따스한 성품과 정직, 솔직함이라는 자질을 갖추고 있다면, 그리고 여기에 겸손함을 더할 수 있다면, 당신은 위대한 자산을 지닌 사람이 될 것입니다. 반면 당신이 똑똑하긴 하지만 교만하다면 과연 사람들이 당신과 함께 사업을 하고 싶어 하겠습니까?"

새로운 시대, 새로운 경영

아들 악샤이는 가문의 야심찬 부동산사업을 이어 받았다. 아드벤츠 그룹은 델리와 카르나타카, 고아 주 등에 1,000ac(4㎢) 이상의 토지를 보유하고 있다. 이 땅은 거주용 주택개발 프로젝트에 사용될 예정이다. 그는 부동산사업 외에도 그룹의 사업효율성 개선과 오래된 철강주물 시설의 현대화, 원자재 취급방식의 개선, 제품창고 효율화, 농화학사업의 환경표준화 개선 등과 관련된 업무를 맡고 있다. 거대 전설적 기업 가문의 젊은 자식들 대부분이 그렇듯이 악샤이도 조심스레 성공을 향한 걸음을 내딛고 있는 중이다. 그는 자신만의 비즈니스 목표가 있느냐는 질문에 다음과 같이 답변했다.

"저의 아버지와 할아버지가 이뤄놓은 업적에 필적한다는 것은 어마어마한 압박감과 매우 대단한 도전을 요구합니다. 그래서 저는 단지 매일매일 제가 얼마나 더 많이 배울 수 있을까 하고 생각할 뿐입니다. 저 스스로 세운 목표 달성이란 그 이후에나 가능한 일이겠지요."

아버지 포다르가 사업전략과 파트너십 형성에 주력하는데 반해, 악샤이는 런던정치경제대에서 배운 비즈니스 테크닉을 그룹에 적용하려 노력하고 있다.

> "저희 그룹의 사업은 전통 비즈니스입니다. 그래서 저희는 지속적
> 인 업그레이드가 필요합니다. SAP와 같은 비즈니스 솔루션 응용프
> 로그램을 잘 활용하고, 딜러 및 공급자들과의 협조를 잘 유지하는
> 것이 중요하다고 생각합니다. 저희 그룹은 여러 공장에서 자연재해
> 나 데이터 손실이 발생할 경우를 대비해 데이터 복구 시스템에 많은
> 돈을 투자해 왔지요."

아드벤츠그룹은 마르와리 가문이 운영하긴 하지만 그룹 내 모든 자
회사에 전문 경영자가 존재한다. 포다르 회장과 아들 악샤이는 회사
내에서 가족들과 경영진들 사이에 불화가 거의 없다고 강조한다. 이에
대해 악샤이는 다음과 같이 말했다.

> "경영진들이 우리 가족들을 납득시키거나, 아니면 우리가 그들을
> 납득시킵니다. 우리들 중 한쪽이 다른 쪽을 반드시 납득시켜야만 하
> 는 것이지요. 어느 쪽에서 결정을 내리든 간에 우리 모두의 공동 결
> 정입니다. 만약 양쪽이 다 납득하지 못할 경우에는 양자가 서로를
> 이해하기 위해서 시간을 갖고 더 생각해 봅니다."

가문의 연장자인 포다르 회장에 따르면, 최근 경영의 전문화 과정을
거치면서 마르와리 가문 사람들은 젊은 세대들의 교육에 과거보다 많
은 주의를 기울이고 있다고 한다. 과거에 마르와리 기업인들은 자녀들

의 학교 교육에 그다지 신경을 쓰지 않았다. 그럼에도 불구하고 그는 직접 현장에서 발로 뛰며 실무를 배운 마르와리 기업인들의 성공률이 높았다고 강조했다.

과거 자신의 온 삶을 기업 경영에만 몰두하던 전통적인 마르와리 기업인들의 업무방식은 이제 전설이 되었다. 요즘은 수조 원의 재산을 가진 억만장자가 주말에 손주들과 함께 놀아주거나 옛 친구들과 카드놀이를 즐기는 시대가 되었다. 포다르 회장도 최근 사업 환경의 변화를 예민하게 감지한다. 그는 현대의 비즈니스에 대해 다음과 같이 강조했다.

"이제는 세상이 달라졌습니다. 이전 시대에서는 모든 것이 인도 국내 중심적이었지요. 그러나 오늘날에는 인도식 비즈니스란 것은 없습니다. 모든 비즈니스가 글로벌 비즈니스이며 글로벌 마켓에 대한 이해력을 가진 사람이 절실합니다."

글로벌 비즈니스는 거의 40여 년 전 이미 그가 실행했던 일이다. 마르와리 기업인들이 그만큼 시대를 앞서간다는 사실을 잘 보여주고 있다.

건설산업에 꽃핀 마르와리의 이단아
—

살라르푸리아사트바그룹
'비제이 아가르왈'

무역·금융이 아닌 건설업에서 큰 성공 일궈

인도 최고의 비즈니스맨 마르와리는 예로부터 무역과 금융, 산업 등의 분야에서 두각을 나타냈다. 그러나 이들에게 낯선 건설산업 분야에서 성공한 '마르와리의 이단아' 기업인이 있다. 인도의 톱 건설회사 가운데 하나로 꼽히는 살라르푸리아사트바그룹Salarpuria Sattva Group의 비제이 아가르왈Vijay Agarwal 대표이사가 바로 그 주인공이다. 1964년생인 그는 맨손으로 시작해 굴지의 건설기업을 일군, 건설 분야에서는 보기 드문 마르와리 성공신화이다.

'인도의 실리콘밸리'로 불리는 인도 남부 벵갈루루Bangalore에 가면 무수한 고층빌딩 숲에서 '살라르푸리아사트바'라는 기업브랜드를 쉽게 목격할 수 있다. 1986년에 설립된 이 회사는 약 30년 만에 인도 최고의 건설브랜드로 우뚝 섰다. 본사가 위치한 벵갈루루를 비롯해 이 회사는

건설업의 신화 비제이 아가르왈

콜카타, 푸네, 자이푸르Jaipur, 하이데라바드Hyderabad 등 인도의 주요 도시
에 확고하게 자리를 잡았다.

비제이 아가르왈은 방글라데시에서 작은 사업을 하던 마르와리 집
안에서 아홉 명의 자녀 중 한 명으로 태어났다. 방글라데시는 과거 라
자스탄에서 이주한 마르와리들이 많이 모여 살던 벵골 지역으로 독립
전까지 인도의 영토였다. 그러나 1947년 영국이 식민지 인도 땅에서
물러나면서 동東파키스탄으로 분리됐고, 1972년 파키스탄으로부터 방
글라데시공화국으로 정식 독립했다.

어린 비제이는 아버지가 많은 자녀들을 위해 힘들게 일하는 것을 지
켜보면서 의지와 인내를 배웠고, 이는 오늘날 그를 있게 한 핵심가치
가 되었다. 부모님은 어려운 가운데서도 열 명이나 되는 자녀들에게
깊은 사랑을 주었고, 모든 자녀들이 자립적인 개인으로 성장할 수 있
도록 가르쳤다.

집안이 부유한 편이 아니었기 때문에 비제이는 어릴 적부터 단돈 1루피도 귀하게 절약하는 생활태도를 배웠다. 중학교를 마친 다음에는 매형, 누이와 함께 웨스트벵골의 라니간즈Raniganj로 이사했다. 그곳에서 그는 작은 생활용품 가게를 연 마르와리 출신 매형을 도와 열심히 일했다. 작은 가게에서 일하면서 그는 중요한 비즈니스 교훈들을 얻는다.

> "그곳에서 저는 마케팅과 협상기술을 배웠습니다. 특히 비즈니스맨들의 삶에서 가장 행복한 일은 고객을 만족시키는 일이라는 사실을 뼛속 깊이 느꼈지요. 저는 매주 주말마다 180㎞ 떨어진 캘커타로 가서 필요한 물품을 구입해 왔습니다. 캘커타에서 가장 싼값으로 구입해 라니간즈에서 가장 싸게 파는 일은 제게 커다란 행복이었지요. 이런 일을 3~4년 동안 하자 매형 가게는 입 소문이 나 고객들이 근처는 물론 멀리서도 물건을 사기 위해 몰려왔습니다. 가게는 나날이 번성했지요."

비제이는 1985년 20세의 나이에 라니간즈에서 인도 서부의 대도시 캘커타로 이주한다. 그곳에선 작은 금융회사에서 일했다. 여기서 그는 전혀 예상치 못한 연유로 건설사업에 관여하게 된다. 저간의 사정은 이렇다. 그의 회사는 유망한 건설 프로젝트를 위해 한 건설사에 자금을 대주었다. 그런데 자금 문제로 인해 부도 위기에 처한 이 건설사는 자금을 대준 그의 회사에 프로젝트 회생을 맡겼다. 회사에는 건설 프로젝트를 수행한 경험이 있는 사람이 아무도 없었다. 결국 그가 이 건설 프로젝트 회생을 맡은 총책임자가 되었다. 그는 엄청나게 고생했지만 결국 프로젝트를 완수했고, 단순히 자금을 회수한 것을 넘어 큰 수익을 냈다. 이때부터 비제이는 건설 분야에서 본격적으로 성장하기 시작한다.

곧이어 그는 건설회사를 설립해 건설 분야에 본격적으로 뛰어든다. 건설 사업에 재미가 붙은 것이다. 그는 인도의 북부 델리의 농장과 빌딩 건설에서부터 남부 하이데라바드 시 개발 프로젝트에 이르기까지 적극적으로 건설 활동에 나섰다. 1993년 그는 매물로 나온 대지를 평가하기 위해 벵갈루루를 방문했다. 대지는 상당히 쓸모가 있었다. 그는 이 땅을 개발해 2만 평방피트 규모의 상업빌딩으로 멋지게 건축했다. 이 빌딩은 오늘날 머니 체임버스Money Chambers로 알려진 벵갈루루에서 유명한 건물이다. 당시 벵갈루루는 인도 정보기술의 허브 도시로 빠르게 변모하는 중이었다. 성장 가능성을 본 그는 이곳으로 본사를 옮겼다. 이후 작은 규모의 건설 프로젝트를 많이 수주해 실행했다. 그러자 벵갈루루에서 그의 건설 프로젝트 실행 능력이 뛰어나다는 소문이 났다.

'인도의 실리콘밸리'에 글로벌기업 사옥건설

큰 성공의 기회를 잡은 것은 2000년대 초반. 당시 벵갈루루에 IT 붐이 불면서 글로벌 기업들이 물밀듯이 이곳에 터를 잡았다. 이때 그의 회사 살라르푸리아사트바는 인텔Intel, 루슨트테크놀로지lucent technology, 휴렛패커드Hewlett-Packard, 오크엔파이낸셜 등 글로벌 기업, 그리고 인도 최대의 소매체인 빅바자르 등 쟁쟁한 기업들의 사옥 건설 프로젝트를 따

살라르푸리아사트바그룹이 인도 남부 벵갈루루에 건설한 휴렛패커드 사옥

낸다. 큰 성공기회를 잡은 것이다. 그런데 이들 기업은 건물만 짓게 하지 않았다. 사옥이 완공되면 직원들이 바로 입주해 근무할 수 있도록 내부 설계 및 인테리어 등 사옥 건설에 대한 모든 것을 그의 회사에 일임했다. 대신 입주 날짜를 지정해 만약 그 안에 완성을 못하면 매일 얼마씩 거액의 벌금을 물도록 했다.

그로선 처음 해보는 일이었고 큰 도전이었다. 그는 프로젝트를 맡기로 하는 대신 조건을 하나 제시했다. 만약 그의 회사가 지정한 시간 안에 프로젝트를 완수하면 보너스를 달라는 것이었다. 고객 기업들은 흔쾌히 동의했다. 놀랍게도 그는 지정한 시간보다 훨씬 빨리 프로젝트를 완성했다. 거액의 보너스를 받았음은 물론이다. 이때부터 회사는 성공

가도를 질주했다. 그룹은 15년간 연평균 30% 넘게 초고속 성장을 이어갔다. 사업 분야도 자연스럽게 진화와 다각화 과정을 거쳤다. 그룹의 전통적인 강점인 건설을 중심으로 항공 액세서리, e-테크놀로지, 창고업, 시설관리와 교육 등 미래 산업 쪽으로 도전을 계속하고 있다.

비제이 대표는 어릴 적부터 귀가 닳도록 들은 여러 마르와리 비즈니스 교훈들이 기업을 일으키고 경영하는데 큰 도움이 됐다고 말한다.

> 첫째, 한 푼이라도 아껴라. 이 한 푼이 모여 돈을 벌게 해준다. 수중에 들어오고 나가는 돈은 당신 돈이 아니다. 그러나 지출을 통제해 절약을 하면 그 돈만큼은 확실히 당신 돈이 된다.
>
> 둘째, 한도 내에서 소비하라. 결코 과소비를 해선 안 된다.
>
> 셋째, 결코 빚에 의존하지 말라. 2001년 비제이 대표는 이런 경험을 했다. 회사 경영 성과가 좋아 은행에서 대출한도를 5,000만 루피(8억 7,800만 원)에서 두 배인 1억 루피(175억 6,000만)로 상향해 주었다. 그는 아주 좋은 소식이라고 기뻐했다. 그러나 평소 그에게 경영관련 조언을 많이 해주던 멘토 기업인은 대출한도 상향이 좋은 게 아니라 나쁜 소식이라고 강조했다. 그것은 5,000만 루피만큼 빚이 는다는 사실을 의미한다는 것이다.
>
> 넷째, 혹시 자선을 베풀려거든 지금 당장 하라. 내일까지 미루면 자선의 마음이 변할지 모른다. 인생은 불확실하다. 좋은 일을 하고 싶은 마음이 들 때 바로 이를 실행에 옮겨라.

비제이 대표는 기업 경영을 하면서 이 같은 교훈들을 늘 가슴 깊이

비제이 아르가왈이 벵갈루루에 설립한 그린우드국제고등학교

새기고 있다.

비제이 대표가 그 동안 돈을 벌기 위해 비즈니스에만 매진했던 것은
아니다. 부인 니루Niru와 함께 교육 투자에도 큰 관심을 기울였다. 그들
은 인도의 미래를 변화시키고자 하는 강한 열망하에 2004년 '인도 IT
의 허브' 벵갈루루에 그린우드국제고등학교Greenwood High International School를
설립했다. 인도정부로부터 국가 표창을 7회나 받은 벵갈루루 내 첫 고
등학교인 동시에 안전 및 보건관리 시스템이 우수하다고 승인 받은 유
일한 학교이기도 하다. 이외에 추가로 벵갈루루와 콜카타, 낙푸르에
세 개의 학교를 더 세웠다.

학교 건립사업은 벵갈루루 지역에서 하고 있는 활동과는 별개로 사
트바그룹이 CSR(기업의 사회적 책임)의 일환으로 진행하고 있다. 사
트바그룹의 CSR 활동에는 도시와 농촌의 가난한 젊은이들을 훈련시
켜 그룹 내 공장의 일자리를 주는 것, 빈곤층을 위한 무료 진료, 지역 마
르와리 공동체에 대한 지원 확대 등 매우 다양하다. 그룹은 또 고아원
을 선정하여 앞이 보이지 않는 아이들이나 보다 불우한 환경의 아이들

에게 장학금을 제공한다. 그는 비즈니스 성공뿐 아니라 사회적 책임에
도 철저한 마르와리 기업인들의 전형을 보여주고 있다.

이와 관련, 그룹의 영업 및 마케팅 본부장인 산제이 아가르왈Sanjay Agarwal은 다음과 같이 밝혔다.

> "저는 이 회사의 설립 때부터 함께 일해 왔습니다. 저는 저희 회사가
> 건설산업 분야를 선도하고 신뢰받는 브랜드로 성장하는 것을 지켜
> 보면서 많이 배우고 있지요. 저는 오늘날 저희 회사가 이렇게 놀라
> 운 성장 스토리의 주인공이 되었을 뿐만 아니라 많은 자선활동을 하
> 는 것에 대해 매우 자랑스럽게 생각합니다."

건설 분야에서 매우 드문 마르와리 기업 살라르푸리아사트바그룹
의 성공신화는 여전히 계속되고 있다.

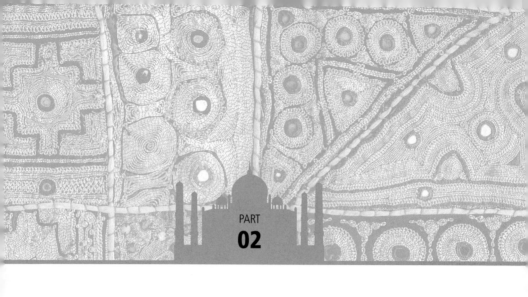

마르와리 상인들의 성공전략

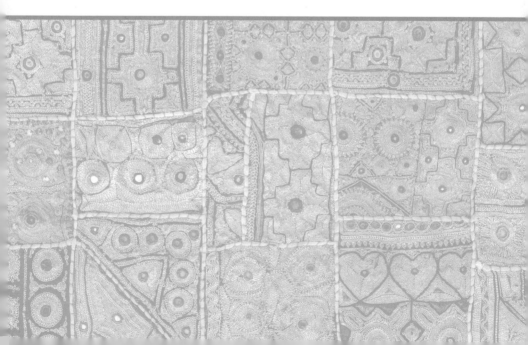

상호협력과
타고난 근면성

불굴의 의지 키운 열악한 자연환경

마르와리Marwaris 상인공동체는 인도에서뿐만 아니라 전 세계 많은 나라에서 유명하다. 이를테면 미국, 중국, 일본, 호주, 영국, 서독, 인도네시아, 아프가니스탄, 케냐, 우간다, 에티오피아, 수단, 탄자니아 그리고 유럽 등이다. 앞서 설명했던 것처럼 마르와리 상인공동체는 뛰어난 기업가정신으로 이름이 높다. 그 이유는 이들이 지닌 특유의 지형적·사회경제적·문화적 요소와 마르와리 공동체가 기업가적 자질을 타고났고 그렇게 양성되었기 때문이다.

척박한 땅 라즈푸타나Rajputana 전 지역에서 나타나는 비참한 자연 재앙들은 마르와리의 삶을 제한하고 결정했다. 라즈푸타나는 인도의 용맹한 전사들인 '라즈푸트Rajput 왕자들의 땅'이란 의미이다. 라자스탄Rajasthan과 구자라트Gujarat를 포함하는 인도의 북서부 일대를 말한다.

라즈푸타나 지역은 살아가는데 필요한 설비가 절대적으로 부족하고 강우량이 적어 사람들은 기근에 시달렸다. 라즈푸타나 전 지역이 물 부족을 겪었다. 물 부족 문제는 우기 동안 탱크에 물을 저장함으로써 부분적으로 해결되었다. 일반적으로 물탱크 시설은 좀도둑들을 막기 위해 자물쇠로 잠근 요새 속에 설치했다. 그만큼 물은 귀한 대접을 받았다. 그래서 손님이 찾아오면 물 대신 우유를 제공했다. 우유보다 물이 훨씬 귀했기 때문이다. 이런 상황에서 통신과 교통수단의 미비, 그리고 고용 기회의 부족은 이 지역 사람들의 삶을 더 악화시켰다. 사람들에게는 생계를 유지하기 위해 열심히 일을 하는 것 말고 다른 방법이 없었다.

그러나 열악한 지형적 상황은 오히려 마르와르 지역 사람들이 모험과 사업을 즐기도록 유도했다. 이는 마르와리 사람들로 하여금 힘들고 고된 상황을 참아내는 인내와 끈기, 적응력을 갖게 하였다. 뿐만 아니라 경제 차원에서 근면함과 기업가정신 그리고 경제적 관념에 대한 천부적인 자질을 갖추도록 만들었다. 이 지역의 중요한 모든 마을에는 교역경로가 연결되어 있었고, 교역시장인 만디Mandi가 형성되어 있었다. 그러므로 마르와르 지역 사람들에게 교역과 상업은 매우 자연스러웠다. 그러나 어쨌건 마르와르 지역의 경제적·지형적 상황이 교역을 하는데 그리 도움이 되진 않았기 때문에 많은 사람들은 다른 지역으로 이주해야 했다. 어려운 환경 속에서 단련된 이들은 이주한 지역에서 번성하기 시작했다.

성공을 부르는 상호협력과 근면함

살기가 어려웠으므로 마르와리 사람들은 서로 협력 또는 상호 부양하는 여러 제도를 만들었다. 이들 상호협력체제 역시 마르와리 상인들이 성공에 이르게 하는 열쇠였다. 마르와리 상인에 대한 최고의 전문가 중 한 명인 미국의 토머스 팀버그Thomas Timberg 교수는 다음과 같이 설명한다.

> "라자스탄의 지형적, 경제적 상황 등 특수한 입장은 마르와리 상인들로 하여금 상호 간 협력과 경제적 지원뿐만 아니라 동료 사업가와 공동체를 위한 교육·오락시설 등 다른 여러 수단들을 채택하도록 만들었습니다. 이러한 상호협력수단들은 마르와리 사업가들에게 상당한 지원과 공동체 구성원들 간 친목을 도모하게 하였고, 결국 성공으로 이끌었지요."

다시 말해 라자스탄의 열악한 지형적, 경제적 상황이 마르와리간 '상호부양相互扶養' 제도를 구축하게 만들었고, 이것이 마르와리의 성공에 크게 기여했다는 말이다. 인도의 유명한 경영컨설턴트인 구르차란 다스Gurcharan Das도 이렇게 말했다.

> "마르와리 사람들은 비즈니스에 있어 똘똘 뭉쳤습니다. 이들은 마르와리 출신이면 친 가족처럼 대했습니다. 이들이 인도 어느 곳을 가든 대부분 '바사Basa'라는 마르와리 숙소가 마련돼 있고, 이곳에서 잠을 자고 음식을 해결했지요. 이에 드는 비용은 마르와리 상인들이

공동으로 마련한 자금으로 해결하거나 현지 성공한 마르와리가 제
공했습니다."

팀버그와 다스의 말대로 마르와리 기업가들은 상호협력차원에서
여러 가지 특별한 특징을 갖고 있다. 마르와리 연구자인 발찬드 모디
Balchand Modi는 마르와리 공동체의 성공을 이끈 사회·문화적이고 경제적
인 특징들에 대해 다음과 같이 언급하고 있다.

> "마르와리의 대가족 제도는 이들의 성공에 명백히 도움이 되었습니
> 다. 또 공동숙소인 바사 역시 마찬가지였지요. 바사는 마르와리와
> 동인도회사에 고용된 인도인인 구마스타Gumasta를 포함한 모든 고
> 용인들이 함께 자고 저녁식사를 하는 장소였습니다. 아침이 되면 그
> 들은 갠지스강에서 몸을 씻고 사찰을 방문한 후 아침식사를 했어요.
> 그들은 정확히 아침 아홉 시에 일터로 갔지요. 그들은 학력수준이
> 높지 않음에도 불구하고 계산에는 도가 통한 전문가들이었습니다.
> 마르와리는 자신들의 은행계좌를 잘 유지하는 방법을 알고 있었고,
> 마케팅에도 매우 능하였습니다.
> 그들은 또한 종교적으로 아주 독실했고 완전한 공동체 의식을 지니
> 고 있었지요. 가능한 한 그들은 가난한 마르와리에게 거주지를 제공
> 해주고 이들을 자신들의 공장에 고용했습니다. 상황이 여의치 않아
> 고용하지 못할 경우에도 이들은 다른 마르와리를 정착시키기 위해
> 최선을 다했어요. 검소하게 생활하고 열심히 일하는 것은 마르와리
> 삶의 일부가 되었습니다."

대가족 제도와 무료 공동숙소인 바사, 종교적 공동체 의식, 뛰어난 계산능력, 검소하면서도 부지런한 생활태도가 성공에 큰 도움이 되었다는 설명이다. 여기서 마르와리의 타고난 근면성과 검소함에 대해 간단히 살펴보도록 하자.

마르와리는 돈을 저축하는 면에 있어서 눈에 띄는 습관을 지니고 있었다. 1907년 봄베이 잡지 〈봄베이 가제티어Bombay Gazetteer〉에서는 마르와리에 대해 "저축을 많이 하는 계급 중에서 으뜸은 마르와리"라며 그들의 간소한 생활과 검소한 씀씀이에 관해 언급한 바 있다.

인도의 동북부 콜카타는 영화 〈시티 오브 조이City of Joy〉로 유명한 도시다. 비록 가난하게 살지만 마음만은 행복하다는 메시지를 주는 이 영화의 배경인 도시 콜카타는 복잡하고 시끄럽고 누추하고 분주하다. 자리에 가만히 서 있기만 해도 정신이 없을 정도다.

콜카타 중에서도 이런 분위기를 가장 잘 느낄 수 있는 곳이 바로 시내 중심에 위치한 전통시장 부라바자르Burrabazar이다. '큰 시장'이란 뜻이다. 콜카타에서 가장 왕성한 상업 활동의 중심지로 인도에서 가장 큰 도매시장이기도 하다. 이 시장에선 세상에 존재하는 모든 것이 구입 가능하다고 한다. 적당한 돈만 지불하면 호랑이 눈도 살 수 있다.

시장 안으로 들어서면 영화에서 보다 더욱 복잡하고 소란스런 광경이 펼쳐진다. 금방이라도 허물어질 것 같은 낡은 건물로 이루어진 시장 안은 물건과 수많은 인파, 인력거와 오토릭샤, 오토바이, 자동차 등으로 거의 숨이 막힐 정도이다. 약 2㎞ 가는데 30여 분이나 걸릴 정도다. 그야말로 인간의 활력이 넘쳐나는 '기쁨과 슬픔이 뒤엉킨 도시'처럼 보인다.

이 부라바자르 시장을 장악하고 있는 사람들이 바로 마르와리 상인들이다. 한 마르와리 기업인에 따르면, 이곳 큰 건물의 90%가 마르와리 소유라고 한다. 시장에는 마르와리 특유의 하얀색 전통복장에 흰색 모자를 쓰고 있는 사람들로 넘쳐난다. 시장을 통과해 한참을 걸어 들어가 보면 다양한 이름의 회사 간판이 줄지어 서 있다. 5~6층 정도 되는 빌딩 숲인데, 건물 외관은 많이 낡았다. 이들 빌딩에도 마르와리 기업들이 곳곳에 자리를 잡고 있다.

이곳에 있는 여러 마르와리 기업을 방문해 보면 한결같이 내부 시설이 간소하고 소탈하다. 사장실에는 대개 누추한 소파에 덩그러니 낡은 책상 한 개가 놓여 있다. 낭비하지 않는 마르와리 기업인들의 검소함을 한눈에 알 수 있다. 검소함은 마르와리의 성공을 가져오는 중요한 특성이다.

마르와리 공동체의 성장과 발전에 있어 이들의 근면하고 검소한 생활태도는 매우 큰 역할을 했다. 요즘도 그렇지만, 과거 마르와리 교역상인들은 매우 검소하게 살았다. 인도인들은 한결같이 마르와리의 절약 정신과 사업재능을 높이 평가한다. 마르와리는 이러한 자질들을 완전히 체화해 생활화했다. 1927년 간행된 잡지 〈찬드_Chand〉에는 오래 전 마르와리들의 생활상이 자세히 묘사돼 있다.

> "마르와리들은 움막 같은 누추한 숙소 겸 사무실에서 베개와 등받이 의자, 작은 책상 등만을 구비한 채 살아간다. 밤이면 사무실의 등받이 의자는 침대로 사용되고, 숙소 한쪽에는 작은 금고와 금전출납부만이 덩그러니 놓여 있다. 그러나 놀랍게도 이들의 이 단순하고

작은 사무실에선 하루 10만 루피 정도의, 상당한 거액의 사업들이
진행되고 있다. 그런데 이 경영인(마르와리 상인)의 금전출납부에
적혀 있는 옷에 대한 지출은 기껏 12루피에 불과하다."

위 글은 돈을 많이 가진 마르와리들이 얼마나 검소했는지를 잘 보여
준다.

마르와리가 입는 옷과 먹는 음식은 대부분 그들의 문화에 근거한다.
마르와리는 어디에 살든지, 심지어 도시에서 멀리 떨어진 아주 외진
곳에 살지라도 꾸준히 자신들의 옷과 음식, 관습, 삶의 모습을 고집했
다. 그들은 영국 의회와 왕궁에서도 마르와리 의복을 입었다. G.D. 비
를라는 영국 황제대관식에 마르와리의 전통의상인 파가리Pagari를 입고
나타나 사람들을 놀라게 했다.

앞서 언급했듯이 마르와리는 편히 살기 어려운 지형적인 특색과 환
경 조건 때문에 생존을 위해 열심히 일하지 않으면 안 되었다. 마르와
리는 사전에 정규 회계공부를 받지 않았다. 대신 그들은 기업 경영에
'파르타시스템Parta System'이라는 자신들만의 독특한 회계방식을 활용했
다. 또 놀랍게도 그들은 정규교육을 제대로 받지 않았음에도 불구하고
'기회의 언어'인 영어로 아주 잘 소통했다. 그 결과 마르와리는 이후 많
은 회사를 효율적이고 성공적으로 경영할 수 있었다. 이는 이들이 가
진 중요한 자질, 즉 타고난 근면함과 성실성에 기인한다. 이들은 매우
부지런히 열심히 일했다.

힌두교의 성전인 리그베다Rigveda의 아홉 번째 교리에는 "사람은 돈을
벌기 위해 무기력함을 버려야 하며 돈을 버는 방법은 정당해야 한다.

신은 우리를 행동하는 사람으로 만들 것이다. 게으름을 피하고 정당한 수단을 이용한다면 우리는 굉장한 부를 얻게 될 것이다"라는 구절이 나온다. 마르와리 공동체는 이 교리를 적극 실행에 옮겼으며 차고 넘치는 돈을 벌 수 있었다.

뛰어난 사업적 재능

성공한 마르와리 사업장에서 도제로 일하는 초심자들은 시장과 상품판매에 대한 살아있는 지식을 매일매일 습득했다. 이렇게 해서 습득된, 마르와리의 시장과 비즈니스에 대한 동물적 본능은 대단히 놀라웠다. 마르와리는 본능적으로 자신들의 상품을 어떻게 처분할지 잘 알고 있었다. 심지어 도심에서 멀리 떨어진 시골 마을에서조차 그들은 그곳 사람들의 구미에 맞는 상품을 보유하고 있었고, 소비자들을 설득해 구매하게 만드는 뛰어난 능력을 갖고 있었다. 마르와리의 가장 큰 경쟁자인 한 구자라티Gujarati 상인의 발언은 그 사실을 잘 보여준다.

> "우리 가게를 방문하는 손님들은 종종 아무것도 구입하지 않고 돌아갑니다. 그러나 같은 손님이 마르와리 상점을 방문한다면 그는 거의 반드시 무엇인가를 사들고 갑니다. 이는 우리 가게 상품의 질이 나쁘기 때문이 아니지요. 마르와리가 소비자들에게 자신들의 상품이 믿을만한 품질을 갖고 있고 가격도 매우 합리적이라는 사실을 성공적으로 확신시키기 때문입니다."

마르와리는 또한 이익이 거의 생기지 않을 것처럼 보이는 거래에서도 이익을 남기는 숙련된 능력을 갖고 있다. 이 경우 그들은 낮은 가격에 많은 양을 팔곤 한다. 이른바 박리다매 방식이다. 마르와리는 시장 정보를 다루는 솜씨도 매우 뛰어났다. 마르와리는 다른 교역상으로부터 재치 있게 유용한 정보를 얻지만, 일단 확보한 정보는 다른 상인들에게 어떠한 내색도 하지 않는다. 그는 1차적 정보, 즉 자신이 경험하는 직접적 정보를 얻기 위해 시장과 지속적으로 접촉한다.

매일 매일의 정보를 얻기 위하여 마르와리는 다른 주요 도시나 마을에 사는 동료 마르와리들과 연락한다. 일반적으로 동료 마르와리에게서 얻은 정보는 믿을 만하기 때문이다. 마르와리는 이들 정보를 사업의 미래를 예측하는데 사용하곤 했다. 당시 교통과 커뮤니케이션 수단이 매우 부족하던 시절이었지만, 그럼에도 불구하고 마르와리는 유용한 정보를 효과적으로 얻을 수 있었다.

마르와리만의
독특한 가족경영

대가족 제도

마르와리의 대가족 제도는 이들의 비즈니스 성공에 크게 기여한 것으로 평가된다. 여기서 말하는 마르와리의 대가족 제도란 엄밀하게 말하면 '공동가족제도Joint Family System'다. 공동가족제도란 우리가 알고 있는 대가족 제도보다 훨씬 폭넓은 개념이다. 다시 말해 우리의 대가족 제도는 보통 자식과 부모, 조부모를 포함하는 직계 친족의 가족을 뜻한다. 그러나 마르와리의 공동가족제도는 이를 넘어 사촌과 그 가족, 사촌의 부모, 조부모까지 포함하는 대규모 인척이 함께 모여 사는 가족 공동체를 의미한다. 그래서 어떤 공동체는 수십에서 수백 명의 가족이 한 가족이라는 이름하에 모여살기도 한다. 여기에선 이해를 돕기 위해 공동가족제도를 편의상 대가족 제도라고 쓰기로 한다.

사람들은 일반적으로 대가족 제도가 개인의 주체성을 억압함으로써 산업발전에 장애가 된다고 생각한다. 즉, 대가족 제도하에서 개인은 가족(그룹)에 의해 제약 받으며 튀는 행동을 할 수 없기 때문에 대가족 제도를 유지하는 것은 기업가정신을 제약한다고 알려져 있다.

그러나 마르와리 사회에 대한 연구에 따르면, 대가족 제도가 오히려 기업을 설립하고 운영하는데 큰 도움이 된다고 한다. 왜냐하면 소가족이 아닌 대가족 제도하에서는 무엇보다 비즈니스를 하는데 필요한 자금을 동원하는 데 훨씬 유리하기 때문이다. 특히 대가족 제도는 구성원 간 협업을 향상시킬 뿐만 아니라 각자의 독립된 재산을 능숙하게 다루게 하는데도 긍정적이다. 또한 마르와리는 대가족 제도 덕분에 가족 간의 강한 유대감, 카스트에 대한 배타적인 충성심을 갖고 있다. 이런 요인들은 마르와리 상인공동체가 사업 및 산업을 일으키고 경영하는데 유리한 요인으로 작용한다는 것이다.

심지어 에드워드 밴필드Edward Banfiled같은 학자는 대가족 제도의 부재가 사회·경제적 발전의 주요 장애물이 되었다고 주장한다. 밴필드는 이탈리아 남부를 연구한 책에서 대가족 제도의 결핍(부족)은 그 사회의 경제성장을 저해하는 주요 요인이라고 주장했다. 베텔리에Beteille도 대가족이 산업화를 위한 매우 우호적인 요인이라고 주장한다. 대가족 제도와 강한 카스트 충성심이 마르와리의 성공에 있어 매우 중요한 역할을 하였다는 것이다. 대가족제 내에서 인간의 개체성은 유지되었고, 각 개인은 가족의 다른 구성원들과 독립적으로 자신들만의 땅과 재산을 가질 수 있었다. 알랜 코헨Alan Cohen도 대가족 제도가 구성원 간 권한을 배분하고 충돌을 완화시키는 기술을 발전시켰다고 주장한다.

그러나 정도가 지나치면 대가족 제도는 외부에서 자금을 모으거나 외부 인재에게 동기를 부여하는 데 장애가 될 수도 있다. 외부 세계에서 보면 잘 짜인 하나의 독립단위처럼 보이기 때문이다. 배타적인 집단으로 배척받을 수 있다는 말이다. 그럼에도 마르와리가 대가족 제도 혹은 공동가족제도를 고수한 데는 몇 가지 이유가 있다.

첫째, 마르와리는 사업에서 대가족이 제공하는 여러 도움을 필요로 했다. 둘째, 대가족은 가족사업을 확장시키고 이에 투자하기 위한 충분한 자본을 확보하고 있었다. 셋째, 가장들이 비즈니스를 위해 집을 떠난 후 자신의 가족이 대가족하에서 안정적으로 잘 살 것이라고 확신할 수 있었기 때문이다. 과거 마르와리 남자 가장들은 사업을 위해 오랜 시간 집을 떠나 있어야 했다. 대가족 제도하에서 마르와리는 아내나 아이 등 가족에 대한 걱정 없이 다른 지역으로 마음 편히 이주해 비즈니스에 몰두할 수 있었다.

글로벌 시대의 '가족경영'

오늘날 가족경영을 통한 성과를 이룬 대표적인 마르와리 기업으로는 아르셀로미탈스틸Arcelor Mittal Steel을 들 수 있다.

룩셈부르크 보자르 궁전Beaux Arts Palace에 위치한 아르셀로미탈스틸 본사에선 아래와 같은 일이 흔히 벌어진다. 이 회사 회의실에 수십 명의 임원들이 모여 회의를 연다. 대부분이 중년을 넘긴 철강의 베테랑들이다. 그 가운데 젊디젊은 한 청년의 얼굴이 쉽게 눈에 들어온다. 철강이라면 '날고 긴다'는 베테랑 임원들이 회의 도중 그 젊은이의 한마디 한마디에 꼼짝을 못한다. 그 젊은이는 이 회사 소유주인 락시미 미탈Lakshmi Mittal 회장의 아들 아디티야 미탈Aditya Mittal이다.

철강 분야에서 산전수전 다 겪은 임원들이 그에게 꼼짝 못하는 이유는 단지 그가 회장의 아들이기 때문만이 아니다. 2016년 기준 39세에 불과한 젊은 나이임에도 불구하고 그가 어느 누구보다 철강 분야를 꿰뚫고 있는 전문가이기 때문이다. 미국의 명문 펜실베이니아대학교University of Pennsylvania 와튼스쿨에서 금융을 전공한 아디티야는 2016년 기준 아르셀로미탈스틸의 재무담당이사CFO다. 아르셀로미탈 철강의 핵심전략인 인수합병M&A을 오래 전부터 맡고 있다. 그가 관여한 글로벌 M&A만도 수십 건에 달할 정도로 많다. 그래서 일부에선 그를 '세계 최연소 M&A 달인'이라고도 부른다. 마르와리 후손답게 그는 숫자에 대단히 밝으며 경영능력도 뛰어난 것으로 알려져 있다. 따라서 외아들인 그는 미탈 회장의 뒤를 승계할 것이 거의 확실시된다.

아디티야 미탈은 투자은행 CSFBCredit Suisse First Boston에서 1년간 근무한 후 1997년 아버지 회사에 합류했다. 미탈스틸에 입사해 그는 뛰어난 숫자 감각을 유감없이 발휘했다. 추구해야 할 목표를 찾아내는 감각도 탁월했다. 이를 본 락시미 미탈은 2000년 그에게 회사의 핵심전략 분야인 M&A를 맡겼다.

그러나 그 후 머지않아 회사에 시련이 닥쳤다. 철강업계가 극심한 침체에 빠진 것이다. 철강회사들의 부도가 이어졌다. 미탈 가문의 회사도 위기에 직면했다. 주식 가격이 1997년 27달러(3만 1,600원)에서 2001년 1.5달러(1,700원)로 폭락했다. 미국, 멕시코 등에서 사들인 철강회사가 부도 위기에 처했다. 큰 위기였다. 그러나 미탈 부자父子는 이 위기를 기회로 전환시켜 전화위복으로 삼는다. 갖고 있던 회사를 파는 대신 동유럽과 아프리카 등에서 부도 위기에 처한 철강회사를 헐값으로 사들였다. 자금은 세계은행과 유럽부흥개발은행 등에서 지원받았다. 그 결과 몇 년 만에 생산량이 두 배로 증가했다. 이때 아버지를 도와 큰 역할을 한 장본인이 바로 아디티야였다. 능력을 인정받은 그는 그 후 2006년 세계의 이목이 집중된 아르셀로스틸Arcelor Steel 인수를 주도했다. 이로 인해 아디티야라는 이름은 국내외 철강업계에 본격적으로 알려지기 시작했다.

현재 미탈 부자는 아르셀로미탈스틸을 이끌어가는 쌍두마차다. 아버지는 이미 많은 권한을 아들에게 위임했다. 아버지라 해서 일방적으로 아들에게 지시하지 않는다. 아버지는 아들의 생각과 스타일을 최대한 존중하는 경영을 하고 있다. 그런 아버지를 둔 젊은 아디티야는 똑똑하고 자신감이 넘친다. 그는 아버지로부터 직접 경영수업을 받으며 생사가 걸려 있는 실전에서 괄목할만한 성적을 내고 있다. 미탈 회장은 아들 아디티야와의 관계를 '친구 같은 사이'라고 말했다.

> "저와 아들과의 관계는 매우 독특한 것이라고 생각합니다. 마치 매우 친한 친구 같은 사이에요. 일반적인 아버지와 아들의 관계, 그 이상입니다. 우리는 정말 아주 친한 친구입니다. 비즈니스로 말하면 우리는 동업자이지요. 아디티야가 제 아들이긴 하지만, 우리는 서로의 의견을 매우 존중합니다. 우리의 동맹 관계는 아주 탄탄해서 이 관계 속에서 아버지와 아들이란 관계를 따로 구별하기란 쉽지 않습니다. 주변의 많은 사람들이 말하길, 우리가 마치 형제 같답니다."

아버지의 경영스타일이 비전 제시적이면서 좀 거친 편이라면, 아들은 보다 전문적이고 구체적이다. 그러나 둘 모두 일의 추진에 있어 빈틈이 없고, 집요하면서도 추진력이 강하다는 측면에서는 똑같다. 또 그들은 전 세계에서 모인 내로라하는 철강 전문가들을 비전과 지식에서 압도하고, 부드러운 말로 설득하고 구워 삶는데도 탁월한 능력을 보인다. 그들은 원하는 목표가 있다면 결코 포기하지 않는 스타일이다.

한 회사 임원은 "미탈 부자가 원하는 바를 하고자 할 때 결코 'No'라고 말해선 안 된다"고 강조했다. 일례로 이들 부자는 루마니아의 철강회사를 인수할 때 정치적 압력 등 무수한 어려움이 있었지만, 장장 3년간이나 협상해 결국 성공을 거두었다. 그들의 집요함과 추진력이 예사롭지 않음을 보여주는 사례다. 윌버 로스Wilbur Ross 전前 인터내셔널철강그룹ISG 회장은 아디티야의 철강을 비롯한 방대한 비즈니스 지식에 대단히 감명 받았다고 말했다.

> "아디티야는 미탈 회사가 소재한 수십 개 국가의 세금제도와 세율, 세금혜택 조항에서부터 특정 용광로 안에 붙어 있는 온도계의 특성까지 자세히 알고 있었지요. 저 역시 철강회사를 운영하던 사람으로서 정말 탄복을 금치 못했습니다."

아디티야뿐 아니다. 미탈 회장의 아내 우샤와 딸 바니샤도 회사일에 깊이 관여하고 있다. 우샤는 미탈 회장에게 단순한 아내 이상이다. 그녀는 그에게 가장 가까운 컨설턴트이자 사업 동료다. 그가 사업한다며 전 세계를 돌아다닐 때 아내는 인도네시아 공장을 맡아 대신 경영하기도 했다. 아내는 철강사업을 잘 이해할 뿐만 아니라 회사 운영도 곧잘 한다. 어떨 때 두 사람은 사업을 놓고 치열한 논쟁자가 되곤 한다. 부부는 사업 다양화가 좋은지, 집중화가 좋은지 종종 격렬한 토론을 벌인다. 그런 아내를 미탈 회장은 "깊이 존경한다"고 공개적으로 자랑스럽게 말한다.

아들 아디티야는 젊지만 뛰어난 경영 자질을 갖고 있는 것으로 평가된다. 그러나 부친이 그에게 조만간 회사 경영 전권을 물려줄 것 같지는 않다. 2016년 65세인 미탈 회장은 아직은 현장에서 활발하게 일할 나이이기 때문이다. 그래서 많은 사람들은 그가 70세가 넘는 2020년 이후에야 경영권 승계가 이루어질 것으로 점친다. 그때가 되면 충분한 경영수업을 받은 40대의 아디티야가 혼자서도 회사를 잘 꾸려갈 수 있을 것이란 전망이다. 그런 점에서 마르와리 기업인 미탈 회장의 아들 경영수업은 여전히 진행형이다.

그러나 어쨌든 아르셀로미탈스틸은 대부분의 인도기업이 그런 것처럼 전통적인 가족경영 체제를 유지하고 있다. 앞서 본 것처럼 미탈과 외아들인 아디티야가 경영의 두 바퀴를 이룬다. 그날이 언제이든 락시미 미탈 회장은 아들에게 기업을 물려줄 것이 거의 확실하다. 글로벌 기업을 내세우면서도 경영 체제는 아직 가족경영 체제에 머물고 있다. 그러나 이 같은 전근대적인 가족경영이 글로벌 경쟁 시대에 얼마나 통용될 수 있을 지는 미지수다. 이런 가족경영 체제가 앞으로도 계속 통할지 세계는 관심을 갖고 지켜보고 있다.

비즈니스 감각을 키워주는
특별한 자녀교육

살아있는 비즈니스 교육훈련

마르와리 공동체는 자식 등 후손에게 비즈니스를 가르치기 위해 현장에서의 살아있는 사업교육과 훈련을 강조했다. 그들은 학교에서 가르치는 의례적 정규교육보다는 비즈니스 현장에서 바로 써먹을 수 있는 부기book keeping 등 실용교육에 집중했다. 마르와리 소년들은 어릴 때부터 마르와리 기업에 도제徒弟 혹은 아르바이트 등으로 취직해 마르와리의 생생한 '교역의 비밀'들을 배웠다. 또 그들은 아주 어린 나이에 덧셈, 뺄셈, 곱셈, 나누기 등 비즈니스에 필요한 기초 산수를 마스터했다.

마르와리 연장자들은 손님을 능숙하게 다루는 방법을 배우면 비즈니스에서 이익을 낼 수 있다고 믿었다. 그렇기 때문에 그들은 젊은이들에게 고객을 상대로 한 예절이나 기법 등도 열심히 전수해 주었다. 마르와리는 실무경험 없는 정규교육은 무의미하다고 생각했다. 그래서인지 대부분 성공한 마르와리는 충분한 정규교육을 받지 않았다. 예를 들어 유명한 마르와리 기업가인 G.D. 비를라, 잠날랄 바자즈Jamnalal Bajaj, 아난딜랄 포다르Anandilal Podar, RK 달미아RK Dalmia, 람나라인 루이아Ramnarain Ruia 등은 모두 대학교육을 받지 않았다. RK 바자즈RK Bajaj와 VH 달미아VH Dalmia는 경영학 학위가 없었지만 사업에 대단히 능했다.

마르와리 상인들은 비즈니스 테크닉을 배우기 위해 도제가 된 자식들에게 실용적이고 기술적인 비즈니스 교육을 시켰다. 마르와리가 도제로서 받는 실무교육과 훈련은 다음 세 가지 양상을 나타냈다.

첫째, 특정한 시간 동안 도제로서 전문 관리자의 감독 아래 회사의 다양한 부서를 숙지하게 한다.

둘째, 젊은이들에게 업무를 위임하고 그들이 소속된 회사에 강한 책임감을 갖게 한다.

셋째, 실무훈련이 끝나면 모든 책임을 초심자들에게 위임하기 전에 이들이 자신의 책임과 권한하에 새로운 회사를 설립하게 한다.

BD 비를라는 자신의 아들인 KK 비를라를 가르칠 때 케쇼람 공장의 자금 부서에서 여타 다른 직원과 똑같은 훈련을 받도록 했다. 창업주의 후계자라고 해서 특별대우를 하지 않고 교육시키는 것이다. 뭄바이에 소재한 유통회사 ESS유통의 팡카지 재인Pankaj Jain 대표에 따르면 마르와리들은 아주 어릴 적부터 비즈니스와 무역에 대해 훈련을 받는다. 마르와리에겐 일생의 당연한 일부분인 것이다. 공동체로부터 전수받은 비즈니스적 사고방식과 마르와리 특유의 비즈니스 윤리, 공동체로부터의 금융지원 등은 마르와리가 비즈니스를 할 때 유리한 장점들이다. 또한 고객에 대한 신뢰와 고객에 봉사하고자 하는 열정, 고객과의 장기적 관계 등은 마르와리 기업인들의 전형적인 특징이다. 델리에 기반을 두고 있는 자동차부품 제조업체 잘란인더스트리즈Jalan Industries의 라메시 잘란Ramesh Jalan 대표의 말이다.

> "사업하는 능력은 모든 마르와리 개개인이 갖고 있는 유전자(DNA) 입니다. 우리는 경영대학이나 경영대학원에 다니지 않아도 비즈니스 측면에서 대부분의 사람들보다 뛰어나지요. 만약 마르와리 집안에서 남자애가 직업을 비즈니스가 아닌 쪽을 선택하려 한다면 그는 대뜸 다음과 같은 질문에 직면합니다. '그 일을 해서 대체 얼마나 벌 건데?' 이러면 더 이상 할 말이 없어지지요."

비즈니스에 대한 마르와리 가문의 이런 전통과 가풍, 살아있는 교육훈련이 뛰어난 마르와리 기업가를 만들고 결국 성공하게 하는 거름이 되었을 것임은 쉽게 미루어 짐작할 수 있다.

경영 수업은 밥상머리에서

'철강왕' 락시미 미탈 회장의 자녀교육을 살펴보면 마르와리 가문들이 어릴 적부터 어떻게 자녀교육을 하는 지 잘 알 수 있다.

아르셀로미탈스틸의 락시미 미탈 회장의 아들 아디티야 미탈은 1976년 인도 캘커타에서 태어났다. 그 해 태어나자마자 그는 아버지를 따라 인도네시아로 이주해 어린 시절을 쭉 그곳에서 자랐다. 인도네시아에서는 수라바야국제학교Surabaya International School를 다녔다. 그는 자신의 어린 시절을 "아주 단순한 생활"이었다고 회고했다. 철강 관련 이야기 만 빼면 그랬다.

당시는 아버지 미탈 회장이 철강사업을 시작한 지 얼마 되지 않았을 때였다. 아버지의 관심은 온통 사업뿐이었다. 나이 어린 마르와리 소년 아디티야도 가족사업인 철강에 깊이 빠져들었다. 어머니가 아버지 사업을 도우려 공장에 나갈 때면 어린 아디티야를 항상 데리고 갔다. 그곳에서 아디티야는 철광석이나 용광로 등 철강 분야에 익숙하게 된다. 어릴 적부터 자식들을 비즈니스 훈련시키는 것은 마르와리들의 전형적인 교육방식이다.

> "저는 늘 아버지 사무실에 갔고, 그곳에서 뛰어 놀거나 직원들과 말하며 시간을 보내곤 했습니다. 제가 노는 도처에 철강 관련 물건들이 널려 있었지요. 아버지는 시간이 날 때마다 제게 회사에 대해 이것저것 설명을 해주셨습니다."

철두철미한 마르와리 기업인 락시미 미탈은 가족들도 자신이 하는 일을 잘 알아야 한다고 믿었다. 그래서 그는 가족이 만날 때면, 특히 식사할 때 철강사업 이야기를 자주 했다. 자신이 철강사업을 얼마나 좋아하는지, 회사는 어떻게 운영하며 사람은 어떻게 다루는지, 거래를 성사시키는 전략은 무엇이고 타이밍은 언제가 좋은지, 혹은 출장을 간 이야기며 사업상 누구를 만나고, 어떤 회사를 인수했는지 등에 대해 자세히 설명했다. 이를 통해 자신의 생각을 가족과 공유함은 물론 자

아디티야 미탈과 그의 아내 메그하

녀들에게 경영교육을 시키고자 했다. 이런 마르와리식 교육방식은 락시미 미탈 자신 역시 부친에게서 배운 것이다. 그 결과 어린 아디티야의 몸속에도 점차 철강인의 피가 흐르게 된다.

락시미 미탈은 아디티야를 미국 명문대학인 펜실베이니아대학교 와튼스쿨로 유학 보냈다. 금융과 미국식 경영시스템에 대해 공부하라는 취지였다. 1996년 우수한 성적으로 와튼스쿨을 졸업한 아디티야는 투자은행 CSFB에 들어갔다. 관심이 있던 금융에 대해 더 배우고 싶었기 때문이다.

그곳에서 아내 메그하Megha를 만났다. 그러나 그녀를 배필로 맞아들이는데 많은 어려움을 겪었다. 그녀의 콧대가 너무 높았기 때문이다. 아디티야는 수차례 메그하에게 데이트 신청을 했으나 그때마다 번번이 거절당했다. 그러나 쉽게 물러설 그가 아니었다. 그는 끈질기게 그녀의 마음을 얻으려 노력했다. 2년간의 집념 어린 노력의 결과 마침내 데이트 허락을 받아내는 데 성공했다. 집념과 노력이란 측면에서도 그는 아버지 미탈 회장을 닮았다. 아디티야와 메그하는 마침내 1998년 결혼했다. 아디티야는 "저의 집요함과 끈질긴 작업이 마침내 결실을 거둔 것이죠. 이는 아버지에게 배운 것으로 마르와리 집안 내력입니다"라며 자랑했다.

취업 대신 사업가로 훈련시키는 마르와리 가문

필자가 콜카타의 몇몇 마르와리 기업을 방문했을 때의 일이다. 어느 기업에 들어갔다 앳된 얼굴을 한 젊은이들을 만났다. 그 중 한 젊은이는 허리를 굽힌 채 사무실 바닥을 쓸고 있었다. 회사의 청소부로 생각했다. 나중에 알고 보니 그는 사장의 아들이었다. 귀한 사장님 아들이 바닥 청소를 하고 있다니, 하는 생각이 스쳐 지나갔다. 우리 같으면 어림없을 것이다. 그 젊은이는 바닥 청소를 한 이후에는 자신의 책상에서 사장인 아버지가 시킨 일에 열중했다. 아버지 회사에서 비즈니스를 배우는 중이었다.

마르와리 기업의 자녀들은 방학 때 혹은 학기 중에도 오전 수업만 받은 후 이처럼 부친 혹은 친지 회사에 와서 일을 배운다. 인도의 아이들은 우리처럼 하루 종일 학교나 학원에 붙잡혀 있지 않는다. 새벽부터 시작해 오전 수업만 하거나 늦어도 오후 두 시경에는 수업을 파하고 집에 온다. 그러니 얼마든지 오후에 회사에 나가 비즈니스를 배울 수 있다.

마르와리 기업인들은 자신이 하던 비즈니스를 대개 자녀들에게 승계한다. 따라서 이들은 자녀가 어릴 적부터 비즈니스를 가르친다. 마르와리는 오늘날에도 비즈니스를 하는 가족구성원으로 이루어진 큰 대가족을 꾸리며 산다. 아이들은 그 속에서 비즈니스 환경에 파묻혀 자란다. 아이들이 거주하는 주변은 온통 비즈니스와 관련된 환경이다. 식사나 모임 때 가족들의 대화 주제는 언제나 비즈니스다. 이런 분위기는 어린이들에게 상업에 대한 생각을 자연스럽게 불러일으키며 강력한 영향을 준다.

마르와리 기업인 하르시 싱하니아Harsh Singhania의 말이다.

> "마르와리 자녀들은 어릴 적부터 비즈니스 환경에 노출되어 있지요. 그래서 자연스럽게 비스니스와 관련된 교육과 훈련을 받습니다. 이 때문에 이들 마르와리에게 있어 정규교육은 하나의 취미로 간주됩니다. 물론 최근 많은 마르와리 자녀 중에 외국에 유학을 가서 공부하는 사례도 늘고 있지만, 마르와리 공동체는 여전히 학교교육에 대해 보수적입니다."

유명한 경제사학자인 뒤젠드라 트리파티Dwijendra Tripathi 인도경영대학원IIM 교수도 마르와리가 학교 교육보다 실제 현장에서의 비즈니스 훈련을 중시한다고 강조한다. 그에 따르면 마르와리 공동체에서 고등교육을 받은 사례는 최근까지도 거의 없었다고 한다. 마르와리는 교육은 나중에 받을 수 있지만 비즈니스는 기다릴 수 없다는 생각을 갖고 있다. 그래서 마르와리들은 자녀가 어릴 적부터 가족 비즈니스를 하도록 교육시킨다.

특히 마르와리 여성들은 정규교육을 거의 받지 않아 왔다. 아내는 남편이 사업을 하기 위해 오랫동안 타지에 나가있는 동안 집에서 가사를 꾸려가고 아이들을 키우는 것이 주요 역할이었다. 때문에 여성들에 겐 군이 많은 공부를 시킬 필요가 없다고 생각했다. 물론 요즘에는 이런 경향이 바뀌고 있다. 그럼에도 불구하고 여성이 대학원을 가는 등 최고 수준의 교육을 받는 경우는 찾아보기 쉽지 않다.

그런 면에서 보석 제조기업 터치스톤 주얼리를 운영하는 여성 경영인 아르차나 가로디아 굽타Archana Garodia Gupta는 예외적이다. 그녀는 최고의 경영인재들이 입학하는 인도경영대학원 아마다바드 캠퍼스를 졸업했다. 그녀의 친족 가운데 여성으로서 석사학위를 받은 경우는 그녀가 최초이고 유일하다.

일반적으로 저명대학에서 MBA를 공부하면 높은 연봉을 받고 유명한 회사에 취업한다. 그러나 그녀는 인도 최고의 경영대학원에서 MBA를 공부하면서도 다른 회사에 취업한다는 생각을 해본 적이 없다. 마르와리 가문 출신인 그녀로선 당연히 가족 비즈니스를 하든지 아니면 창업해야 한다고 생각했기 때문이다.

마르와리는 자식들이 남의 기업에 취업하면 그쪽 룰을 철저히 준수하도록 가르친다. 설사 자신의 기업에서 일을 시킨다고 하더라도 자녀라는 이유로 기업 내에서 특혜를 베풀지는 않는다. 회사 내에서 일처리 과정을 주의 깊게 관찰하도록 하는가 하면, 허드렛일을 시키는 것도 마다하지 않는다. 이런 참고 인내하고 관찰하고 기다리는 과정을 거치면서 마르와리 자녀들은 점차 능력 있는 기업인으로 성장하는 것이다. 가로디아는 마르와리의 비즈니스 성공요인에 대해 이렇게 말한다.

"마르와리 가문에서 태어난 사람은 기업가정신이 그 유전자 속에 들어 있습니다. 그러니 집안에서 누군가 갑자기 자기 사업을 해 보겠다고 나서도 이 집안 사람들에게는 그리 놀라운 일이 아니죠. 마르와리 가문에서 태어났기 때문에 제 안에도 이러한 핵심이 되는 가치들이 숨어 있다고 생각합니다. 저는 자라면서 사업을 끊임없이 키우고, 절대로 침체시키지 않으며, 언제나 시대를 앞서 생각하라는 가르침을 늘 받으며 살아 왔습니다."

집안에서의 가르침과 환경, 철학이 비즈니스 성공의 열쇠라는 말이다.

내가 받은 마르와리 교육

흔히 마르와리 가문에는 기업가정신의 피가 흐른다고 말합니다. 하지만 저는 이것이 타고난 것이라기보다는 마르와리 가문의 연장자들이 아이들에게 비즈니스 기술을 훈련시킨 결과라고 믿습니다. 제 부친은 수십년간 인도 최고의 마르와리 기업 아디티야비를라그룹Aditya Birla group에 근무하셨지요. 아버지는 "사업의 세계에서 성공이란 오고 가는 것이다. 그러나 정직함은 영원한 것"이라고 늘 강조하셨습니다. 또 "명성을 얻는 데는 몇 년이 걸리지만 그 명성을 잃는 것은 단 한 순간이다"라는 가르침을 주신 것도 아버지였죠.

바산트 쿠마르 파라크
Basant Kumar Parakh
오빗그룹 회장

그러므로 사람들은 정직하지 않은 짓은 결코 해서는 안 되며, 특히나 가문의 명성을 저해하는 일은 더더욱 하지 말아야 합니다. 이는 매매나 양도가 불가능한 영업적 자산에 해당되는 것이지요. 저는 1985년 오벗그룹Orbit Group을 창업한 이후 고객과 사원에게 항상 정직하게 대했습니다.

아닐 카노리아
Anil Kanoria
하누만그룹 공동창업주

마르와리 가문의 연장자들이 지닌 업무의 꼼꼼함과, 이들이 비즈니스와 일상생활에서 습득한 규율은 본받을 만하다고 생각합니다. 아울러 기업의 자선활동에 대한 이들의 열정적인 태도도 배울만한 충분한 가치가 있습니다. 저의 아버지께서는 저에게 비즈니스와 관련해 많은 영감을 주셨습니다. 콜카타에 소재한 벵골 제분소를 인수한 후 시작한 벤처 제분사업에서 아버지께서는 정직함과 성실함을 항상 실천으로 보여주셨습니다.

산제이 준준왈라
Sanjay Jhunjhunwala
터틀 대표

아버지께서는 항상 사업에서 신뢰를 얻는 가장 좋은 방법은 윤리와 일관된 태도를 보여주는 것이라고 말씀하셨죠. 저희 가족은 직물 소매점을 소유하고 있었는데, 저는 중학교를 마친 후 바로 가게에서 판매점원으로 파트타임 업무를 시작했습니다. 아버지께서는 저에게 사업상의 거래 방식과 꼼꼼함이 얼마나 중요한지에 대해 가르쳐 주곤 하셨죠. 저희 회사 직원들은 회사의 모든 일들을 다 알고 있습니다. 회사 경영은 직원들뿐만 아니라 사업 동료들에게도 모두 투명하게 공개되어 있기 때문이지요.

어린이는 거울과 같아서 자라면서 부모나 어른과 자신을 동일시하기 시작하며 큰 영향력이 있는 어른을 본보기로 삼습니다. 저는 어릴 적 아버지께서 매니저든 허드렛일을 하는 잡부든 관계없이 모든 직원을 가족같이 대하고 그들의 재능과 능력을 인정해 주시던 모습을 기억합니다. 제가 다른 사람들의 말에 적극적이고 주의 깊게 귀를 기울이는 법을 배운 것도 아버지 덕분입니다. 저는 이런 가르침을 그대로 본받아 실천하고 있습니다.

가리마 아가르왈
Garima Agarwal
피커부패턴스 대표

저는 어린 시절부터 아버지와 아버지의 동업자께서 사업상 정확하게 시간을 엄수하는 모습을 지켜보면서 살아왔습니다. 또한 두 분 모두 회사 내 일반 사원들의 활동에 관심을 많이 가지셨는데, 경영진들이 좀처럼 하지 않는 일이죠. 그들은 종종 물류창고에 직접 가서 마케팅 물류관리와 하부 생산라인의 문제를 체크하곤 하셨지요.

제가 노팅엄대학 경영학부에서 마케팅 MBA 과정을 이수한 후 2010년 본사에 합류했을 때 처음 교육받은 것도 '밑바닥에서부터 시작하

아디티야 친달리아
Aditya Chindalia
FKL India 대표

라'였어요. 저는 바닥단계부터 시작했는데, 처음엔 물류관리부 업무를 배정받았습니다. 이후 아버지께서는 저에게 다른 부서의 업무를 맡기셨어요. 이런 과정을 통해 저는 사업 전반을 처리할 수 있다는 자신감을 갖게 됐습니다.

비디우트 사라프
Vidyut Saraf
포럼그룹 부사장

저는 펜실베이니아대학교의 와튼스쿨에서 재무관련 MBA 과정을 마쳤습니다. 경영대학원에서는 사업상의 문제점을 너무 단순하게 축소시키기 때문에 논리적으로 접근할 수 있는 실질적 경험을 얻을 수가 없었습니다. 다행히 아버지와 할아버지로부터 이러한 부족한 부분들을 배울 수 있었어요.

할아버지와 아버지께서는 단기가 아닌 장기적 협상에 중점을 두었습니다. 이는 고객과 지속적인 관계를 형성하리란 기대감은 있지만, 당장은 손해도 볼 수 있는 행동이죠. 저는 보다 엄격한 협상이 더 많은 이익을 가져다 줄 거라고 생각했어요. 그러나 오랫동안 저희 회사가 쌓은 굳건하고 지속적인 관계를 지켜보면서 장기적 신뢰가 사업거래 그 자체보다 훨씬 더 중요하다는 사실을 알았습니다.

수레쉬 케리아
Suresh Kheria
파리니레더 대표

아버지께서 훈련을 통해 가르쳐 주신 중요한 습관은 정확함과 관련된 것이었어요. 저는 저희 가족회사인 파리니Farinni를 운영하기 시작한 이후부터 줄곧 이러한 가르침을 지켜왔습니다. 저는 부모로서 어린 세대들에게 특권의식이 아니라 열정을 북돋아주고 노력과 규율이라는 덕목을 심어주는 것이 중요하다고 생각합니다. 제 아들은 미국 미시건대학교에서 MBA 과정을 밟은 후 가족사업에 합류했습니다. 이 때 저는 제 아들이 견습생으로서 가장 밑바닥부터 시작하여 사업의 기본을 배워야 한다고 분명히 말했지요.

돌이켜 보면, 아들이 회사의 경영구조 전반을 개선하고 새로운 브랜드를 도입한 것 등 새로운 시도와 노력에 대해 만족합니다. 아마 저희 마르와리는 기회를 발견하는 능력을 타고난 것 같습니다. 여기에 사업운영능력과 위험관리 자질까지도 겸비한다면, 비즈니스에서 성공하는 보증수표를 갖춘 것이 아닐까 생각합니다.

탄탄한 네트워크와
합작사업

탄탄한 인적 네트워크

오늘날 인도 민간경제의 자산 중 절반 이상을 라자스탄 출신의 상인 카스트인 마르와리가 차지하고 있다. 특이한 사실은 마르와리가 인도의 다른 엘리트 집단에 비해 교육적으로 뒤처졌다는 점이다. 또한 멀리 인도의 서부 사막에서 캘커타(현 콜카타) 지역으로 온 이주민인데다 다른 상인집단에 비해 늦게 산업 분야에 진출했다. 그럼에도 불구하고 마르와리는 오늘날 인도 산업의 전반을 주도하고 있다.

이에 비해 캘커타 지역의 터줏대감인 벵골인들은 교육도 잘 받았고 산업 분야에도 가장 먼저 진출한 그룹이다. 그러나 이들은 자신의 본거지인 인도의 동부에만 일정한 영향을 미쳤고, 오늘날에는 인도 산업 전반에 있어 거의 아무런 역할도 하지 못하고 있다.

어떻게 해서 이런 현상이 발생한 것일까? 마르와리는 어떻게 타지인 캘커타 지역을 비롯해 인도의 전역에서 상권을 장악할 수 있었을까? 마르와리와 다른 집단 간에는 무슨 차이점이 있는 것일까? 마르와리와 여타 집단의 상반된 결과를 통해 이들이 서로 다른 여러 여건 하에서 사업에 임하지 않았을까, 하고 유추할 수 있다.

첫 번째 차별성은 인적 비즈니스 네트워크다. 이는 오늘날에도 사업 성공을 위한 매우 중요한 필요 요건이다. 인적 네트워크를 통해 사업가는 자본, 정보, 협동, 개인숙소 등 사업 성공에 필요한 것들을 얻을 수 있다. 그러나 사업가가 경제적 성공을 위해선 단순한 네트워크보다는 가용한 '인적자원그룹'이 필요하다.

마르와리는 사업에 필요한 이런 인적자원그룹을 많이 확보했다. 이는 마르와리의 특징 가운데 하나이고 주요 강점이었다. 마르와리의 인적자원그룹은 제도화되어 있었다. 예를 들면 이주자를 위한 숙소, 금융지원, 상업적 중재, 상호부조 등의 제도가 마르와리 공동체의 상업활동을 위해 쉽게 변환될 수 있었다.

마르와리 상인들의 신용조직은 전국에 걸쳐 '인적자원그룹'이라는 연락 가능한 네트워크를 형성했다. 이는 시장에서 거래되는 상품을 팔고 사는데, 기업을 세우거나 매입하는데, 필요한 사람을 구할 때 등에 활용됐다. 외국 회사들은 자연스럽게 그 같은 촘촘한 네트워크를 가진 마르와리 상인공동체에 의존했다. 이에 대해 한 연구자는 다음과 같이 분석했다.

"도시경제는 물론 시골경제도 상인 카스트와 대금업자 카스트의 금융·상업 조직에 의존했다. 이들 카스트의 구성원은 작은 시골의 상

인과 대금업자에서 대도시의 상인과 은행가들까지 계층별로 복잡

하게 이루어졌다.”

    이들 상인 카스트는 구성원 사이에 발전해온 신용체계에 의해 굳건히 유지되었다. 마르와리 공동체를 구성하는 무역업자와 대금업자 그룹은 영국 자본의 필요를 충족시키는데 가장 적합했다. 왜냐하면 마르와리는 구자라티 상인을 제외하면 인도 내에서 가장 방대한 무역업자와 대금업자 조직이었기 때문이다. 뿐만 아니라 마르와리 은행가들은 이미 적어도 북인도의 거의 모든 마을에서 활동하고 있었다.

    이에 비해 영국 무역업자들은 인도에 대해 잘 몰랐다. 또한 영국인들은 대리인 네트워크가 부재했을 뿐만 아니라 지역 원주민들과의 경쟁에도 직면했다. 이에 따라 인도의 많은 지역에서 영국의 상인 자본은 약세를 면치 못했다.

    마르와리의 조직적 우월성은 인도의 산업화 과정에서 매우 필요한 자본의 우위성을 확보하는 결과를 가져왔다. 마르와리는 ‘인적자원그룹’ 덕택에 보다 정확한 비즈니스 정보의 신속한 습득 차원에서도 영국 상인에 비해 우수했다. 선진 금융 노하우를 갖춘 영국 상인으로선 매우 유감스런 일이었다. 마르와리가 1890년대 초의 황금 붐과 이어진 거품 붕괴에 따른 패닉 상황을 잘 극복하자 영국 비즈니스 공동체는 다음과 같은 의견을 표했다.

“이번 위기의 극복과 과거 수차례의 경험으로 판단할 때 마르와리

는 일반 대중들에게 강한 인상을 남겼다. 마르와리가 어디서 정보

를 구했는지는 확신하기 어렵다. 그러나 그들은 정보를 누구보다 빨리 획득했고, 또 십중팔구 정확했다. 이는 반박의 여지가 없는 사실이다."

비즈니스 지향적인 '인적자원그룹' 외에 마르와리는 상업적 관습을 뛰어넘는 중요한 조직적 틀을 갖추고 있었다. 예를 들어 경쟁자였던 벵골 상인들에 비교해볼 때 마르와리는 대가족의 재산을 유지하기에 적합한 상속법 등을 구비하고 있었다.

또 당시 마르와리 상인들은 숙박업에도 매우 능했다. 그래서 인도의 도처에 수많은 여관을 갖고 있었다. 이들 여관이 마르와리 성공에 큰 역할을 했다. 여관들이 마르와리 상인들의 비즈니스 학습장이 되었기 때문이다. 낮에 비즈니스 현장에서 열심히 뛰던 사람들이 밤이면 여관에 몰려들었다. 이들은 이곳에서 낮에 경험한 비즈니스 사례들을 서로 교환하고 토론했다. 즉, 이들은 서로의 경험을 통해서 교훈을 얻었고, 이를 공유함으로써 각자 사업하는데 중요한 지침으로 삼았다.

'서로의 경험을 통해 교훈을 얻고 이를 공유해 비즈니스 발전의 지침으로 삼는다.' 이는 요즘 말로 하면 '지식경영'이다. 이들 마르와리 상인은 당시 이미 고도의 생산성 향상을 가져오는 지식경영을 실천한 셈이다.

유기적 공동체 조직의 활용

또 다른 차별성은 유기적 공동체 조직의 활용이다. 일반적으로 사회적 조직은 어떤 공동체에 교육적, 문화적, 사회경제적 발전과 진보에 중요한 역할을 한다. 마르와리도 인도의 선거 선출제 마을회의인 판차야트Panchayats와 공동체를 지도하는 기관들을 가지고 있었다. 1898년 세워진 캘커타마르와리협회The Marwaris Association of Calcutta도 그 가운데 하나다. 이 협회의 설립 취지는 첫째, 마르와리들의 도덕적·상업적·경제적·정치적·사회적 관심사를 촉진하고 향상시키기 위해서이다. 둘째, 마르와리 공동체의 권리와 지위를 보호하고, 셋째, 마르와리 공동체에 상업교육, 기술교육, 일반교육 등을 전파하는 기관 설립을 지원하기 위한 것이다.

또한 1900년에 들어 마르와리 상업협회 및 다른 몇몇의 사회적 조직들도 설립되었다. 그 후 이런 공동체 조직의 설립 움직임을 바탕으로 인도 전역의 마르와리를 아우르는 전슢인도마르와리연맹All-India Marwaris Federation이 결성되었다. 이 연맹은 1935년 캘커타에서 첫 개막회의를 가졌다. 이 연맹의 주요 목적은 마르와리 공동체의 사회적·경제적·정치적·민족적·교육적 발전을 도모하기 위한 것이다.

일례로 당시 이 연맹에서 출판하던 잡지인 〈마르와리 아가르왈Marwari Agarwal〉은 마르와리 공동체에 새로운 사업에 진입하도록 적극 권고하고 있다. 왜냐하면 전통산업은 당시 매우 경쟁적이었기 때문이다. 이 잡지는 또한 마르와리가 영국인 못지않은 전문성을 가질 수 있도록 일을 잘 못하는 마르와리 직원들은 엄히 처리하도록 권고했다. 아울러 마르와리가 글로벌 비즈니스 세계의 리더가 되기 위해 영어를 배우고 경영의 기본원리와 금융지식을 습득해야 한다고 주장했다. 이 외에도 많은 조직들이 상호 협력을 통하여 마르와리의 경제적 성장을 위해 노력했다. 이러한 노력들은 마르와리의 놀라운 성공에 기여했다.

마르와리 공동체가 아직 기반을 잡지 못한 공동체 구성원들에게 도움을 준 것도 마르와리 비즈니스 성공의 중요한 요인 중 하나다. 1929년 11월 발간된 잡지 〈찬드〉에는 마르와리가 새로운 지역에서 어떻게 확산됐는지에 대한 설명이 있다. 예를 들어 한 마르와리 상인이 특정한 새로운 장소에 가면 이어 바로 다른 마르와리들이 따라왔다. 먼저 온 사람은 공동체로부터 적절한 재정지원과 여러 도움을 받았다. 그는 곧이어 따라올 마르와리들의 리더가 되었다. 어떤 마르와리가 특정 분야에서 작은 돈을 버는 기술을 가졌다면 마르와리 공동체의 구성원들은 그를 적극 도왔다.

또한 마르와리 사업가가 정착에 실패하면 다른 마리와리들이 곧 그를 도왔다. 19세기 유명한 마르와리 사업가 집안인 자가트세트 가문 사람들은 많은 오스왈 마르와리가 무르시다바드에 정착하도록 도움을 주었다. 자가트세트 가문 사람들은 캘커타 등 인도의 동북쪽으로 이동하는 마르와리의 일부를 직접 채용하기도 했다. 20세기 초기에 캘커타 의류시장에서 크게 활약한 치라와_{Chirawa}의 수라즈말 준주누왈라_{Surajmal Jhunjhunuwala}와 만다와_{Mandawa}의 나투람 사라프_{Nathuram Saraf} 같은 마르와리는 자신의 공동체 구성원들에게 다양한 특혜를 주었다.

트라찬드 간쉬암다스 회사는 기업 소유주의 가족, 친척 혹은 고향 인근에 사는 사람들을 직원으로 채용했다. 왜냐하면 이들이 회사에 보다 더 충성스럽고 믿을 만하며 충실하고 신뢰할 수 있다고 믿었기 때문이었다. 큰 마르와리 회사의 직원들도 오너와 관련이 있거나 오너가 익히 아는 사람들이었다. 이러한 관습은 이후 비를라그룹이 그대로 따라했다.

마르와리 중에는 비즈니스를 위해 이곳저곳으로 돌아다니는 상인 그룹도 있었다. 당시 '바사'라는 여관을 설립한 마르와리는 이들 상인 그룹에게 무료 숙소와 식사를 제공하였다. 예를 들어 바로 위에서 언급한, 캘커타의 나투람 사라프와 수라즈말 준주누왈라 등이 바로 그들이다. 이 중 나투람 사라프는 이주한 마르와리 상인들을 도와준 세카와티 마르와리의 첫 바니아, 즉 중개인으로 알려져 있다.

긴밀한 상호 신용대부제도

다음은 자본과 신용대부에 대한 접근력이다. 인도의 기업가들은 자신의 산업체를 위해 스스로 자본을 끌어와야만 했다. 그래서 인도의 기업가들은 큰 자산을 모은 사람들이거나 아니면 대리인 혹은 신용대출에 접근이 가능한 사람들이었다. 이런 점에서 전통 마르와리 무역상들은 아주 적합한 존재였다. 왜냐하면 이들은 상거래를 통해 이미 많은 자본을 축적했거나 성공한 마르와리가 갖고 있는 신용융자에 접근이 가능했기 때문이다. 신용융자는 무역거래에서 필수적인 것이다. 항구의 마르와리 상인은 내륙지역의 거래상대에게 수입품들을 석 달 혹은 6개월 이상 외상으로 처리했다. 이 항구상인은 또 수확기에 돈을 주기로 하는 조건으로 농부들로부터 면과 황마를 미리 받았다.

상인공동체의 능력은 이 신용융자를 다루는 솜씨에 달려있었다. 융자를 얻는 재능이 뛰어나면, 그 상인공동체가 자본을 획득하는 것은 어려운 일이 아니었다. 이에 따라 마르와리 같은 상인공동체가 인도 산업발전에서 주도적인 역할을 하게 된다.

인도에서 산업가가 되기 위한 또 다른 조건은 생산된 완제품을 위한 원자재와 시장을 확보할 수 있느냐 였다. 인도의 원자재를 수출하고 제조품을 수입하던 무역업자들은 이미 원자재와 시장을 확보해두고 있었다. 또 기업가정신은 고도의 위험을 수반하며 회계장부를 기장하는 능력 등 상업적 기술을 갖추길 요구한다. 마르와리 같은 무역업자들은 위험에 익숙했다. 또한 이들은 대부분 회계장부 기장 능력도 갖추고 있었다. 그러므로 마르와리가 기업가로 두각을 나타낸 것은 그리 놀랄만한 일이 아니다.

마르와리 상인들은 한 가정의 가장이 사업차 여행을 떠나면 그 부인과 자식들을 몇 달이라도 돌봐주었다. 마르와리 사람들 모두가 그야말로 한 가족이나 다름없었다. 사업자금도 신용만 있으면 얼마든지 융통이 가능했다. 옛날에는 사업차 멀리 떠나면 도중에 도둑을 만나는 등 갖고 있던 돈을 잃어버릴 가능성이 높았다. 돈을 몸에 지니고 가기 어려우므로 마르와리 상인들은 그저 빈 몸으로 갔다. 목적지에 도착하면 현지에 있는 마르와리 상인들이 차용증도 없이 돈을 빌려주곤 했다. 설사 한밤중에 돈을 빌려줄 것을 요청해도 싫은 내색 없이 자금을 대여해주었다. 마르와리는 서로를 가족처럼 여기기 때문이었다. 저명한 경영컨설턴트 구르차란 다스의 말이다.

> "마르와리는 빌린 돈으로 돈을 벌면 자기가 갖지 않았습니다. 모두 마르와리 공동체로 보냈지요. 만약 사업하다 망하면 이들은 평생 동안 일을 해서라도 모두 갚습니다. 사업에 실패한 자라도 그 가족이 굶어 죽는 법은 없었지요. 공동체에서 지원을 해주기 때문입니다. 심지어 아버지가 사업하다가 망했다고 하더라도 그 아들이 유능하

면 많은 돈을 들여서라도 해외 유학을 보내주곤 했습니다. 마르와리

는 바로 신용을 바탕으로 한 친족 공동체였기 때문이지요."

이와 관련된 마르와리 특유의 금융시스템으로 '훈디$_{Hundi}$'를 들 수 있다. 훈디란 인도 대륙에서 무역과 신용거래를 위해 발전된 금융제도를 말한다. 훈디는 한 장소에서 다른 장소로 돈을 전달하기 위한 상환수단의 한 형태로, 특히 무역 거래에 있어 환어음의 한 형태로 사용되었다. 훈디는 원래 실크로드 교역을 하던 대상隊商들의 재산을 사막의 도적들로부터 보호할 목적으로 고안됐다고 한다.

훈디의 운영방식은 다음과 같다. 송금을 원하는 마르와리 고객이 곳곳에 산재한 마르와리 훈디 점포에 들러 송금 금액과 약간의 수수료를 내놓고 비밀번호를 부여받은 후 이를 송금 받을 사람에게 알려주면 된다. 송금 받을 사람은 가까운 훈디 점포에 들러 비밀번호를 대고 약속된 자금을 수령한다. 이 과정에서 담보를 설정하거나 일체의 서류도 만들지 않는다.

마르와리는 사업 발전을 위해 마르와리 공동체의 돈을 투자함으로써 훈디와 어음을 풍부하게 다루었다. 마르와리는 일찍부터 금융에 능수능란했기 때문에 오직 보장이 되는 안전한 상품만을 거래했고, 이에 대해선 훈디 푸르자$_{Hundi\ Purja}$라 불리는 수수료를 청구했다. 훈디 가운데 가장 인기가 있던 것은 일정한 기간이 지난 다음에 돈을 지급받을 수 있는 무다티 훈디$_{Muddati\ Hundi}$였다. 마르와리는 이를 받고 일정한 이자를 더해 돈을 빌려주었다. 이러한 방법을 통해 돈이 없는 일반 사업가들도 자신의 비즈니스를 시작할 수 있었다. 이 외에도 훈디에 대한 투자

는 마르와리가 실업의 상태에 직면함 없이 일을 할 기회를 제공했다. 훈디 시스템은 또한 돈을 빌리고 빌려주는 관계를 통해 부자와 가난한 자 사이를 밀접하게 만들어 이들 간 친밀도를 높이는 역할도 했다. 이 같은 역할은 특히 위기 동안에 그 유용성이 증명됐다.

물론 같은 커뮤니티 안에서 신용만으로 돈을 빌려주는 상인이 마르와리만의 특성이라고는 하기 어렵다. 왜냐하면 인도인들은 같은 카스트 간에 결혼하므로 동일한 커뮤니티 사람들은 서로 친척이어서 친척 간 서로 믿고 돈을 빌려주는 것이 일반적이었기 때문이다. 다만 마르와리 상인들은 다른 상인들에 비해 유난히 상호 부조가 강하고 이를 시스템화했다. 이는 역설적으로 빌려간 돈을 갚지 않는 등 신용을 깰 경우 그에 상응한 보복이 있었음을 시사한다.

실제로 신용을 지키지 않는 사람들은 커뮤니티에서 제외되는 등 가차 없는 제재가 가해졌다. 공동생활을 최고의 가치로 여기는 인도사람들에게 공동체로부터의 배제는 견디기 어려운 고통이었을 것이다. 사업하다 망했을 경우 평생 동안 벌어 갚으려 한 것도 바로 이 때문이라 할 수 있다.

앞에서 설명했듯이, 마르와리 상인들은 자신의 아들이나 조카들을 다른 마르와리 기업에서 도제로 일하게 해 비즈니스맨으로 훈련시켰다. 이들은 친족 기업이 아닌 낯선 기업에서 일을 하며 사업 기술도 배우고, 여기서 생긴 이익금은 공동으로 분배해 나눠 가졌다. 이를 통해 장차 자신의 사업을 일굴 자본금을 축적했다. 이런 여러 요인이 마르와리를 성공으로 이끌었다.

호의에 바탕한 합작사업

마르와리는 사업자금 모금이 용이하고 위험을 공유할 수 있다는 이유로 합작사업Partnership을 선호했다. 이들이 합작사업을 시작하면 이는 일반적으로 일생에 걸쳐 지속되었다. 각각의 파트너들은 사업을 증진시키기 위한 기회를 놓치지 않기 위해 최선의 노력을 다했다. 인도 속담에 "기회를 최적으로 활용하지 못하는 바이샤는 어리석다"라는 말이 있듯이 마르와리는 합작사업을 할 때 특별한 노력을 기울였다. 주목할 점은 현재 인도에 존재하는 대부분의 주요 기업들이 합작사업으로 비즈니스를 시작했다는 사실이다.

비즈니스에서 호의는 마르와리의 전형적인 특징이다. 이들은 비즈니스할 때 고객과 여타 거래상들을 그들만의 강력한 호의로 대했다. 상대방에 대한 호의는 가끔 합작사업으로 이어졌다. 대부분의 마르와리는 비즈니스맨이 호의를 잃으면 사업하는 이유가 없다고 굳게 믿었다. 마르와리 사업가들이 자신의 회사가 파산했다고 감히 선언하지 않는 이유도 바로 여기에 기인한다.

적지 않은 수의 마르와리는 커다란 금전적 손실을 감수하면서까지 자신의 호의를 유지하려고 노력한다. 그들은 또한 호의를 유지하기 위해 상품을 정가보다 싸게 팔기도 한다. 영국의 회사들이 1813년 이후 많은 수의 마르와리를 에이전트와 중개상으로 고용한 이유도 바로 마르와리가 보여준 이 같은 호의 때문이다. 그들은 또한 검약을 실천하기 위해 각별한 노력을 기울였다. 마르와리는 버는 것 이상으로 쓰는 사업가들을 '바보 중에 가장 어리석은 자'라고 믿었다.

마르와리는 조상들로부터 다양한 비즈니스 능력을 물려받았다. 이를테면 위험을 무릅쓰는 성격과 새로운 시장에 대한 탐험, 그리고 기업혁신과 효율적 경영능력 등이다. 마르와리는 상품을 외상으로 팔 때 상대방의 도덕적 가치관과 금융 상태, 근검절약하는 태도 등을 매우 중요하게 고려했다. 이 같은 도덕적·종교적 훈련 덕분인지 그들은 큰 손실이 날 것이 예상된다고 하더라도 자신이 한 말은 꼭 지켰고, 약속을 중시했다.

마르와리는 소비자가 원하는 필요와 수요에 부응하기 위해 상품의 질을 향상시키는데 노력을 아끼지 않았다. G.D. 비를라는 사업가란 늘 새로운 분야와 시장을 개척해야 한다고 믿었다. 새로 설립된 마르와리 회사들은 신기술을 적극 활용해 새로운 상품들을 생산했다.

이와 관련, 마르와리의 독특한 경영회계시스템인 '파르타'는 세계에 널리 알려져 있다. 파르타 경영시스템은 마르와리 기업가들이 매일 저녁 일과 후 관리자들과 함께 미리 정해진 원가 및 매출 목표를 달성했는지 일일이 점검하면서 규모의 경제를 통해 비용을 최저로 줄이는 경영 및 회계 방식이다. 이는 마르와리 기업이 전체적인 생산량을 결정하고, 이에 따른 자금 지출을 통제하는데 있어 명백히 도움이 되었다.

아울러 마르와리의 사무실 운영능력은 탁월했다. 이외에 마르와리의 기업가적 능력, 친절한 천성, 유머를 즐기는 속성, 업무 효율성, 검약과 정직함 등도 그들이 소유한 매우 가치 있는 자산이다.

관대한 자선활동

마르와리는 자선을 목적으로 자유롭게 기부했다. 일찍이 그들은 '종교계좌'를 개설해 이윤 중 정해진 비율을 자선을 위해 기부했다. 일례로 스와룹 찬드 후쿰찬드는 당시로서는 대단한 거금인 8,000만 루피를, 수라즈말은 1,000만 루피를 기부했다. 람가르의 포다르 가문은 그룹 가운데 가장 큰 회사를 통째로 기부하기도 했다. 당시 도움이 필요한 사람과 기관에 관대하게 기부하던 사업가들의 행위는 의례적인 것이 아니라면 종교와 관련이 있다고 여겨진다.

마르와리의 기부는 천국의 보상에 대한 기대로 이루어지지만, 한편으론 강한 사회적 책임의식에서 비롯된 것이다. 노동자이자 전$_{5}$ 인도 마르와리협회의 공동 서기인 바즈랑 랄 자주Bajrang Lal Jaju에 따르면, 공적 기부의 75%가 마르와리로부터 받은 것이다. 오늘날에도 마르와리 사업가들은 수입의 일정한 부분을 기부하는 게 의무라고 생각한다. 기부를 함으로써 '부$_{\hat{a}}$의 여신 락시미'가 자신의 재산을 몇 배로 증가시켜줄 것이라고 믿기 때문이다.

마르와리는 영국의 인도 식민지 통치 전 봉건시대부터 많은 부를 축적했다. 이 부의 일부로 자신들이 거주하던 라자스탄 고향 지역의 공공복지를 위해 학교와 대학, 병원, 현대적 교육 시설들을 지었다. 뿐만 아니라 그들은 이후 인도의 다른 지역에도 많은 현대적 교육기관과 연구센터를 세웠다. 인도의 29개 주 가운데 마르와리 자선기관이 없는 곳을 거의 찾아볼 수 없을 정도다. 오늘날에도 인간복지를 추구하는 많은 마르와리 자선신탁기관이 콜카타와 뭄바이에서 운영되고 있다.

마르와리의 종교, 예술, 문학을 증진시키기 위한 노력은 전 인도에 걸쳐 높은 평가를 받았다. 정책당국도 이를 인정했다. 과거 인도를 통치했던 영국정부와 인도의 주 통치자들은 마르와리의 자선활동을 평가해 이들에게 많은 영예와 작위를 수여했다. 마르와리 구호단체는 셀 수 없이 많은 사람들에게 도움을 주었다. 마하트마 간디도 마르와리를 가리켜 "어떻게 돈을 벌지 뿐만 아니라 어떻게 관대하게 기부를 할지 아는 공동체"라며 칭찬을 아끼지 않았다. 마르와리의 이런 관대한 자선활동은 이들의 비즈니스 성공에도 큰 도움이 됐고, 이는 다시 자선활동으로 이어져 성공의 선순환을 가져왔다.

신뢰를 중시하는
시장주의자

마르와리에 대한 오해와 시기

인도 사회에선 마르와리 상인을 부정적으로 보는 시각도 일부 존재한다. 마르와리 상인들이 장삿속에 물들어 어떻게 하면 이득을 많이 남겨 먹을까만 궁리하는 닳고 닳은 장사꾼, 아니면 유럽의 유대인처럼 높은 금리로 돈을 빌려주는 고리대금 업자들과 같은 존재라는 인식이다. 그래서 임차인이 빌린 돈을 갚지 못할 때는 마르와리가 그의 토지나 보석 등을 몰수하는 무자비한 사람이라는 인식도 강했다.

마르와리에 대한 대중의 부정적 인식을 심화시킨 대표적인 사례가 1875년 발생한 '데칸폭동Deccan Riots'이다. 이 폭동은 인도의 중서부 마하라슈트라Maharashtra 주의 농촌마을에서 발생했는데, 수천 명의 농민들이 마르와리 대금업자들을 상대로 폭력적 항의를 한 사건이다.

데칸폭동에 대한 일반적 시각은 당시 식민지배자들의 의견을 좇아 농민(소작농)들의 불안을 촉발시킨 '고리대금업'이 핵심적인 요소라고 주장한다. 데칸폭동은 시골 지역에서 점증하던 대금업의 실상을 보여주는 중요한 계기가 되었으며, 높은 이자율을 부과하던 당시 금융기관에 대한 공식적·비공식적 비판을 낳았다. 마르와리들도 이 지역에서 대금업에 종사했는데 마르와리들에게 많은 비난이 쏟아졌다. 이로 인해 '마르와리'란 이름은 유럽에서의 유대인들처럼 인도 전역에 알려지게 되었다.

과거에도 대금업자들에 대항하는 정치적 소요는 종종 있었지만, 데칸폭동은 1,000명이 넘는 농민들이 체포되는 등 이전에 있었던 그 어떤 반란보다도 규모가 컸다. 폭동의 직접적 원인은 대금업자들이 과거 농민에게 빌려준 채무를 받을 수 있도록 영국 식민지 정부가 대금업자들에게 새로운 권한을 준 것이었다. 이로 인해 농민들은 과거에 진 채무를 서둘러 상환해야 하는 압박에 시달렸다.

데칸폭동보고서에 따르면, 폭도들은 채무를 증명할 수 있는 기록물인 문서채권Written Bonds과 법원명령서 등을 찾아 없애고자 했다. 또한 농민들은 폭동 중에 대금업자들에게 법원의 채무증거 서류들을 내놓으라고 요구했다. 이 와중에서 마르와리 대금업자들이 표적이 되었는데, 이를테면 영국정부의 과거 채무상환 조치의 유탄을 마르와리 대금업자들이 맞은 것이다.

어떤 이는 마르와리가 다수의 토지를 소유해 이것이 소작농들의 폭동을 유발시켰다는 주장을 하기도 한다. 그러나 토지 소유권의 변화가 폭동을 촉발시켰다는 어떤 역사적인 증거도 없다. 당시 마르와리가 소유한 경작지는 단 6~7%에 불과했다. 마르와리 대금업자들은 체납

된 채무 대신 농민들의 토지를 취하길 꺼려하였다. 왜냐하면 전통적으로 상인 출신인 마르와리들은 토지를 소유하는 지주가 돼 농민들로 하여금 자신들을 위해 농사짓게 하는데 익숙하지 않았기 때문이다. 마르와리 대금업자들은 땅을 수취하는 대신, 채무를 진 농민들의 수확물을 자신들의 통제하에 두는 것이 훨씬 수익성이 좋다는 사실을 잘 알고 있었다.

영국 캠브리지대학교의 네일 찰스워스Neil Charlesworth 교수의 연구에 따르면, 데칸폭동은 당시 농민들의 토지를 몰수하는데 혈안이었던 브라만 대금업자나 구자라트 상인 등 기존 대금업자들이 아니라 마르와리 대금업자들만을 타깃으로 발생하였다. 그러나 마르와리가 기존 대금업자들에 비해 높은 이자를 받거나 농민들을 학대했다는 기록은 없다. 마르와리가 농민 폭동의 주 타깃이 된 주된 이유는 다름 아닌 마르와리들이 '외부인'이기 때문이었다.

당시 이 지역에서 브라만 지주계급 등 마을의 전통적인 엘리트들이 감소하기 시작했는데 이는 사회적으로 진공상태를 낳았다. 이 빈 공간을 상술이 뛰어난 외부인 마르와리 대금업자들이 빠르게 진입했다.

특기할 사항은 마르와리 대금업자들은 기존 대금업자들과는 달리 이 지역 출신이 아니었을 뿐만 아니라 사용하는 언어(마르와리어)도 달랐다는 점이다. 또 '외부인'이었던 마르와리 상인들은 지역 농민들의 재정상태나 지불능력에 대해 지역의 대금업자들에 비해 잘 모를 수밖에 없었다. 이로 인해 마르와리는 지역 농민들과 공동체적 유대감을 공유하지 못했다. 이런 점이 땅을 소유한 지주계급이나 여타 대금업자가 아닌 마르와리에게 농민들의 비난의 화살이 쏟아진 주된 원인이란 지적이다.

한편 마르와리에 대한 부정적 인식에는 성공한 외부인 마르와리에 대한 부러움도 한 몫 했다. 자수성가한 사업가는 어디서나 으레 부러움의 대상이다. 특히 마르와리 상인들이 이주해 엄청난 성공을 거둔 데칸 지역이나 인도 동북부의 콜카타 인근 지역에서 이런 부러움은 시기와 분노의 감정으로 표출되기도 했다.

인도에서 마르와리에 대한 이런 부정적 인식은 1947년 인도가 영국으로부터 독립한 이후 1991년 경제 문호를 개방할 때까지 40여 년간 더 심해졌다. 당시 인도정부는 사회주의적 통제 경제정책을 펴면서 기업인들에 대해 사익을 챙기는 '사악한 존재'라는 식의 인식을 갖고 있었기 때문이다.

기업인들도 이런 부정적 인식 강화에 일정한 기여를 했다. 비즈니스의 성공이 시장과 기업의 혁신 등이 아니라 정부의 허가 여부에 달려 있었으므로 기업인들은 시장이 아닌 정부에 로비하는데 매달렸다. 소비자들이 원하는 것을 추구하기보다 정경유착에 더 관심을 가졌다. 이런 기업인들에 대해 일반 국민들이 긍정적 인식을 갖기는 어려웠다.

신뢰와 명예를 중시하는 마르와리 상인

마르와리에 대한 부정적 인식이 변하기 시작한 것은 1991년 인도경제가 대대적인 '경제개혁개방정책'을 취한 후부터다. 경제가 국가발전의 중요한 과제로 등장하면서 이를 주도하는 기업인들을 새롭게 바라보기 시작했다. 특히 당시 인도경제의 주도권을 쥐고 있던 마르와리에 대한 인식도 드라마틱하게 바뀌었다.

실제로 비즈니스의 세계에서는 일반 인도인들의 인식과는 달리 마르와리들이 대단히 존경받고 있다. 심지어 그들의 엄청난 상업적 재능과 기술에 대해서 두려움 혹은 경외심까지 갖고 있는 사실을 확인할 수 있다.

특히 경제개방 이후 인도인들은 이들의 역할에 매우 큰 기대를 갖게 되었다. 마르와리를 비롯한 인도의 여러 상인공동체는 지난 수백 년 동안 돈과 비즈니스에 대해 어느 누구보다 많은 경험과 지식을 갖고 있다. 특히 마르와리는 돈을 획득하고 보존하고 불리는데 뛰어난 재능을 지녔다. 이들은 시장과 매우 친숙하며 시장에 대해 매우 잘 안다. 기회가 오면 반드시 잡는다. 마르와리는 이런 남다른 재능을 대를 이어 전수해오고 있다. 이들에게 있어 인도의 개방은 물고기가 물을 만난 격이었다.

위에서 본 것처럼 마르와리에 대한 일부 부정적 인식이 존재하지만, 사실 마르와리는 비즈니스에서 신뢰를 최고의 가치로 여기는 상인들이다. 마르와리 언어로 신뢰는 '삭크Sakh'라고 한다. 삭크는 마르와리들의 명예와 밀접히 연결되어 있다. 삭크는 특정한 상인의 위상을 알려주는 중요한 잣대이다. 마르와리 사회에서 삭크는 그 기업인의 신용도와 정직성을 나타내는 핵심요인이요, 그가 가진 부와 경제적 파워보다 훨씬 중요한 가치로 간주된다. 삭크를 얻는 방법은 한번 한 약속은 꼭 지키고, 경제적으로 궁핍한 사람들에게 관대하며, 남을 위하는 박애주의적 인생관을 실천하는 것이다.

PART 01에서 살펴본 '비를라 비즈니스 왕국'을 건설한 위대한 기업인 G.D. 비를라도 삭크의 중요성을 늘 강조했다. 황마 거래로 비즈니스를 시작한 G.D. 비를라는 생生 황마를 사거나 황마 완제품을 거래할 때 상대방과 대부분 문서가 아닌 말로 했다. 그만큼 서로를 신뢰했기 때문이다. 원자재 가격은 매일 가격이 올랐다 내렸다를 반복하고, 어떤 때는 아침과 저녁의 거래 가격의 편차가 매우 컸다.

황마 판매자와 중개자들은 주로 아침에 대충 가격을 제시했다. 이에 반해 이를 사는 공장들은 저녁이 되어서야 구매결정을 했다. 당연히 아침에 부른 가격은 저녁 때 가격과 많은 차이가 있었다. 그럼에도 불구하고 G.D. 비를라와 거래인은 아침에 제시한 가격대로 매매를 했다. 삭크, 즉 상대방에 대한 신뢰가 강하게 형성되어 있었기 때문이다.

19세기 전설적인 면화 거래업자였던 람빌라스 포다르Rambilas Poddar도 신뢰를 통해 성공한 좋은 사례이다. 그는 보잘것없는 소규모 순면純綿 중개인으로서 사업을 시작했다. 마르와리 출신 상인인 그는 마르와리 공동체로부터 여러 지원과 도움을 받았다. 그가 마르와리 공동체로부터 얻은 가장 중요한 경험과 교훈은 '성공하기 위해선 신뢰를 쌓으라' 였다.

그는 자신의 사업을 시작하고 나서 시장에서 이를 적극 실천했다. 비록 동료들에 비해 적은 자본금으로 출발했지만 그는 시장에서 경쟁자들을 앞서 나갔다. 그 핵심요인은 시장의 신뢰를 얻었기 때문이다.

포다르는 마르와리 상인공동체에서 배운 정직함을 바탕으로 신뢰를 얻음으로써 시장에서 단숨에 중요한 위치로 부상했다. 시장에서 얻은 강한 신뢰는 이후 그가 독립적인 중개회사를 설립하는데 도움이 되었고, 기존의 회사들이 풋내기인 그의 회사에 거액을 투자하는 근거가 되었다.

저명한 마르와리 출신으로 현재 카노리아케미컬&인더스트리스 Kanoria Chemicals and Industries의 라주 카노리아Raju Kanoria 회장이 성공한 배경도 흡사하다. 카노리아 회장은 황마 거래업자로 비즈니스를 시작해 인도의 기업인협회 중 최고 권위의 인도상공회의소연맹FICCI 회장까지 역임한 자수성가 비즈니스맨이다. 그는 운 좋게도 젊은 시절 G.D. 비를라를 알게 됐다. G.D. 비를라가 당시 젊은이였던 카노리아 회장에게 해준 유일한 조언도 "성공하기 위해선 신뢰를 쌓고 사람들을 믿어라" 였다.

카노리아 회장은 이 말을 언제나 가슴속에 깊이 새기고 이를 실천하며 살아왔다. 과거 황마 장사를 할 때 그는 문서 대신 악수하는 것만으로 거래를 확인했다. 이런 거래형태는 황마 완성품 거래에서도 마찬가지였다. 그가 수개월 전 구두口頭로 계약하면 이를 믿고 황마공장들은 제품을 완성해 보관했다. 구두로 계약했다고 해서 펑크 내는 일은 결코 없었다. 그만큼 상호간 신뢰, 삭크가 형성돼 있었기 때문이다. 카노리아 회장은 "G.D. 비를라 회장의 조언을 열심히 실천한 결과 성공의 여신이 찾아왔다"고 강조했다.

앞서 다룬 '훈디'라는 마르와리들의 금융거래 방식도 그들의 신뢰에 대한 개념을 보여주는 중요한 실례이다. 훈디는 인도의 상인계급인 바니아Bania들의 수백 년간 경험에 바탕해 탄생한 혁신적 거래방식으로 일종의 환어음Bill of Exchange과 유사한 형태다. 훈디는 외진 시골의 상인일지라도 신뢰를 기반으로 거액의 돈을 멀리 떨어진 도시 등으로 송금하거나 받을 수 있게 해주었다.

예를 들어 구자라트 주에서 한 상인이 그의 면화를 멀리 떨어진 봄베이에 판매한 후 현금을 받는데, 여기에 따르는 위험을 최소화하기 위하여 현금 대신에 훈디를 받아 사용할 수 있었다. 판매자는 현금이 멀리까지 전달되는 동안 발생할 수 있는 온갖 종류의 위험을 감수하는 대신 구매자가 발행한 구매 대금에 상응하는 훈디를 받는 것이다.

판매자는 자신이 수취자로 발행된 훈디를 그의 마을에 있는 에이전 트에 제시하고 그곳에서 현금을 받는다. 이로써 실제 현금의 이동 없 이 자금을 안전하게 이전시킬 수 있는 것이다. 훈디는 이처럼 송금수 단으로 시작되었지만, 시간이 지남에 따라 점차 대출수단으로도 진화 했다.

대출자는 훈디의 가치(금액)를 할인해주고 후에 이를 액면가(할인 한 금액)로 현금화하는 방식으로 대출금액을 확대했다. 요컨대, 신뢰 에 바탕한 훈디가 협상 가능한 금융수단이 됐다.

이처럼 마르와리들은 비즈니스의 첫 번째 덕목이 신뢰라고 생각하 고 신뢰를 얻기 위해 최선을 다하는 삶을 살며, 이를 실제 비즈니스에 도 제도화했다. 이것은 그들의 비즈니스에 실제적인 도움을 주었다.

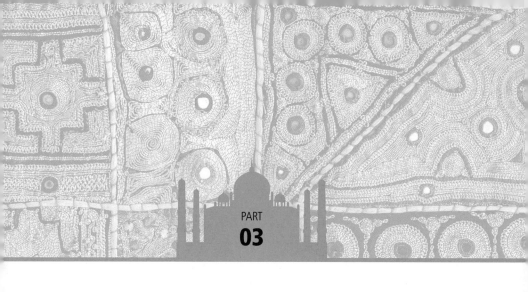

사막 출신 소상인에서
세계 비즈니스 대부로

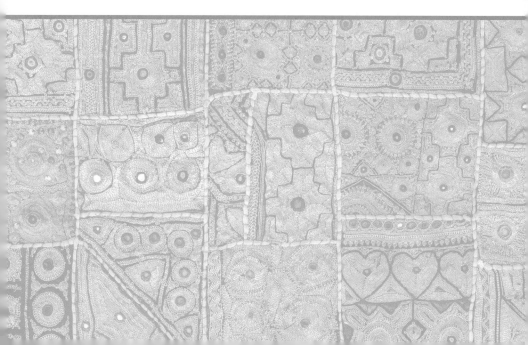

인도 산업화의 주역

인도상인들의 역사적 기원

인도상인은 유대상인, 아랍상인, 화교상인과 함께 세계 4대 상인으로 불린다. 인도상인들은 수천 년 전부터 배를 타고 다니며 상품거래를 했다. 특히 중개무역에 능했다. 이들 인도상인은 기원전 6세기에 동서양 무역로를 장악하며 커다란 부를 쌓았다. 당시 값비싼 후추를 비롯한 향신료 거래의 대부분이 이들의 수중에 있었다. 이들은 외국 식민지를 만들며 문화를 전파하고 자국 인구를 이주시키면서 무역을 했던 능수능란한 상인이었다. 인도상인은 장사뿐만 아니라 옷감 짜는 기술과 염색술도 뛰어났다. 면직공업 중심지인 구자라트Gujarat의 아마다바드Ahmedabad는 영국 식민지 시절 '동양의 맨체스터'로 불릴 만큼 유명했다. 이들 인도상인은 영국이 아프리카에 철도를 놓을 때 새로 생긴 역에 생필품 가게를 열면서 '검은 대륙' 아프리카의 상권을 장악했다. 그래서 현재도 케냐 상권의 80%, 탄자니아의 70%, 우간다의 50%를 인도상인 출신이 쥐고 있다.

　오늘날 인도상인은 중동, 아프리카, 동남아, 유럽, 미국 등 전 세계에 나가있지 않은 곳이 없을 정도로 활발한 활동을 하고 있다. 인도상인들은 '중동의 뉴욕'으로 알려진 두바이와 이집트 등 중동, 아프리카 상권을 휘어잡고 있다. 미국에서도 던킨도너츠 판매점과 모텔을 운영하는 사람은 십중팔구 인도상인 출신이라고 한다.

　인도상인들이 사업에 뛰어난 것은 카스트제도의 영향이 크다. 주지하다시피, 인도 카스트제도는 피부색 또는 직업에 따라 네 개의 주요 계급으로 구성돼 있다. 승려계급인 브라만Brahmin, 군인·통치계급인 크샤트리아Kshatriya, 상인계급인 바이샤Vaishya 및 평민 혹은 천민계급인 수드라Shudra로 크게 나누어진다. 이 안에는 다시 자티Jati라고 불리는 수많은 하위 카스트가 있다. 또 이 4계급 안에도 들지 못하는 최하층 계급으로 아웃카스트Outcaste인 불가촉천민不可觸賤民, Untouchable이 있다.

　상인계급인 바이샤는 카스트 가운데 세 번째로 높은 신분으로 이익 추구를 삶의 목적으로 삼는다. 바이샤는 전통적으로 상인계층으로 구성되어 있으며, 일반적으로 인도사회를 위한 구호활동을 하고 사원과 병원, 기타 공공시설을 제공하기도 한다. 바이샤 구성원들은 신분이 브라만이나 크샤트리아에 비해 낮지만 인구의 약 70%를 차지하는 수드라와 불가촉천민보다는 상위 카스트다. 특히 바이샤는 비즈니스라는 사회의 중요한 역할을 담당하고 있기 때문에 인도사회에서 비교적 높은 지위를 누린다고 할 수 있다.

　인도의 고대 성전인 리그베다Rigveda에는 판니Panni라는 카스트 계급이 나온다. 이들은 농업과 무역, 소 사육, 대금업 등을 주업으로 삼는 사람으로 가축 부富의 대부분을 소유하고 있어 매우 힘 있고 진취적인 계급으로 묘사된다. 리그베다 삼히타Rigveda Samhita에는 이들 판니들이 무역을 하기 위해 항해했고, 상품가격을 높게 받았을 뿐만 아니라 판매가격에 이자까지 부과하여 상품을 판매했다고 나온다. 고대 그리스 역사학자 헤로도투스Herodotus는 기원전 500년에 '판니들이 옛날에는 바니크Vanik였다'고 적고 있다.

문법적으로 판니란 단어는 '판 다투Pan Dhatu'에서 파생된 바니크에서 유래했다. 바니크들이 기원전 2000년에 동아시아와 남유럽 전역에서 활동했던 활약상은 고대 유럽인의 역사에 상세히 남아 있다. 원래 바니크 계급은 기원전 2000년 전부터 유리의 제조, 알파벳 도입, 항해 등으로 고대 문명세계를 놀라게 했다. 이집트와 그리스, 로마인들은 그들로부터 항해기술을 배웠다. 따라서 판니 계급은 인도의 주요 상인 카스트 중에서 가장 오래된 계급이었다. 마르와리Marwaris, 구자라티Gujarati, 펀자비Punjabi, 벵골리Bengali, 파르시Parsee, 부호티아Bhotia, 체티아르Chettiar, 아로라Arora, 카트리Khatri 그리고 델리의 랄라Lala 등의 사람들은 모두 이 판니 계급으로부터 비롯되었다.

힌두교의 중요한 성전 중의 하나인 바가바드기타Bhagavad Gita에는 바이샤가 소를 돌보거나 땅을 경작하곤 했다고 쓰여 있다. 바이샤는 인도사회에서 특별한 진영으로 여겨졌고, 이들은 기타에 명시된 대로 자신들의 업무를 성실히 수행했다. 5세기 이후 상황이 변했다. 바이샤는 농업과 소사육과 같은 자신들의 일을 도외시하기 시작했다. 이 기간은 무역업자들에게 힘든 시기였고, 그들은 6세기와 12세기 사이에 자신들의 직업의 방향을 잡지 못해 방황했다.

이때 아라비아에서 온 무역업자들이 인도에 도착했다. 이와 함께 무슬림 세력의 북인도 침략이 시작되었다. 이때는 인도의 대표 상인계층인 바이샤가 어쩔 수 없이 농업과 사육을 포기하고, 무역을 중심으로 활동하던 시기였다. 경제사학자인 비핀 가르그Vipin Garg의 관찰에 따르면, 기원전 3세기에 바이샤는 농업전문가나 소사육자 보다는 상인과 무역업자로 더 알려졌다.

바이샤라는 단어는 '삶'이라는 의미에서 유래되었다. 그리고 이 바이샤 계급은 본래 농업과 무역 등에 종사해왔는데, 계급제도가 발달함에 따라 상인과 숙련공, 지주로서 무역에 중점적으로 활동하면서 농업에서 점차 멀어졌다. 상업이나 무역, 금융업 등 부유한 직업을 가졌던 바이샤는 또한 전통적으로 장인기술과 기술교육 등에 중점을 두었다.

상인공동체로서 바이샤는 인도경제가 성장하고 산업화하는데 막중한 기여를 했다. 많은 바이샤는 인도경제의 동력이 되는 뛰어난 회사들을 세웠고, 20세기 인도 산업발전의 주역이 되었다.

바이샤는 힌디어로 '아르트Arth'인 돈을 가장 중요시한다. 이들은 어려서부터 비즈니스에 종사하고 경험을 많이 쌓아 탁월한 비즈니스 재능을 보인다. 바이샤에는 마르와리 외에 파르시, 구자라티, 체티아르, 펀자비 등 유명한 인도상인들이 있다. 이들 역시 마르와리 만큼은 아니지만 인도를 주름 잡는 주요 기업의 오너 패밀리들이 많다. 여기선 마르와리를 제외한 인도의 주요 상인공동체에 대해 간단히 살펴보기로 한다. 이 책의 주제인 마르와리에 대해선 이후에 자세히 알아본다.

일찍이 해외로 진출한 구자라티 상인

마르와리 못지않게 뛰어난 비즈니스맨으로 불리는 사람들이 구자라티 상인이다. 구자라티는 인도의 북서부 구자라트 출신 사람들을 일컫는다. 구자라트는 마르와리의 고향인 라자스탄과 바로 붙어 있고, 특히 서쪽으로 아라비아 해안을 끼고 있다. 그래서 구자라티 상인들은 오래 전부터 배를 타고 중동, 아프리카, 동남아시아 등 해외로 나가 무역을 한 상인으로 유명하다.

'위대한 영혼' 마하트마 간디도 원래 구자라티 상인 출신이다. 또 인도 최대의 기업 릴라이언스그룹Reliance Group의 무케시 암바니Mukesh Ambani 회장, 인도의 저명 IT 기업 위프로Wipro의 아짐 프렘지Azim Premji 회장도 구자라티이다.

구자라티는 인도의 상인공동체 가운데 수적으로 가장 많다. 구자라티는 인도 국내는 물론 전 세계에 널리 퍼져 있다. 전 세계에 이주한 인도인의 약 33%가 구자라티 출신이다. 구자라트 출신 사람들은 인도에 약 4,600만 명이 거주하며 인접한 파키스탄에도 120만 명이 살고 있다. 인도에선 뭄바이, 델리, 첸나이, 캘커타, 벵갈루루 등 비즈니스가 활발한 대도시에 주로 많이 거주한다.

해외에는 영국에 가장 많은 80여만 명의 구자라티가 이주해 살고 있다. 이어 미국에 약 30만 명, 캐나다에 12만 명의 구자라티들이 있다. 이들은 중동과 아프리카에도 많이 진출해 있는데 특히 탄자니아에 25만 명, 케냐에 약 20만 명이 거주하고 있다. 이외에 남아프리카공화국 등 아프리카의 여러 나라에도 다수 이주해 있다. 중동 지역에는 일찍이 예멘, 오만, 바레인, 쿠웨이트 등에 진출해 활발하게 비즈니스를 하

구자라트의 다이아몬드 도시 수라트의 한 회사에서 직원들이 다이아몬드 세공에 열중하고 있다.

고 있다.

아시아태평양 지역에는 호주와 뉴질랜드, 싱가포르, 미얀마, 홍콩, 피지 등에 특히 많이 거주한다. "구자라티가 진출해 있지 않은 나라는 너무 작아 비즈니스 기회가 없는 나라뿐"이라는 말이 있을 정도로 이들은 전 세계에 진출해 사업을 하고 있다.

예를 들어 미국에서 호텔과 모텔을 운영하는 사람들의 3분의 1이 구자라티이다. 특히 이들 가운데 대부분이 '파텔Patel'이라는 성을 가진 구자라티 상인이다. 또 미국에는 수천 명의 구자라트 출신 의사가 활동하고 있으며, 미국에서 독립 약국을 경영하는 구자라티만도 1만 2,000명이 넘는다. 이 숫자는 미국 전체 약국의 절반에 해당한다. 약국 경영은 영국에서도 매우 활발한데, 구자라티는 영국의 최대 약국 체인인 데이루이스Day Lewis 등을 경영하고 있다.

구자라티 상인은 다이아몬드 산업에서도 크게 각광받고 있다. 구자라트의 수라트Surat에서는 전 세계 다이아몬드 원석의 90%가 커팅되고 세공된다. 이는 돈으로 환산하면 130억 달러(약 15조 4,500억 원)에 달한다. 또 세계 최대 다이아몬드 거래소로 유명한 벨기에의 안트워프Antwerp에서 거래되는 다이아몬드의 4분의 3을 통제하는 사람들도 바로 구자라티 상인이다.

이란에서 이주한 조로아스터교 파르시 상인

파르시Parsee 혹은 Parsi는 조로아스터교(배화교)를 믿는 집단으로, 8~10세기 경 페르시아를 점거하고 있던 무슬림 침략자들의 종교적 박해를 피해 이란에서 구자라트와 봄베이 등 인도 중서부로 이주해 왔다. 이들 파르시는 인도에 처음 정착한 이후 몇 백 년 동안 자신들의 특징적인 관습과 전통, 민족의 정체성 등을 지키거나 발전시키며 인도사회에 통합돼 왔다. 이들은 또 인도 내 기반이 취약해 살아남기 위해 매우 성실하고 근면하게 일을 했다. 이로 인해 파르시 공동체는 인도사회에서 다소 특별한 지위를 갖게 됐다.

17세기 초 무굴황제 자항기르Jahangir와 영국의 제임스1세 간의 상업 조약에 따라 영국의 동인도회사는 인도 서북부 도시 수라트를 비롯한 여러 지역에서 거주권과 공장 건설의 독점권을 얻었다. 당시 구자라트의 농업공동체 안에 있던 많은 파르시는 새로운 직업을 구하기 위해 영국 경영인들의 정착지로 이동했다. 1668년 영국 동인도회사는 영국의 찰스2세로부터 봄베이의 일곱 개의 섬을 임대했다. 동인도회사는 아시아 대륙의 첫 번째 항구로 적합했던 일곱 개의 섬들 중 동쪽 해안의 수심이 깊은 항구를 발견했다. 그리고 1687년 동인도회사의 본부를 수라트에서 새 정착지로 옮겼다. 파르시는 이를 따라 이동했고, 정부 및 공공 업무와 관련된 중책을 차지하기 시작했다.

18~19세기에 파르시는 인도의 교육, 산업, 사회 분야에서 가장 중요한 공동체 가운데 하나로 부상했다. 그들은 유능한 상인과 산업가로서 거대한 부를 축적하고 큰 규모의 재산을 아낌없이 기부했다. 19세기 말까지 식민지 인도에 거주했던 파르시의 총 인구수는 8만 5,397명이었고, 이 가운데 4만 8,507명이 봄베이에 거주했다. 이는 봄베이 전체 인구의 6%를 차지했다.

파르시는 이후 단순 무역상인이나 방직업자가 아니라 인도를 대표하는 기업인으로 급부상한다. 파르시 상인들은 현재 은행, 공장, 중공업, 조선소와 운송회사를 세워 운영하고 있다. 파르시 상인의 대표적 기업으로는 인도의 최대 재벌인 타타그룹Tata Group과 와디아그룹Wadia Group 등이 있다. 타타그룹은 우리나라에도 진출해 기업활동을 하고 있다. 2004년 타타자동차Tata Motors가 대우상용차를 인수해 현재 타타대우 상용차라는 이름으로 트럭 등을 생산하고 있다.

남부 타밀나두 출신 체티아르 상인

체티아르는 인도 남부 타밀나두Tamil Nadu 주 출신 상인을 말한다. 이들은 전통적으로 대금업과 도매무역 등에 종사해왔다. 이들은 인도 해외 교역의 선구자로 말레이시아를 거쳐 베트남까지 진출했다.

과거 인도에선 바다를 건너 해외교역을 하는 것은 불길한 것으로 믿었다. 이런 점에서 이들은 사회의 전통을 깨고 해외 비즈니스에 나선

모험가로 알려져 있다. 체티아르는 농업과 무역에서 뛰어났다. 특히 향신료 무역, 호텔산업, 남인도 전역에서 인기 있는 '체티나드Chettinad 치킨'과 생선커리로 유명했다.

타밀나두의 유명한 상인계급으로 널리 알려져 있는 나가라타르Nagarathars는 인도의 촐라Chola 왕국하의 한 체티아르 공동체이다. 나가르타르 사업가들은 종교적으로 힌두교 신자들인데, 특히 타밀나두 지역의 체티나드 출신이 지배적으로 많다. 이들은 동남아시아와 촐라의 전성기 때부터 무역을 해왔다. 19세기 이들은 동남아시아 전역의 여러 나라로 이주했다.

나가르타르는 19~20세기 스리랑카, 미얀마, 말레이시아, 싱가포르, 인도네시아의 자바와 수마트라, 베트남의 호치민까지 뻗어나가며 동남아시아에서 무역 상인으로 중요한 역할을 했다. 나가르타르는 동남아시아에 사원 및 학교를 건립하고 유지하는 등의 자선활동으로 유명하다.

체티아르는 우리와 마찬가지로 장유유서와 체면을 중시한다. 따라서 이들과 비즈니스를 할 때 나이가 많은 사람이면 깍듯이 존중하는 태도를 보여주면 좋아한다고 한다. 대표적인 체티아르 기업으로는 인도 기업순위 10위권의 GMR그룹을 위시해 20위권의 무루가파그룹Murugappa Group 등이 있다.

민족주의 정신 강한 펀자비 상인

펀자비는 파키스탄 접경 지역 펀자브 주 출신 사람들을 말한다. 펀자브 지역은 세계에서 가장 오래된 문명인 인더스문명이 발생한 인더스강 유역에 위치해 있다. 펀자브는 산스크리어로 '다섯 강의 땅'이라는 의미(페르시아어로는 '다섯 개의 물')지만, 파키스탄과 인도에서는 '빵 바구니'라는 의미를 갖고 있다. 펀자비들이 그만큼 상업과 농업에 뛰어나 펀자브 지역이 부유했다는 사실을 의미한다.

인도가 영국으로부터 독립할 때 펀자브 지역은 정치적, 종교적 이유로 인도와 파키스탄으로 나뉘었다. 이에 따라 펀자브도 오늘날 파키스탄 펀자브와 인도 펀자브로 크게 구별된다. 북인도 출신의 인도-아리아인에 속하는 펀자비는 건장한 체구에 강인한 정신을 갖고 있다. 이 때문에 펀자비는 군인과 상인이 많고, 육체노동에도 뛰어나다. 민족주의 정신이 강한 편이고 대체로 영국 식민통치에 대해 수치스런 감정을 갖고 있다.

펀자비는 열심히 일하는 데에 열정과 큰 자부심을 갖고 있다. 펀자비는 역사적으로 학문에는 그다지 소질이 없었으나 농업이나 운송업에 있어서는 매우 뛰어났다. 또 펀자비는 시크교를 믿고 터번을 쓴다. 오늘날 가장 유명한 펀자비는 2004년부터 2014년까지 10년간 인도 연방총리를 역임한 만모한 싱Manmohan Singh 박사다. 해외에서 활동하는 펀자비는 주로 영국과 캐나다에서 비즈니스 등에 관계한다.

인도의 주요 펀자비 기업으로는 재계서열 10위권의 마힌드라그룹Mahindra Group이 있다. 마힌드라는 부도위험에 처했던 쌍용자동차를 인수해 현재 성공적으로 경영하고 있다. 다른 펀자비 기업으로는 기업서열 30위권의 타파르그룹Thapar Group이 있다. 영국으로부터 독립하기 전 인도의 기업 최초로 제지업에 진출한 타파르그룹은 현재 제지, 화학 등의 발라푸르 인더스트리, 인조섬유를 취급하는 JCT 등 10여 개의 기업

쌍용자동차를 인수해 성공적으로 경영하는 인도 서북부 펀자비 출신 기업인 마힌드라그룹 아난드 마힌드라 회장

을 갖고 있다.

인도의 상인공동체란 일종의 비즈니스 패밀리를 말한다. 인도인들은 보통 자기가 속한 카스트를 힌디어로는 자티, 영어로는 커뮤니티라고 부른다. 자티란 인도인들의 실생활 하나하나를 세세히 규제하는 단위이다. 즉 브라만, 크샤트리아, 바이샤, 수드라 등 인도의 네 개의 카스트를 훨씬 작은 단위로 세분화한 것이다. 과거 인도인들은 이 자티를 기준으로 직업선택이 제한되고 대대로 세습됐으며, 그 안에서 결혼과 식생활 등이 엄격히 규정됐다.

인도인의 공동체는 하나의 자티로 이루어져 있기도 하고, 여러 개가 복합적으로 묶여 있기도 하다. 바이샤 같은 상업적 공동체는 교역에서

의 오랜 전문성을 바탕으로 비즈니스를 보다 쉽게 할 수 있는 다양한
제도를 발전시켰다.

낙타 타고 모래폭풍 맞으며
대모험 감행

부를 찾아 고향을 떠나는 마르와리

마르와리의 고향 마르와르Marwar 지역에는 다음과 같은 속담이 전해
진다.

"빈 항아리를 들고 외지로 떠난 라자스탄 마하잔Rajasthani Mahajan은
돈으로 가득 찬 항아리를 가지고 돌아온다."

여기서 마하잔은 '마하Maha, 위대한'와 '잔Jan, 사람'이 결합한 말로 '위대한
사람'을 뜻한다. 특히 사업을 통해 많은 돈을 번 상인을 지칭하는 말로
'위대한 기업인' 정도의 뜻을 갖고 있다. 위 속담은 빈손으로 고향을 떠
난 마르와리가 대단한 부자 기업인이 되어서 돌아온다는 사실을 잘 풍
자하고 있다.

마르와르는 인도 서북부의 라자스탄 주 가운데 특히 서부와 중앙 부

라자스탄 주의 마르와르 지역

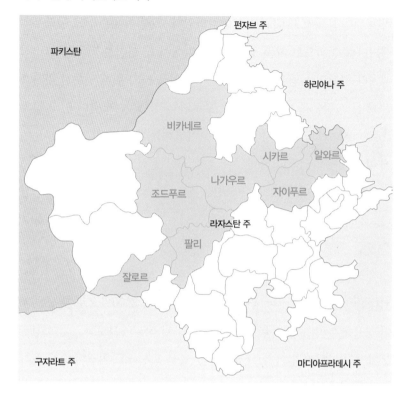

분을 포함하는 지역이다. 마르와르 지역은 라자스탄 주 가운데서도 주로 조드푸르Jodhpur, 자이푸르Jaipur, 시카르Sikar, 비카네르Bikaner, 팔리Pali, 잘로르Jalor, 나가우르Nagaur, 알와르Alwar 등 지역을 말한다. 마르와르 지역에 거주하는 사람들은 이들이 속한 카스트와 관계없이 마르와리라고 불린다. 그런 점에서 마르와리란 일반적으로 이 지역 지역민을 지칭하는 말이다. 마르와리란 단어는 '지역' 이름을 딴 것이므로 마르와르 출신 농부나 상인, 무사, 성직자인 브라만 등을 모두 통칭하는 말이다.

라자스탄 출신의 많은 마르와리는 비즈니스를 하기 위해 고향에서 멀리 떨어진 곳으로 대규모로 이주하였다. 특히 이들은 인도 동북부의 캘커타를 중심으로 하는 벵골Bengal 지역에서 큰 성공을 거둔다. 그러자 캘커타 지역의 사람들이 비즈니스와 교역을 하기 위해 이주한 라자스탄 출신 사람들을 마르와리라고 부르기 시작했다. 이 말이 인도 전역으로 퍼져 라자스탄 출신 상인들을 지칭하는 말로 널리 알려졌다. 이에 따라 마르와리라고 하면 주로 마르와르 출신의 비즈니스맨을 부르는 말로 통칭된다. 마르와리 상인을 세부 카스트 별로 보면 아가르왈Agarwal, 칸델왈Khandelwal, 마헤쉬와리Maheshwari, 오스왈Oswal, 포다르Poddar 등을 포함한다.

이 가운데 인도의 전역에서 발견되는 아가르왈은 인도 경제발전에 지대한 기여를 했다. 이 공동체의 기원은 B.C. 2500년으로 추정된다. 이 공동체는 인도 중북부 하리야나Haryana 지역의 아그로하Agroha 소왕국 통치자인 마하라자 아가르센Maharaja Agarsen을 조상으로 여긴다. 아그로하 왕국이 멸망한 후 아가르왈은 다른 지역으로 이주하기 시작하는데, 그들의 대부분이 라즈푸타나Rajputana에 정착했다.

용맹한 전사들이 있는 '라즈푸트 왕자들의 땅'이란 뜻의 라즈푸타나는 라자스탄과 구자라트, 마드야프라데시Madhya Pradesh 주를 포함하는 인도의 북서부 일대를 지칭한다. 이주 초기에 이들 아가르왈의 생계수단은 농업, 소사육, 무역 등이었다. 마르와리 인근의 셰카와티Shekhawati 지역에는 많은 아가르왈이 거주했다. 중세 이후 다섯 개의 아가르왈 가문 중 세 개 가문이 생계를 위해 셰카와티로 이주했다. 이 지역의 아가르왈은 다른 상인공동체에 비해 이주에 대한 본능이 매우 강했다.

1876년 영국 〈런던뉴스〉가 묘사한 라즈푸트 전사들의 모습

　종교적으로 마르와리는 힌두교도가 다수이지만 자이나교를 믿는
사람도 적지 않다. 이들이 속한 공동체에 관계없이 힌두교와 자이나교
는 사회적으로 함께 섞여 있다. 드물지만 어떤 경우에는 힌두교도와
자이나교도가 결혼식이나 전통 의식들을 서로 공유하기도 한다. 마르
와리는 공동가족(대가족)으로 함께 모여 사는 것을 좋아하고, 평화적
이며 숫자에 대단히 밝다. 마르와리는 또 대부분 채식주의자이다.

성공에 대한 열망으로 사막을 건너다

　마르와리가 모여 살던 라자스탄 지역은 인도와 중동지역을 잇는 중
요한 대상隊商, Caravan들의 루트였다. 이에 따라 이 지역에선 비즈니스가

1572년 인도 서남부 항구도시 캘리컷의 모습. 인도 상인들이 배를 타고 와 교역하는 모습이 잘 나타나 있다.

일찍부터 발달했고, 열정적이면서도 능수능란한 상인들이 자연스럽게 나타났다. 마르와리 상인들은 이 같은 유리한 비즈니스 환경 덕택에 오래 전부터 교역기술과 경험을 쌓을 수 있었다.

라자스탄은 비가 적게 내리는 사막지역이다. 여기에 카라반의 루트라는 상업적 특성이 결합해 라자스탄 지역에는 일찍이 선물先物시장이 발달했다. 비가 적게 오면 농업이 큰 피해를 입고 경제상황도 안 좋아진다. 이에 따라 강수량이 많을 경우와 적을 경우 등에 기반하여 돈을 거는 선물시장이 활성화됐다. 선물시장의 발달은 자연스럽게 마르와리 상인들로 하여금 투자자 혹은 투기꾼으로서의 능력을 고양케 했다.

라자스탄은 또 인도의 젖줄로 통하는 갠지즈강의 상류에 위치하고 있다. 이 같은 지역적 조건은 마르와리 상인들로 하여금 다양한 상품의 교역에 나설 수 있는 우호적 환경을 제공했다. 물건을 싣고 배를 타고 멀리까지 이동해 비즈니스를 할 수 있었기 때문이다.

사람들은 왜 한 지역에서 다른 지역으로 이동하는 걸까? 한동안 살

앉던 친숙한 환경과 사람들을 뒤로 하고 낯선 곳으로 이주하는 이유는 무엇인가? 뉴웹스터사전의 정의에 따르면 '이주Migration'란 "다른 곳에 정착하기 위해 한 나라, 지역 혹은 장소로부터 일련의 이동 또는 그 행동, 또는 직업을 구하기 위해 한 지역에서 다른 지역으로 이동하는 행동"이다.

세계 곳곳을 다니며 이주를 연구한 유명한 지리학자 EG 라벤스테인 Ernest George Ravenstein은《이주의 법칙The Laws of Migration》이란 저서에서 이주를 다음과 같이 정의했다.

> "나쁘거나 억압적인 법, 무거운 과세, 좋지 않은 날씨, 마음에 맞지 않는 동료들, 그리고 강제성을 띤 노예무역 등 여러 가지가 사람들을 이주시키는 요인이 됐고, 현재도 여전히 사람들을 이주케 하고 있다. 그러나 이런 요인들은 물질적으로 보다 나은 삶을 살길 원하는 사람들의 강한 내적 소망에서 비롯된 이주 욕구와는 그 강도 측면에서 비교할 수 없다. 성공한 삶을 살기 위한 강한 욕구, 이것이 이주를 결정하는 가장 중요한 요인이다."

이주 원인에 대한 라벤스테인의 언급은 마르와리 공동체의 이주에 정확하게 적용된다. 마르와리는 경제적 성공을 위한 강렬한 소망과 의지를 갖고 타지로 이주에 나섰다. 마르와리 상인들의 이주 현상은 그들의 용기, 인내, 관용, 근면함 그리고 선견지명을 잘 보여준다. 그들은 극한의 더위와 모래폭풍을 맞으면서 낙타를 타고 가는 수개월간의 여행을 견뎌내었다. 유명한 마르와리 기업가 G.D. 비를라는 자서전에서

마르와리가 이주하여 활동한 주요 도시

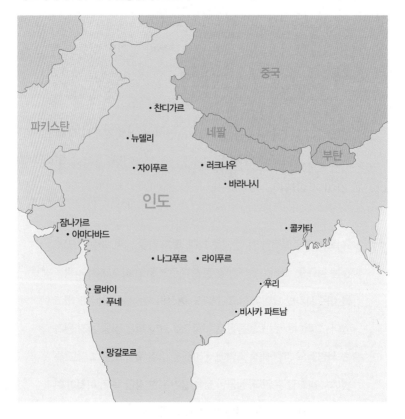

다음과 같이 언급했다.

"그 당시 봄베이(뭄바이)로의 여행은 힘들었습니다. 봄베이로 가는
가장 가까운 기차역은 아마다바드나 인도르Indore였지요. 약 800㎞
나 떨어져 있었습니다. 낙타로 이 거리를 여행하는 것은 그야말로
고문이었습니다. 고향인 라자스탄의 필라니Pilani에서 아마다바드까

지의 여행은 20일도 넘게 소요되었었지요. 자동차를 타고 가면 하루
도 채 안 걸리는데 말입니다."

그러나 이런 모든 부정적인 상황들도 단호한 마르와리 상인들을 단
념케 하진 못했다. 마르와리의 초창기 이주에 대해 한 역사학자는 다
음과 같이 말했다.

"마르와리들은 1564년에 라즈푸트(무사)와 바이샤(상인)로 변장
한 채 처음으로 벵골 지역에 진출했습니다. 그러나 마르와리의 이
주는 16세기의 마지막 10년간 정점에 달했지요. 그 이유는 많은 마
르와리 무역업자들이 벵골에 진출한 자이푸르의 왕 만 싱Man Singh의
군대에 식량을 보급하기 위해 벵골로 떠났기 때문입니다. 17세기에
들어 마르와리 무역업자들은 비하르Bihar와 벵골에 이르렀습니다.
이 기간 동안 히라난드 사후Hiranand Sahu가 파트나에 이주해 성공했
습니다. 그는 유명한 금융가문 자가트 세트Jagat Seth의 선조이지요.
곧 그의 후손들도 북인도에 진출해 가장 부유한 무역업자와 금융가
가 되었습니다. 이들 중에서 이후 18세기에 벵골 통치자들의 은행
가인 자가트 세트들이 나옵니다. 마르와리 상인들은 자신들도 자가
트 세트가 될 수 있다는 꿈을 안고 고난의 이주를 견딥니다."

마르와리 이주 부추긴 영국의 인도 진출

마르와리는 무굴제국시대(1525~1707년)에 고향을 떠나 인도 전역
으로 이주하기 시작했다. 이들의 이주를 촉진한 요인으로는 영국의

인도식민지 진출과 당시의 정치적, 경제적, 사회문화적 환경 등 다양하다.

먼저 영국의 인도 진출은 마르와리 공동체의 이주에 강한 영향을 미쳤다. 영국, 네덜란드, 프랑스, 포르투갈 등 초창기 유럽의 무역회사들은 16세기부터 인도에 본격 진출했다. 이중 영국이 프랑스 등 경쟁자들을 물리치고 1757년 인도의 상업적·정치적 지배권을 차지했다. 영국은 1765년부터 벵골을 직접 관리하기 시작했다.

영국군은 1799년 최후의 정치적 위협이었던 남인도의 티푸 술탄Tipu Sultan을 굴복시켰다. 1803년에는 최후까지 강력하게 저항했던 인도르의 마라타 왕국Maratta Maharajas을 굴복시켜 북인도의 광활한 지역을 점령하였다. 그리고 1818년 마지막으로 마라타 연합의 수장인 페쉬와Peshwa를 굴복시켰다.

영국은 인도를 완전히 장악하자 식민지 인도에서 본격적인 상업 활동에 들어갔다. 인도에서 영국의 초반 상업 활동은 영국에서 수요가 많은 직물 등 팔만한 상품을 찾는 데 역점을 두었다. 그러나 18세기 후반 영국의 직물에 대한 수요량이 감소하면서 새로운 상품을 모색하기에 이른다. 대안은 중국산 차茶였다. 이에 따라 영국은 유명한 '3각 무역'을 고안했다. 인도의 아편을 중국에 수출하고, 중국의 차를 영국으로 수출하고, 다양한 영국 상품을 인도로 들여오는 3각 무역을 발달시켰다. 영국은 인도의 아편을 중국에 수출하는 한편 영국에는 천연 염료인 인디고Indigo와 곡물, 면화 등을 들여왔다. 19세기 초반 이들 상품을 중심으로 영국에 의한 인도 상품의 영국 수출은 폭발적으로 증가했다.

영국에 대항하여 1857년 발생한 세포이항쟁은 인도와 마르와리 모두에게 큰 전환점이 되었다.

1857년은 인도역사에 있어 대단히 의미 있는 해이다. 이 해에 '세포이항쟁Sepoy Revolt'이 발생하여 무굴제국의 해체를 가져왔기 때문이다. 세포이항쟁은 세포이가 주체가 되어 1857~1859년 인도에서 일어난 최초의 민족적 반영反英항쟁이다. 세포이란 영국의 동인도회사가 인도 정복을 위해 고용한 인도인 용병을 말한다. 항쟁은 1857년 5월 델리 근교의 병참기지에서 촉발돼 삽시간에 인도의 절반이 넘는 북인도 전역으로 퍼져나갔다.

이 항쟁은 당초 인도인 병사에 대한 영국사관의 차별대우가 원인이 되어 일어났다. 그러나 항쟁의 초점이 동인도회사의 폭력적인 식민지 지배의 철폐에 맞추어지면서 인도인 용병과 하층농민, 실업자, 소상인들이 대거 항쟁의 대열에 합류했다. 이 항쟁은 발생 2년 만인 1859년에

전멸했다. 항쟁세력이 강력하면서도 통일된 지휘조직을 갖지 못한데다 무자비한 영국군의 진압작전 때문이었다. 이 항쟁의 여파로 동인도회사는 해체되고 무굴제국은 멸망했다. 이때부터 영국은 인도를 직접 지배하게 된다.

세포이항쟁 후 18세기 후반 인도 내에 영국의 세력은 급속히 강화되었다. 영국은 인도 전역으로 생산 네트워크를 빠르게 확장하였다. 초기에는 인디고와 아편이 주요 생산품이었으나, 시간이 지나면서 면화와 차가 중요한 수출작물이 되었다. 영국이 소유한 수많은 경영대리인회사Managing Agency Houses의 역할이 활성화되면서 그때까지 지배적 위치에 있던 동인도회사의 위상은 크게 약화되었다. 이후 영국이 인도로 수출하는 면제품의 수출은 급격히 증가했다.

이런 와중에 라자스탄의 마르와리는 중앙인도와 서부인도 등 인도의 전역에 대규모로 이주한다. 상황변화에 민첩한 마르와리가 새롭게 전개되는 인도의 정치적, 경제적 상황을 활용해 비즈니스 중개인으로서 급부상한 것이다.

정치·경제적 혼란

마르와리의 이주를 촉진한 다른 요인은 당시 정치적, 경제적 상황이다. 인구의 이주이론에는 정치적 무질서 혹은 지역 간 경제적 기회의 차이가 사람들을 이동시킨다는 학설이 있다. 이는 마르와리의 이주에도 적용 가능하다. 당시 마르와리가 모여 살던 라자스탄에서는 정치적 무질서와 경제적 혼란이 극심했다. 군주들은 종종 전쟁을 했는데, 이로 인해 상인들은 신변과 재산의 안전을 위협받았다. 그래서 일부 상인들은 람가르Ramgarh라는 지역에 '상인의 도시Merchant City'라고 불리는 자치 섬을 개발해 치안부재 문제를 해결하려고까지 했다. 그러나 대부분의 상인 혹은 사업가들은 치안이 불안한 군주 령領을 떠나 안전한 영국령 인도로 가길 원했다.

게다가 영국은 라자스탄의 제후국이 관장하는 비즈니스에 대해서는 온갖 차별을 가했다. 반면 영국은 '영국령 인도'에서의 사업과 관련된 재산권은 철저히 보장해주었다. 인도 내 전쟁 중인 제후국 지역과 이미 확보한 지역에 대한 차별정책을 취한 것이다. 이러한 영국의 차별정책은 매우 극적으로 이전 정치권력의 중심지를 쇠퇴시켰고, 새로운 비즈니스를 일으켰다. 또 향후 상인들의 무역경로까지 바뀌게 했다.

라자스탄의 정치적, 경제적 불안과 영국의 차별정책은 이곳에서 서비스산업과 금융업, 교역업을 하던 사람들에게 당연히 부정적 영향을 미쳤다. 고향지역의 정치적 무질서와 산업의 퇴보를 참지 못한 이들은 결국 라자스탄을 떠나기로 결심한다. 마르와리 상인은 인도가 영국 식민지가 되면서 생긴 새로운 사업기회를 잡기 위해 상업적으로 진공상태인 곳을 찾아 이동했다. 결국 이들은 인도의 다른 지역으로 이주해 새롭게 열린 사업기회를 발견한다. 그곳은 토착인구는 많지만 생활필수품이 적어 물건을 팔기 좋은 지역들이었다.

영국이 인도를 식민지화한 것은 마르와리에겐 타지로 이주할 수 있는 우호적 상황을 조성했다. 인도가 영국의 식민지가 됨으로써 마르와리는 전쟁 중인 제후국과의 금융거래와 상품공급 등 기존 사업을 하기 어렵게 됐다. 영국의 정치적 힘과 경제적 영향력이 확대됨에 따라 인도 제후국들의 금융과 법률서비스는 갈수록 줄어들었다. 라자스탄의 카라반 루트를 통한 무역활동도 급격히 감소했다. 라자스탄의 수출입 항 무역은 영국이 만든 관세장벽으로 인해 크게 위축되었다. 다시 말 해, 한때 찬란했던 제후국 정권과 번영했던 무역루트가 쇠퇴하면서 라 자스탄의 황량한 벌판은 더 이상 마르와리에게 비즈니스를 위한 기회 의 땅으로 보이지 않았다.

이런 상황은 마르와리 상인들을 낙담케 했다. 그러나 마르와리가 누 구인가? 열사의 사막 한가운데에서도 불사조처럼 번성한 그들이었다. 상황은 악화됐으나 그들은 결코 절망하거나 좌절하지 않았다. 강대국 영국이 인도를 식민지화해 가는 상황을 예의 주시하며 마르와리는 기 회를 모색했다. 무엇인가 남이 간파하지 못하는 기회가 있을 것이라고 생각했다. 그것은 인도에 진출한 영국인들이 주도하는 상거래의 중개 인이 되는 것이었다. 영국은 인도에 자국의 무기를 공급하고, 인도에 서 상거래를 하며 식민지 정부의 재정을 도울 경험 많은 비즈니스 중 개인을 필요로 했다.

마르와리는 비즈니스 중개인으로 최고의 적격자였다. 당시 마르와 리는 일정한 규모의 자본을 소유하고 있었고, 신용대부에 접근 가능한 폭 넓은 '인적자원그룹Human Resource Group'과 풍부한 사업경험을 갖고 있었 다. 마르와리는 그야말로 영국이 필요로 하는 최적의 후보자였다. 굶 주릴 것인가, 영국인의 중개업자가 될 것인가? 마르와리는 영국이 개 척하는 외국과의 상거래에서 기꺼이 중개업자가 되겠다고 결심한다.

영국 식민지 정부도 영국령 등 자신들이 장악한 지역에 유능한 토착 비즈니스맨들을 끌어들이기 위해 면세, 대출우대 등 다양한 혜택을 제공했다. 심지어 영국은 일부 이주민들에게 금발찌를 주거나 관세와 가택수색, 압류 그리고 범죄이력까지 면책을 해주는 등 각종 특혜를 주었다.

따라서 마르와리 상인들은 영국의 중개인이 되기 위해, 새로운 무역을 하기 위해 자연스럽게 아편, 황마, 면, 모 등 수출 흑자상품이 나는 곳으로 이주했다. 또 아삼과 말와Malwa 지역이 발전함에 따라 많은 마르와리 상인이 새로운 기회를 잡기 위해 그곳으로 몰려갔다. 일부는 당장은 기회가 적지만 향후 전망이 밝은 봄베이 같은 곳으로 향했다.

결론적으로 정치적 무질서와 경제적 혼란에 직면한 라자스탄의 마르와리 상인들은 영국의 인도 식민지화로 인해 생성되는 새로운 경제적 성공기회를 잡기 위해 자발적으로, 그리고 적극적으로 이주하기 시작했다.

새로운 무역경로 개통

새로운 무역경로의 개통도 마르와리의 이주를 촉진한 중요한 요인이었다. 예를 들어 세계 무역의 중심은 16세기 이후 지중해에서 대서양으로 옮겨갔다. 베네치아Venice, 피사Pisa, 플로렌스Florence 같은 지중해의 무역 중심지들은 중요성과 부를 잃었다. 이런 변화는 그 지역에 살던 기업인들을 지중해에서 대서양으로 이주하도록 강요했다.

17세기 인도 역시 마찬가지 상황이었다. 라즈푸타나와 커치Cutch를 통하는 전통적 무역경로가 쇠퇴하고, 봄베이와 캘커타가 새 항구로 급부상했다. 이로 인해 무역경로가 오래된 것에서 새 것으로 바뀌었다. 펀자브와 라자스탄을 통하는 육로 무역루트도 새롭게 대체되었다. 캘커타에서 갠지스강을 통해 뻗어 올라가거나 봄베이로부터 출발해 다양한 방향으로 나아가는 강 경로가 먼저 개발됐다. 이어 철도를 통한 경로가 새로 개통되었다. 이에 따라 하나의 경로만을 따라 무역을 하던 사람들이 다른 경로도 이용했다. 새로운 경로는 마르와리가 이미 안착해 사업하던 지역까지 확장되어 상인들의 이동을 촉진했다.

인도 식민지 당국이 부과한 관세장벽은 운송 경로의 변화를 가속화시켰다. 당국은 강을 통해 수송되는 상품에 대해 높은 관세를 부여했다. 관세장벽으로 인해 비즈니스맨들은 사업장을 강 주변이 아닌 항구 주변으로 옮겼다. 왜냐하면 벵골산 바다소금이 아닌, 라즈푸타나 혹은 베나레스(현재의 바라나시_Varanasi) 등 내륙지방의 염호_鹽湖에서 생산한 소금은 높은 수입관세로 시장에서 퇴출될 것이 분명했기 때문이다.

마르와리는 새로운 통상로를 활용해 자신들의 네트워크를 적극 확장했다. 새 통상로 주변에는 마르와리의 숙소, 즉 바사_Basa가 곳곳에 개설됐다. 이 바사들은 주요 통상로와 연결도로에 있는 무역업자들에게 많은 편의를 제공했다.

통상로의 조정은 이주민들의 이동시기만이 아니라 이동방향도 결정했다. 그간 라자스탄의 서부 혹은 남부지역으로 이동하는 근거지였던 셰카와티는 통상로로서 이제 그 기능을 상실했다. 델리에서 320㎞ 떨어진 이 도시는 대신 동부로의 이주를 위한 중요한 장소가 되었다. 왜냐하면 이곳에서 캘커타 등 동부 지역으로 가는 강 경로가 개발되었기 때문이다.

철도의 완공도 마르와리의 이주를 가속화시켰다. 1860년대 델리에서 캘커타에 이르는 철도가 건설된 후 미르자푸르_Mirjapur, 파루카바드

Farrukhabad 등 갠지스 강 주변의 뱃길 항구들은 쇠퇴하기 시작했다. 대신 칸푸르Kanpur 같은 철도역 중심지역으로 이주민이 몰렸다. 아삼으로의 마르와리 이주는 차茶 무역의 증가로 인해 더욱 활성화되었다. 봄베이와 중앙인도로의 이동은 아편과 면 무역이 시작되면서 증가했다. 동東 벵골로의 이동도 황마 무역이 성장함에 따라 가능해졌다.

전염병과 전쟁

　전염병과 전쟁 같은 상황적 요인들 또한 마르와리의 이주를 부추겼다. 1911년 중앙인도의 인구조사보고서는 "마르와리는 전염병이 출현하자 그들의 고향 내에서 혹은 다른 곳으로 이동한 최초의 이주자였다"라고 언급했다.

　마르와리가 주변 상황 변화에 누구보다 신속히 반응했다는 말이다. 중앙인도에서 1921년 마르와리 인구가 또 다시 감소했는데, 이 또한 전염병 때문이었다. 신문 보도에 따르면, 1890년대 말 여러 지역에서 투기시장이 잠시 주춤했다. 이는 전염병이 돌기 직전 마르와리들이 대피했기 때문이다. 또한 1890년대 후반 캘커타에서 활발하게 활동하던 마르와리 상인 비를라 가문 사람들이 사라진 것도 그들의 본사가 있던 봄베이에 발생한 전염병 때문으로 보인다.

　그러나 마르와리가 주변 상황 변화에 항상 민첩하게 반응했다고 단정하긴 어렵다. 그렇지 않은 사례들도 많기 때문이다. 예를 들어 1812년, 1868년, 1877년, 1891년, 1899년 등 라자스탄에서 여러 차례 심각한 기근이 발생했다. 그러나 이 시기에 다른 곳으로 이주한 비즈니스맨들의 숫자가 증가했다는 증거는 거의 없다. 아니 이와는 정반대로,

몇몇 관찰자들에 따르면, 마르와리 비즈니스맨들은 곡물들을 피해지역으로 나르는데 도움을 주었다고 한다.

마르와리는 자연 재해 현장에서 도피하기보다 적극적으로 나서서 피해자들을 돕기도 했던 것이다. 이런 점에서 보면 마르와리는 주변 상황변화에 민감하되 무턱대고 이동하지는 않은 것으로 파악된다. 이동할 상황이 무르익었다고 판단될 때 적극적으로 움직이는 것이다.

전쟁 발발도 마르와리의 이주를 가속화시켰다. 18세기 마라타Maratha 와 자트Jat의 침입은 세카와티 지역을 완전히 파괴했다. 상당수 주민들이 이 지역을 떠났고 남은 사람들도 언제든 떠날 준비를 했다. 여기에 18세기 초 이 지역의 무슬림 통치자가 라즈푸트 족에 의해 교체되면서 상인들은 토지 관리자로서의 역할을 빼앗겼다. 일이 없는 상인들은 타 지역으로 이주를 적극 고려했다.

요약하면 마르와리의 이주에는 다양한 요인들이 영향을 미쳤다. 마르와리가 거주하던 라자스탄 지역의 무역루트와 산업의 쇠퇴, 영국식민지 체제의 확립과 라자스탄 제후국에 대한 차별정책, 이에 따른 제후국의 정치적 무질서와 치안불안, 영국 식민지당국의 새로운 관세정책과 이에 따른 새 무역항로의 발전, 철도 등 교통수단의 발달, 제조업과 상업 등 산업의 발달, 그리고 전염병과 전쟁의 발생 같은 다양한 상황적 요인들이 마르와리의 이주를 부추겼다.

이런 상황과 더불어 영국 식민지당국은 자신들을 도울 경험 많은 중개인을 필요로 했다. 이 같은 정치, 경제, 사회적 상황은 마르와리에게 절호의 기회였다. 당시 마르와리는 일정한 자본과 신용 대부에 대한 접근성, 그리고 상당한 정도의 사업경험을 갖고 있어 영국이 필요로 하는 역할들을 수행할 수 있는 최적의 후보자였다. 마르와리는 이런 상황을 활용하기 위해 새로운 기회, 특히 경제적 기회를 찾아 적극적으로 이주에 나선 것이다.

비즈니스 기회 찾아
수만리 대장정

19세기 초 통신과 운송수단의 발달로 마르와리는 본격적으로 이주를 시작했다. 이때는 펀자브, 마하라슈트라Maharashtra, 웨스트벵골 등 인도 전역으로의 마르와리 대이동이 이루어졌다. 이 기간 동안 어떤 마르와리는 해외로도 진출했다. 최초의 마르와리 백만장자였던 바그완 다스 바글라Bhagwan Das Bagla는 버마(현재의 미얀마)로 이주했다. 마르와리 이주의 결과, 19세기 전반 캘커타와 봄베이(현재의 콜카타와 뭄바이), 파트나Patna 등 대도시는 선물환거래의 중심지가 되었다.

이주자들은 마르와리 회사에서 직업을 얻었다. 영국 동인도회사를 위해 일하는 인도인 에이전트인 구마스타스Gumastas나 중간상인인 아드하티Adhati였다. 이주지역에서 평판이 좋고 성공한 마르와리 가문들은 자신들의 고향에서 온 같은 커뮤니티의 사람들에게 최대한 도움을 주었다. 고향에 남아 있던 마르와리 상인들은 이런 소문을 듣고 이주에

인도의 주

대한 꿈을 더욱 키웠다.

마르와리의 이주는 1860년부터 1900년까지 약 40년간 가속화되었
다. 마르와리는 중앙인도와 봄베이의 교외지역, 오리사$_{Orissa}$ 및 비하르
지역, 하이데라바드$_{Hyderabad}$, 캘커타 및 벵골, 아삼 등의 도시에서 그 지
역의 뛰어난 상인 및 대금업자가 되었다. 이후 이들은 점차 무역, 수출
입업자, 은행업자, 증권중개인, 투자자, 투기자 등으로 활동 영역을 넓
히며 성공적으로 자본을 축적해 간다.

마르와리의 이주를 구체적으로 살펴보자. 18세기 후반부터 라자스탄에서 남부로의 이동하는 이주의 새로운 흐름이 나타났다. 이는 마르와리가 마라타 통치자들을 위해 일하려는 움직임이었다. 조드푸르, 비카네르Bikaner, 셰카와티 출신의 오스왈과 마헤쉬와리, 셰카와티 아가르왈로 구성된 이주민들은 말와로 향했고, 이후 중앙인도 및 남南인도의 다른 지역으로 나아갔다. 그들이 정착한 지역은 대강 현재의 마하라슈트라와 마디아프라데시MadhyaPradesh 주이다. 그들은 주 은행업에 종사하는 한편 직물, 아편, 곡물 등의 무역활동을 했다.

마르와리는 라자스탄에서 가까운 마하라슈트라와 중앙인도 지역으로 먼저 이주해 갔다. 이 지역의 마르와리는 은행업자와 군납업자로 이 지역 거주민인 마라타인Marathas들과 처음 관계를 맺었다. 마라타인은 17세기 후반에서 18세기에 마라타제국을 만들어 인도의 대부분을 차지했던 사람들이다. 마라타제국은 영국의 침략과 지배에 완강히 대항한 종족으로도 유명하다. 마라타인은 힌두의 인도·아리아인 그룹을 형성하는 전사들로 현재는 주로 마하라슈트라 주에 모여 산다.

마라타인은 18세기 말 북인도에 급습하기도 했는데, 마르와리는 이때 처음으로 마라타인을 대면한 것으로 보인다. 19세기 일부 마라타인은 봄베이의 마라티Marati어를 사용하는 지역에서 자리를 잡고 활동하고 있었다. 마르와리는 이 지역에서 마라타인과의 아편, 면, 곡물 등 거래를 시작으로 사업을 확장해 나갔다.

중앙인도와 말와는 라자스탄에서 가깝기 때문에 마르와리 상인들이 많이 몰려들었다. 18세기 말 라자스탄 남부에 위치한 괄리오르Gwalior, 보팔, 인도르는 강력한 정치적 중심지였다. 이 때문에 많은 수의

라자스탄 주의 상인 인구수

(단위: 천 명)

	칸델왈	아가르왈	오스왈	마헤쉬와리	사라오기	합계	전체인구
전 체	63	200	210	91	38	743	7,200
자이푸르	42	107	5	10	20	196	2,600
비카네르	-	16	24	17	1	58	1,700
조드푸르	-	9	110	29	6	172	1,900
우다이푸르	-	3	50	22	3	94	1,000
자이살메르	-	-	1	2	-	3	-
기타	21	65	20	10	8	220	-

출처: 1911년 인도인구조사(Census of India) 라즈푸타나와 아즈메르-메르와라 지역
* 합계는 해당 지역 마르와리 이외 포함

마르와리가 이곳으로 이주하였다. 라자스탄 안팎의 최고 통치자들도 상인들이 자신이 지배하는 지역에 이주하길 바랐다. 왜냐하면 상인들은 이주할 때 넉넉한 돈을 함께 가져갔기 때문이다.

　마르와리는 괄리오르 등의 지역 진출 시 이곳에 사는 토착민들로부터 큰 방해를 받지 않았다. 마하라슈트라와 중앙인도에 거주하는 토착민들은 상인으로서 많은 활동을 하지 않았기 때문이다. 그러니 토착민들이 굳이 마르와리의 이주를 반대할 이유가 없었다. 괄리오르와 보팔, 인도르 지역에서 마르와리의 가장 강력한 경쟁상대는 토착민이 아닌 구자라트 출신의 구자라티 상인이었다. 마르와리는 이곳에서 뛰어난 비즈니스 능력을 지닌 구자라티 상인들과 치열한 경쟁을 벌였다. 심지어 마르와리는 구자라티의 본거지인 아마드나가르_{Ahmednagar}와 같은 곳에서도 구자라티 상인들과 상권을 놓고 치열하게 경쟁했다. 결국

마르와리는 이 지역에서 구자라티 상인들과의 경쟁에서 승리해 시장을 장악한다.

아래는 중앙인도 지역 마르와리에 대한 영국의 여행가 존 말콤John Malcolm이 1829년에 언급한 내용이다.

> "중앙인도의 거의 모든 은행가와 환전상 그리고 많은 소매상은 구자라티 아니면 마르와리였습니다. 이들은 일반적으로 아주 오래된 정착자들은 아니었지요. 구자라티의 주요한 은행가들은 3세기 전쯤 왔고 마르와리는 그 후에 왔습니다. 그런데 시간이 지나면서 이 지역 마르와리의 수가 구자라티보다 급격히 많아지기 시작했지요. 19세기 초에는 데칸고원과 말와의 아편지역, 중앙인도, 마하라슈트라에만 수만 명의 마르와리 상인 기득권층이 존재했습니다."

데칸고원의 마르와리 이주자들은 주로 조드푸르에서 온 마헤쉬와리와 오스왈 카스트였다. 반면 말와의 마르와리 이주자들은 대개 자이푸르 북쪽의 셰카와티 아가르왈과, 캘커타에서 명성을 날리다 이곳으로 이주한 셰카와티 아가르왈이 비슷한 비율로 거주했다.

당시 중앙인도 지역에 있는 마르와리 회사들은 카스트별로 마헤쉬와리 178개, 오스왈 150개, 아가르왈 110개 등 총 440개 달했다. 이들 회사는 19세기 후반에서 20세기 초에 면과 오일시드(기름을 짤 수 있는 농산물) 무역으로 진출했다. 인도르에 있는 몇 개의 회사는 20세기 초 마침내 면직물과 식물성오일 공장을 설립했다.

중앙인도의 아가르왈 상인들은 19세기 후반 아편무역이 쇠퇴하면서 면화무역으로 관심을 돌렸다. 이들은 면화를 봄베이와 아마다바드의 공장에 공급했을 뿐만 아니라 영국, 나중에는 일본에까지 수출하였다.

중앙인도에서 가장 가깝고 붐비는 유통시장은 상업도시인 봄베이다. 43개의 아가르왈, 12개의 오스왈, 11개의 마헤쉬와리 회사의 대부분이 이주 초기에 봄베이에 세워져 정착했다. 이들 봄베이의 셰카와티 아가르왈과 마헤쉬와리는 직물과 투기무역에서 상당한 성공을 거둔다. 이들은 직물과 투기 등 두 분야에서 최고였다. 봄베이에서 활동하는 어느 누구도 이들의 적수가 되지 못했다.

그러나 이들은 봄베이의 상업적 위성도시로 여겨지던 파키스탄 신드Sind의 항구인 카라치Karachi에는 거의 진출하지 못했다. 왜냐하면 마르와리 이주민들은 그곳에 오래전부터 정착해 터를 잡고 있던 뛰어난 토착상인 구자라티 상인들과는 감히 경쟁할 수가 없었기 때문이다.

중앙인도의 중심지에 자리 잡은 마르와리 이주민들의 다음 단계 이동 방향은 하이데라바드의 남쪽이었다. 이들은 이후 남쪽 마드라스, 즉 오늘날의 첸나이와 마이소르로 향했다. 18세기 초 하이데라바드에서 아사프 자히Asaf Jahi 왕조가 시작됐다. 라자스탄에서 온 마르와리 금융인과 대금업자들은 아사프 왕조 정부를 위해 일하는 한편 주정부의 불안한 재정도 도왔다. 구자라트에서와 마찬가지로 하이데라바드의 대부분에서도 비즈니스 경쟁이 매우 치열했다. 그래서 마르와리는 하이데라바드주의 마라티어를 사용하는 지역의 거주민, 소위 마라트와다Marathwada라고 불리는 토착상인들과의 직접적인 경쟁은 피했다. 마르와리는 토착민과의 경쟁이 심하지 않은 곳에서 사업을 해 명성을 얻었다. 하이데라바드에는 22개의 오스왈과 33개의 마헤쉬와리 회사가 사업했다.

하이데라바드의 오스왈 회사들은 특히 영국 군부를 위한 군 은행가와 도급업자들로 활동했다. 이들 중 일부는 마드라스의 군부대로 갔고, 이들은 마드라스에서 마르와리의 정착을 위한 토대를 구축했다. 다른 오스왈 회사들은 벵갈루루로 이동한 후, 거기서 닐기리산Nilgiri Mountain과 콜라르Kolar 금광의 교외지역으로 다시 이동했다. 마리와리 회사들은 중앙인도에서와 마찬가지로 인도 남부지역에서도 대금업자와 곡물무역상으로 이름을 떨쳤다. 이후 그들 중 일부는 매우 큰 규모의 농토를 소유한 대지주가 되기도 했다.

센트럴 주와 마드라스로 불리던 오늘날의 첸나이 같은 인도의 중동부 지역에도 적지 않은 마르와리가 이주했다. 라자스탄에서 이 지역으로 이주한 사람들의 절반 이상이 상인 카스트에 속했다. 이들 카스트의 성인 구성원들은 거의 모두 오로지 비즈니스에만 종사하며 살았다. 대도시인 캘커타와 봄베이의 경우에도 라자스탄으로부터 온 이주자의 50% 혹은 그 이상이 상인 카스트 출신이었다. 센트럴 주나 마드라스 등 중동부지역의 상인 카스트 구성도 캘커타나 봄베이 등 대도시와 크게 다름이 없었다.

라자스탄에서 멀리 떨어진 동북부 캘커타로의 이동은 특히 1830년 이후에 급증했다. 캘커타로의 첫 마르와리 이주민들은 하천선船에 화물 관리인으로서 탑승해 이동한 것으로 보인다. 이들 하천선은 갠지스강 협곡 동쪽 끝에 있는 미르자푸르에 지사를 둔 대형 마르와리 회사들 소유였다.

이들 회사는 1840년대의 비즈니스 안내책자에 수록될 만큼 당시 매우 유명했다. 1860년대 이후의 캘커타 비즈니스 안내책자는 이때 이미 몇몇 마르와리 은행들이 캘커타에 여러 사무실을 내고 활동 중이었음을 보여준다.

캘커타에 이주한 마르와리는 처음에 대규모 마르와리 회사의 중개인이나 직원으로서 활동했다. 그런 다음 곧 자신의 비즈니스를 하기 시작했다. 유명한 마르와리인 람두트 고엔카Ramdutt Goenka는 1830년대 초 미르자푸르에 본사가 있는 대기업의 직원으로서 캘커타에 도착했다. 그는 1860년대 몇 개의 대기업과 거래하던 당시 최고의 인도인 중개인이었다. 나투람 사라프Nathuram Saraf는 고엔카 밑에서 직원으로 커리어를 시작했다. 사라프는 마르와리를 비롯해 자신의 고향 만다와Mandawa 주민들이 먼 곳까지 불편 없이 이주할 수 있도록 무료 숙소인 바사를 곳곳에 설치해 운영했다.

마르와리의 캘커타로의 이주 속도는 1858~1860년 델리~캘커타 철도가 건설된 이후 급속히 빨라졌다. 1864년부터 출판되기 시작한 캘커타시 전화번호부를 보면 시간이 갈수록 점점 더 많은 마르와리 회사가 상업명부나 도로명부에 등록되는 사실을 알 수 있다.

아가르왈 마르와리는 캘커타에서도 유명해졌다. 그들은 캘커타에 1830년경 이주했고, 30년 후에는 봄베이로 진출했다. 1813년 영국 무역업자들은 캘커타에서 상업 활동에 대한 허가를 얻은 후 몇몇 회사를 설립했다. 벵골 상공회의소의 연례보고에 따르면, 벵골에 소재한 여러 외국계 회사들은 인도에서 영국제 상품을 파는 한편 인도산 원자재를 영국으로 수출하고자 했다. 이를 위해 외국계 회사들은 상품 중계에

1961년 지역별 마르와리 이주자 수

(단위: 명)

지역	인구	지역	인구
안드라프라데시	1만 2,000	마이소르	1만 3,000
아삼	2만 2,000	오리사	5,000
비하르	3만	펀자브	20만 4,000
구자라트	15만 1,000	우타르프라데시	12만 4,000
마디야프라데시	28만	웨스트벵골	6만 4,000
마드라스	1만	델리	9만 4,000

출처: 1961년 인도인구조사(Census of India)

뛰어난 중개상들을 원했다. 이에 따라 마르와리 이민자들이 기회를 잡았고, 중개업에 적극 뛰어들었다. 마르와리는 많은 영국계 회사의 중개상이 되었다. 그들은 영국회사를 이끌어가는 기둥이 되었고 최고의 대우를 받았다.

마르와리가 아삼에 도착했을 때, 그들은 영국인들이 많은 이익을 내고 있는 사실을 간파하고 이들의 회사에 취직했다. 영국 무역업자들은 마르와리를 신뢰했고, 그들을 다양한 차원에서 활용했다. 그리고 그들에게 심지어 '비밀정보요원Secret Intelligence'이라는 이름을 붙여주기도 했다.

캘커타에 이주한 마르와리는 무역사업과 아울러 금융업에도 대거 진출했다. 초기 형태의 은행가인 마르와리 환전가들Shroffs은 캘커타 은행업에 대한 장악력을 점점 확대했다. 1864년 캘커타 비즈니스 명부에 나오는 은행가들을 출신 지역별로 보면 절반이 마르와리다.

시대별 마르와리 이주자 추세 (단위: 명)

	1881년	1891년	1901년	1911년	1921년	1931년
동 인도						
벵골	-	-	-	3만 7,000	1만 8,000	3만 3,000
비하르	6,000	1만 7,000	4만 1,000	1만 5,000	1만 7,000	2만 1,000
아삼	2,000	5,000	9,000	1만 2,000	1만 6,000	2만 2,000
버마	-	100	100	1,800	3,400	1,900
서 인도와 중앙인도						
봄베이	-	11만 4,000	13만 2,000	14만 1,000	12만 6,000	10만 8,000
센트럴 주	1만 9,000	2만 2,000	2만 7,000	5만 6,000	4만 3,000	5만 2,000
중앙인도	13만 8,000	23만 8,000	17만 3,000	17만 4,000	-	-
남 인도						
마드라스	-	1,200	1,500	1,500	1,400	-
하이데라바드	-	1만 9,000	1만 4,000	1만 4,000	8,000	7,000
기타						
연합 주	-	12만 8,000	12만 7,000	10만 3,000	6만 8,000	8만 2,000
펀자브	-	209,000	269,000	247,000	15만 1,000	19만 9,000

출처: 브리티시인디아인구조사리포트(Report of the Census of British India), 인도인구조사(Census of India)

그 외에 연합 주United Provinces와 펀자브 주의 경우에도 이주자의 절반 이상이 라자스탄 지역에서 온 사람들이었다. 특히 오리사 주는 상인 카스트의 실제 비율이 80~90%나 됐다.

물론 이 통계는 상인들의 이주와는 관계가 없는 교육과 결혼 등 모

주요 도시의 마르와리 이주 추세 (단위: 명)

	1901년	1911년	1921년	1961년
캘커타	1만 4,000	1만 5,000	-	3만 6,000
봄베이	7,000	1만 2,000	2만	5만 2,000
하이데라바드	1,000	6,000	4,000	-
칸푸르	3,000	-	3,000	-

출처: 인도인구조사(Census of India)
* 총 인구의 대부분을 차지하는 자이푸르와 비카네르 주에서 이주한 인구만 계산

든 종류의 단거리 이동도 포함한 것이다. 위 표에 나와 있듯이, 이 지역 출생표 통계의 절반 이하는 상인공동체의 구성원들이라고 보면 된다. 이주지역 대부분의 마르와리는 라자스탄에서 태어났고, 라자스탄에서 태어난 것으로 기록된 사람의 대부분은 상인 카스트 구성원이다. 영국의 식민지 체제하에서 인도의 상업이 극적으로 발전하고 이주한 마르와리 공동체가 크게 번영하면서 마르와리는 외지로 보다 대규모로 이주하기 시작하였다.

뛰어난 교역상인과
대금업자로 활약

아편과 인디고 무역 장악

마르와리 이주자들은 처음에 작은 가게를 운영하며 사업을 시작하였다. 이들의 초기 사업비용은 아마도 그들 공동체의 도매유통업자들이 모금한 것으로 추정된다. 이들 마르와리는 빠른 기간에 소규모 교역상인과 대금업자가 되었고, 처음엔 아편, 나중엔 면화와 같은 영국에 수출할 작물재배 자금을 지원하였다. 이들의 자금원은 큰 회사들의 경우 후에 다루는 비카네르와 아즈메르에 기반을 둔 금융회사들이다.

말와는 오랜 전통이 있는 아편 재배 지역이다. 말와의 아편 소작농들은 아편무역이 독점적으로 이루어진 벵골 지역보다 세 배 더 비싼 가격을 받았다. 이 때문에 말와 지역에서 아편 재배가 크게 증가했다. 양귀비 재배의 확장과 아편무역은 이 사업과 관계된 막강한 그룹들을 출현시켰고 막대한 이익으로 사회 기득권층이 되었다. 가장 중요한 사람들은 대금업자 겸 소규모 무역업자, 중개인, 그리고 도매상인들이었다.

이들은 라자스탄과 구자라트에서 온 이주상인으로 구성된 계층이었다. 영국정부는 벵골에서와 마찬가지로 말와의 아편무역이 독점화되지 못하도록 규제했으나 성공하지는 못하였다. 결국 영국정부는 1830년 이후 말와의 아편무역을 제한하려는 시도를 그만두었다. 대신 정부는 벵골에서의 아편 생산을 촉진시키고 활용하려고 노력했다. 이를 위해 말와 아편무역에 참여하는 자들에게는 높은 세금을 부과하였다. 말와에서 생산된 아편은 주요한 수출 수단이 되었다.

말와와 갠지즈강 포구에 지사를 둔 많은 대규모 기업들은 은행업과 수입품 유통, 아편사업을 통하여 상당한 돈을 벌었다. 그 대표적인 예가 나왈가르Nawalgarh 지역의 데브카란다스 람쿠마르Devkarandas Ramkumar, 람가르 지역의 타라찬드 간쉬암다스Tarachand Ghanshyamdas와 소지람 하르다얄Sojiram hardayal 같은 기업들이다. 이들 기업은 캘커타와 봄베이의 항구도시에 거주하는 다른 상인공동체들에 수출입 무역의 일부 업무를 위탁할 정도로 사업이 잘 되었다.

말와에서 아편무역이 발달하는 동안 영국은 1757년 이후 비하르 등 인도 중북부지역에 대한 지배권을 확보했다. 이에 따라 갠지스 계곡에서 서쪽(연합 주, 비하르, 벵골)으로의 아편 수출입도 증가하였다. 이 경로에서도 지역 마르와리 회사들은 아편무역에 적극적으로 참여했다. 1830년대 파루카바드와 미르자푸르에 기반을 둔 마르와리 소유의 대형 회사인 세바람 람리크다스Sevaram Ramrikhdas가 발간한 책들을 보면 아편이 마르와리 회사들의 주요 상품이었음을 보여준다.

(단위: 백만 파운드)

연도	총 수입량	면제품 수입량
1866년	29.5	11.8
1913년	107	41
1916년	100	33

출처: 1860~1869년 브리티시인디아 통계청

청색의 천연염료인 '인디고'도 마르와리 상인들의 주요 취급 품목이었다. 당초 인디고무역은 유럽회사들이 전담했다. 하지만 영국정부가 유럽회사들이 생산하는 내륙산 인디고 대신 벵골산 인디고를 선호하면서 1780년 이후 마르와리 상인들이 이를 본격적으로 취급하기 시작했다. 인디고는 주로 영국계 회사들이 생산했다. 인도기업이 직접 인디고를 생산하는 경우는 드물었다. 마르와리 상인들은 인디고 생산업체를 대상으로 자본가 역할을 했다. 이들은 주로 인디고를 생산하는 영국 회사들에 자본을 댔다. 마르와리 회사 가운데 잠시나마 직접 인디고를 생산한 곳은 세바람 람리크다스와 드와르카나트 타고르Dwarkanath Tagore 등이다.

당시 마르와리에게 순면은 아편, 인디고와 비교했을 때 비교적 덜 중요한 수출품이었다. 면 피륙과 생사生絲는 한때 인도의 주요 수출품이었으나 영국의 산업혁명 등 여러 이유 때문에 쇠퇴하였다. 수입품으로는 주로 옷감과 외국의 제조업 제품이었고, 국내무역은 정제버터인 기Ghee와 담배에 집중되었다. 오늘날 캐시미어 울로 만든 숄이 인기를 얻고 있는데, 이는 몇몇의 마르와리 회사들 특히 타라찬드 간쉬암다스

연도	1869년	1898년	1913년	1916년	1924년
면화	20	7	27	24	91
원 황마	2	-	21	11	29
황마제품	-	-	19	28	52
쌀	3*	11	18	13	38
오일 시드	2	8	17	11	33
차	-	5	10	11	33
아편	11	5	2	1	1
인디고	3	2	-	1	-
면제품	-	1	2	9	11
가죽	-	5	16	16	14
밀	-	7	119	116	19
합계	52	73		158	385

출처: 1860-1869년 동안의 브리티시 인디아 통계청 자료.
* 쌀과 밀을 포함

가 거래를 시작한 상품이기도 하다.

1780~1820년 약 40년간 셰카와티 아가르왈 출신 무역업자들로 이루어진 마르와리 이주자들은 도압과 갠지스 계곡에 대규모 곡물시장을 세웠다. 갠지스 계곡 지역은 구체적으로 쿠르자Khurja, 하푸르Hapur, 하트라스Hatras, 미르자푸르 등이다. 여기서 마르와리는 이주 초기에 토착민과 펀자브 출신 카트리 무역업자들로부터 도전받았다. 그러나 이들 비非마르와리 무역업자들은 곡물시장이 위치한 마을보다 베나레스, 알

라하바드Allahabad, 러크나우Lucknow, 아그라Agra 등 정치와 종교적 중심지에 더욱 집중했다. 이에 따라 마르와리 회사들은 다른 회사들의 도전을 그다지 심각하게 받아들이지 않았다.

투기의 달인 마르와리

무역을 장악함과 더불어 투기시장에 능했던 것도 이주 마르와리인들이 성공할 수 있었던 요인이다. 1860년 이후 캘커타의 투기시장이 발달하면서 많은 마르와리가 이 시장에 참여해 성공했다. 이들 마르와리 상인은 아편과 황마 투기에 대단히 능했는데, 이로 인해 상당한 재산을 벌었다. 세트 빌라시라이 케디아Seth Bilasirai Kedia, 람다얄 네바티아Ramdayal Nevatia, 구즈라즈 싱하니아Gujraj Singhania, 람가르 출신의 조키람 루이아Jokhiram Ruia, 그리고 나투람 포다르Nathuram Podar 등은 아편무역으로 큰돈을 벌어 '아편시장의 큰손'으로 유명해졌다.

그 외 유명한 마르와리 투기자로는 JK 비를라, 하르두트라이 차마리아, 사룹찬드 후캄찬드Sarupchand Hukamchand, 스와룹 찬드 룽타Swaroop Chand Rungta 등이다. 차투르브루즈 피라말Chaturbjuj Piramal은 1930년에 뛰어난 목화 브로커였다. 나왈가르 출신의 유명한 인물로는 람릭다스 파르사람푸리아Ramrikhdas Parsarampuria 고빈드람 세크사리아Govindram Seksaria와 아난디랄 포다르Anandilal Podar 등이 있는데, 이들은 1930년대 목화와 은 투기로 널리 이름을 알렸다.

사룹찬드 후쿰찬드는 많은 투기적인 시장에서 크게 활동한 아편 투기업자였다. 그가 1915년 캘커타에 사무실을 열었을 때 첫날에만 500만 루피의 물건을 팔았다. 사룹찬드는 성공적인 투기로 1914년에

1,000만 루피를 벌었고 1918년에도 750만 루피를 벌어들였다.

마르와리가 투기시장에 개입하면서 아편과 황마 선물시장은 마르와리의 전유물이 되었다. 이에 비해 마르와리는 주식시장에서는 그다지 두각을 나타내지 않았다. 그러나 제1차 세계대전 직전부터 주식시장에 투자하는 마르와리 숫자가 크게 증가하였다.

황마산업 진출과 장악

황마는 열대고온 지방에서 많이 자라는 섬유작물이다. 주로 재봉실과 마대의 원료로 쓰인다. 인도의 벵골지방에서 전 세계 생산의 90%를 담당한다. 원래 캘커타 주변 황마무역은 토착 벵골 상인들이 주로 담당했다. 그러다 지반말 벵골리Jivanmal Bengali와 같은 오스왈 상인들이 관심을 보이기 시작했고, 1900년부터는 마르와리 공동체의 여러 조직들이 관심을 보였다. 이에 따라 1900년에는 캘커타 황마업자의 절반 이상이 마르와리였다.

황마는 캘커타의 공장에 팔리거나 해외로 수출되었다. 몇몇 예외를 제외하고 캘커타의 공장들은 황마를 유럽 중개인을 통해 사들였다. 인도인들은 그들의 하위 중개인밖에 될 수 없었다. 수출을 위한 황마는 런던에 지부를 둔 전문 해운회사들에 팔렸다. 시간이 지나면서 여러 도매상들로부터 가공되지 않은 황마를 구입한 인도인 황마업자들은 점차 런던이나 다른 나라에 거주하는 중개인을 고용해 쓰기 시작했다. 당시 전적으로 유럽인이었던 해운회사들은 제1차 세계대전 전까지는 대개 자체 포장시설을 갖추게 된다. 이에 따라 인도인 포장업자들은 런던의 중개인을 통하여 직접 제품의 상당량을 선적하기 시작했다.

제1차 세계대전 바로 직전의 몇 해 동안 마르와리는 '푸카Pucca'라는 수출용 황마압축기를 상당수 보유했던 것으로 보인다. 황마압축기는 황마중개업을 위해 황마잎을 압축할 때 사용하는 값비싼 기계였다. 라자스탄 치라와Chirawa 출신의 마르와리 상인 둘리찬드 카크라니야Dulichand Kakraniya는 1872년에 황마압축기를 구입하였다. 또 대기업인 수라즈말 나가르말의 설립자 수라즈말 잘란Surajmal Jalan은 1911년과 1913년, 그리고 1916년 세 차례에 걸쳐 세 개의 황마압축기를 구입했다. 1911년 인구조사에 따르면 캘커타에서 스물네 명의 황마압축기 소유주 가운데 열 명이 유럽인이었고, 아홉 명이 마르와리였다고 한다. 즉, 마르와리가 유럽인에 이어 캘커타 황마산업을 장악했던 것이다.

실제 황마업자 통계를 한번 살펴보자. 캘커타의 황포업자협회Jute Balers Association는 1892년에 출범했다. 당시 이 협회는 인도인과 유럽인 모두 회원으로 있었는데 대다수가 유럽인이었다. 그러나 이후 마르와리가 빠르게 협회를 장악해 간다. 출범 후 8년만인 1900년의 회원 명부에는 총 일흔네 명의 황포업자 회원 가운데 마흔아홉 명이 마르와리인이었다.

그럼에도 불구하고 마르와리는 인도인이라는 사실 때문에 비즈니스에 제약을 받았다. 예를 들어 마르와리 황포업자들과 중개인들은 실질적으로 황포거래가 이루어지는 로열거래소에 들어가기 어려웠다. 마르와리는 대책을 강구하기 시작했다. 그 결과 1909년 마르와리의 황마거래를 위한 독자적 거래협회Baled Jute Association를 설립했다. 이는 바드리다스 고엔카Badridas Goenka를 비롯한 많은 선구적 마르와리 상인들의 노력의 결실이었다. 이에 따라 마르와리는 캘커타 지역 황마사업을 거의 독점하기 시작한다.

벵골인 회사들도 황마사업에 참여하고 있었지만 경쟁자인 마르와리를 능가할 수 없었다. 벵골인 회사들은 마르와리의 끈끈한 사업망에 막혀 사업 확장에 어려움을 겪었다. 마르와리의 황마사업은 이제 거칠 것이 없었다. 제1차 세계대전 직전과 제1차 세계대전 동안 마르와리는 유럽의 전유물이었던, 마대자루로 포장해 황마를 거래하는 마대무역을 시작했다.

마르와리
전국으로 진출하다

마르와리의 진출 경로

주요 마르와리 기업들은 1850년에 이르러 인도 전역에 지사를 갖춘다. 그 중에서도 캘커타에서 초창기 대표적인 마르와리 회사였던 소지람 하르다얄Sojiram Hardayal은 캘커타와 미르자푸르, 파루카바드, 그리고 중국에 지사를 둘 정도로 번성했다. 그러나 이 회사는 1850년대 후반 아편시장에 잘못 발을 들였다가 궁지에 몰려 무너졌다. 이어 다른 마르와리 회사 타라찬드 간쉬암다스가 강력히 부상했다. 이 회사는 말와의 아편과 면화 재배지와 강 포구 주변에 위치한 미르자푸르, 파루카바드, 파트나, 그리고 캘커타와 봄베이의 항구에 걸쳐 광대한 지사를 설치했다.

이들 회사만이 아니다. 람가르 출신의 포다르 가문, 팔로디Phalodi 출신의 다다스Daddas, 그리고 중앙인도의 유명한 기업들인 세바람 쿠샬찬

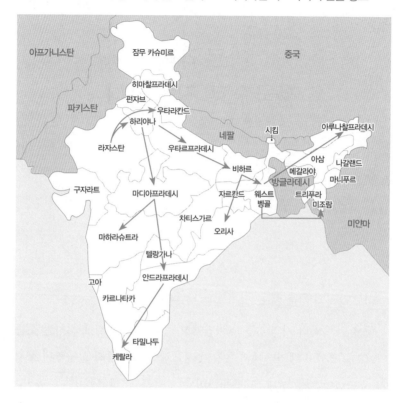

라자스탄 지역의 사막 상인에서 인도 전역으로 퍼져나간 마르와리의 진출 경로

드 말파니Sevaram Khushalchand Malpani와 반실랄 아비르찬드 다가Banshilal Abirchand Daga도 인도 전 지역에 고루 지사를 설립했다. 반면 초창기의 또 다른 선도 회사인 세바람 람리크다스는 1847년에 공중 분해됐다. 이 회사는 칸푸르, 미르자푸르, 파루카바드, 캘커타에 소재한 여러 회사들에 의해 계승되었다.

칸푸르 소재 기업의 소유주는 오늘날 유명한 싱하니아Singhania 기업가들의 조상이었다. 사두람 람지다스Sadhuram Ramjidas 회사도 갠지스 계곡을 따라 쭉 펼쳐진 도시에 지사들을 갖고 있었다. 1840년대 이 지역을 아우르는 상업 안내책자에는 미르자푸르와 파루카바드의 지사들과 함께 12개의 '추루 상인'의 목록이 기록되어 있다. 추루는 라자스탄의 세카와티 인근 작은 마을로 19세기 이후 많은 성공한 상인들을 배출한 곳이다.

마르와리는 라즈푸타나에서 인도의 동북쪽으로 이동할 때 비하르의 주도인 파트나, 다카Dacca, 무르시다바드 등을 거쳐 캘커타로 이주했다. 이후에는 북 벵골 지역, 그 중에서도 특히 쿠치베하르Cooch Behar, 잘파이구리Jalpaiguri, 다르질링Darjeeling 등으로 이주하였다.

인도 동북 지역에서 초기 마르와리의 존재는 1596년으로 거슬러 올라간다. 당시 무굴제국의 벵골지방 총독인 만 싱Man Singh이 영국의 지배에 놓인 마하라자(토호국 왕) 락시미 나라얀Lakshmi Narayan을 구하러 이 지역에 왔을 때였다. 그 해에 마하라자 락시미는 자신의 여동생인 프라바바티Pravabati를 만 싱과 결혼시켰다. 이 결혼동맹은 코치-라즈푸트Koch-Rajput 간의 혈연동맹이라는 점과 마르와리가 라즈푸트의 피를 갖고 있다는 점에서 큰 의미가 있다. 만 싱이 이 지역에 왔다는 사실은 많은 마르와리도 그와 함께 왔다는 사실을 의미한다. 이때 마르와리는 대규모의 병력들에게 군수물자를 제공하기 위해 무사 혹은 상인들로 가장하여 만 싱과 함께 왔다.

이후 마르와리 상인들은 인도의 거대한 상업벨트인 동북지역 상권도 서서히 장악해 간다. 마르와리가 북 벵골지역으로 이동하고 인도 동북상권을 장악해가는 모습은 쿠치베하르 이주를 중심으로 살펴보기로 한다.

마르와리는 쿠치베하르로 이주하는 데 있어 두 가지 루트를 따랐다. 하나는 델리, 칸푸르, 러크나우, 카티하르Katihar 그리고 팻그램Patgram을 통하는 것이고, 다른 하나는 델리, 캘커타, 말다, 디나즈푸르, 랑푸르 그리고 랄마니르햇Lalmanirhat을 통한 다음 쿠치베하르로 가는 것이었다. 이용한 교통수단은 대부분이 도보였다. 때로는 낙타나 숫소가 이끄는 카트, 보트의 도움을 받았으며 나중에는 기차를 이용했다. 자연스레 시간이 많이 걸리고, 비싸고, 힘들고, 모험적인 이동이었다. 그럼에도 불구하고 마르와리의 용맹한 천성과 불굴의 정신은 그들로 하여금 모든 문제들을 극복할 수 있게 했다. 그들이 이 지역으로 이주하는 동안 후에 성공하는 몇몇 위대한 마르와리의 고생담은 충분히 들을 가치가 있다.

마르와리 이주는 짧은 시간에 이루어지지 않았다. 그 속도는 점진적이었고 자연스러웠다. 라자스탄에 있는 가족의 남자 구성원이 부를 찾기 위하여 처음 이 지역으로 먼저 오고, 이곳에서 몇 년 동안 머무른 다음 사업을 했다. 이렇게 먼저 자리를 잡고, 이후 고향에 남아있던 다른 가족 구성원들을 이곳으로 데리고 와서 자신의 비즈니스를 함께할 수 있도록 도와주었다. 가족뿐 아니라 먹고 살아가기 위해서 이곳을 찾은 곤경에 처한 이웃들도 종종 도왔다. 예를 들어 이들 이웃에게 무료 숙박과 급식을 제공하고, 또 자신의 회사에서 자리가 잡힐 때까지 일하게 했다. 이러한 관습은 벵골 지역뿐 아니라 인도에 전역에 걸친 마르와리 이주자들의 공통적인 특징이었다.

쿠치베하르 지역에서 마르와리는 온갖 종류의 비즈니스에 종사했다. 예를 들면 대부업, 주식업, 수출입업, 도소매업 등이다. 이와 관련,

1884년 출판된 《쿠치베하르의 역사》라는 책에는 다음과 같이 기술돼 있다.

> "이 지역에서 무역과 상업은 주로 외부 상인들에 의해 통제되고 있는데, 그들 중 대부분은 마르와리 상인들이다. 이들은 주로 조드푸르, 비카네르, 무르시다바드 등에서 왔다. 그들의 주요 비즈니스 활동은 주도를 중심으로 진행되고 있지만 그들 중 일부는 여러 시골에 분점을 두고 있다."

쿠치베하르에서 대규모 토착상인 커뮤니티의 부재로 마르와리는 손쉽게 시장을 장악한 후 이 지역 무역과 상권을 지배했다. 따라서 마르와리는 이 지역에서 가능한 많은 이득을 취할 수 있었다.

쿠치베하르는 근린지역 내 무역의 중심지 중 하나였다. 판매되는 물품들은 담배, 황마, 쌀, 콩 그리고 겨자씨 등이었다. 주요 수출품은 담배, 황마, 겨자기름, 쌀 등이었고 주요 수입품은 옷, 소금, 도구, 설탕, 향신료 등이었다. 담배, 기름 그리고 황마는 인근 지역에 보트를 이용하여 수출되다가 북 벵골에 철로가 개설된 이후에는 철로를 통해 이 지역에서 생산되는 많은 양의 상품이 수출되었다.

살펴본 것처럼 19세기에 쿠치베하르 마을이 매우 활발한 교역지였다는 것은 분명하다. 또한 마르와리 상인들이 이 모든 활동에서 매우 활동적이고 지배적인 역할을 수행했다는 사실도 알 수 있다. 쿠치베하르 왕가의 후손인 하렌드라 나라얀 차우드후리Harendra Narayan Chaudhury는 쿠치베하르 시장에 있는 많은 마르와리와 벵골인의 상점에는 온갖 종류의 현지 토착상품과 외지상품들이 가득했다고 기록했다.

차우드후리는 쿠치베하르 마을에 자이나교 사원이 있다고도 언급했다. 힌두교와 더불어 자이나교는 마르와리의 주요 종교다. 이것은 명백하게 상당히 많은 수의 마르와리들이 이 마을에 살았고, 그들이 자이나교 사원을 세웠다는 사실을 나타낸다.

한편 이 지역 경제는 도로가나 강가에서 성장한 '분다르Bundar'에 의해 활성화됐다. 분다르는 보다 작게 세분화된 마을들에 자리 잡은 작은 매매시장을 말한다. 쿠치베하르에서 분다르의 숫자는 19세기 후반 25개에 달했다. 많은 마르와리 상인은 사업하기 위해 분다르 주변으로 모여들었다. 심지어 교통이 좋지 않아 교역이 거의 이루어지고 있지 않은 오늘날에도 마르와리 황마회사들이 아직 존재한다. 쿠치베하르의 분다르는 사업상 매우 중요했기 때문에 마르와리 상인들은 자연스럽게 이곳에서 큰 상점들을 운영했다.

쿠치베하르에서 마르와리가 개척하지 않은 무역과 상업 분야는 거의 없었다. 꽤 오랜 시간 동안 마르와리는 대부업, 황마 저장업, 주식 비즈니스, 중개료 대행, 도소매업, 수출입업, 호텔, 식당, 창고경영 그리고 최근에는 차 재배와 차 공장 등 온갖 종류의 사업에 직간접적으로 관여했다. 벵골의 지역 색인은 이 지역의 교역과 상업 활동에 대해 다음과 같이 묘사하고 있다.

"여기(쿠치베하르)에서는 검은 수염을 한 세련된 모습의 마르와리들이 자신들의 옷 가게 의자에 앉아 그들이 가장 좋아하는 코끼리 신 가네샤Ganesha 신상神像이 조각된 목재 문 앞에서 미스테리한 회계장부를 끊임없이 작성하는 것을 흔히 볼 수 있다. 이와 함께 허울만 그럴듯하게 언변에 능한 카시미르와 펀자브 출신의 상인들, 평지에서 온 자그마한 체구의 힌두교도 상점주인들, 그리고 다양한 국적을 가진 산지 지역출신 사람들, 예를 들면 건장한 시킴 사람들, 부호 티아인Bhotias, 차분하면서도 활동적이고 기민한 네팔 사람들도 흔히 목격할 수 있다."

당시 많은 상인 단체들이 마르와리보다 더 오랜 시간 동안 쿠치베하르 지역의 교역과 상업 활동에 종사하고 있었다. 그럼에도 불구하고 마르와리는 이 지역에서 행해지는 모든 교역과 상업 활동에 있어 선구자였고 지배적 위치를 확보했다. 당시 지역지명 색인에는 다음과 같이 쓰여 있다.

"마르와리는 카다몬, 오렌지, 감자 수출의 대부분과 거의 모든 소비재의 수입을 장악했다. 게다가 마르와리는 소비재의 소매 영업과 생산물의 구매를 독점함으로써 소비자와 생산자를 거의 완전히 통제했다. 마르와리가 이 지역의 경제 발전에 매우 중요한 부분이라는 사실을 부정할 수 없다. 마르와리는 여전히 이 지역의 경제생활에 중요한 부분을 차지하고 있다. 마르와리가 이처럼 경제활동에서 지배적인 위치를 확보한 요인은 그들의 높은 업무 효율성과 대담성, 근면함에 기인한다."

덧붙여 이 지역에서 기업농의 역사가 풍부했던 점도 마리와리의 출현에 매우 이상적인 조건이 되었다. 이 지역의 지리적 특성은 지역마다 매우 다르다. 자연히 지역의 경작 가능한 농산물도 매우 다양했다. 쌀, 밀, 보리, 수수, 옥수수, 감자, 오일시드, 황마, 담배, 오렌지, 카다몬, 키니네 그리고 모든 차, 커피와 같은 다양한 종류의 농산물이 이 지역에서 광범위하게 경작됐다. 언덕에서는 주로 벼, 옥수수, 감자, 카다몬, 오렌지, 커피, 키니네가 재배되었고, 나머지 곡물은 평지에서 재배되었다.

게다가 이곳은 울창한 숲으로 뒤덮인 곳이다. 그래서 이 지역은 항상 자원이 풍부했다. 필요한 일은 적절한 관리와 경영이었다. 그리고 그것을 할 수 있는 사람은 오직 영국인뿐이었다. 당시 영국인들은 이 지역의 사회경제적 생활에 엄청난 책임을 지고 있었다. 그리고 이는 결국 마르와리와 같은 특정 상인계급이 출현하도록 돕는 중요한 자극제가 되었다.

캘커타의 육상과 해상무역 장악

1880년부터 마르와리는 중개 브로커로서 캘커타를 비롯한 인도의 동북지역에서 카트리 상인과 벵골리 상인들을 대체하기 시작했다. 19세기 말에 이르러선 마르와리는 총독 관저에 초대받을 만큼 엄청난 영향력을 가지게 된다. 캘커타의 부라바자르 시장Bura Bazaar은 이들의 주요 비즈니스 센터였다. 이즈음 캘커타의 황마무역 또한 마르와리의 손에 들어갔다.

캘커타에서 대부분의 무역은 바닷길이든 육지 통상길이든 마르와리의 수중에 있었다. 1921년 인구조사는 당초 영국회사들이 캘커타에 설립될 때 벵골리와 카트리, 마르와리가 모두 중개상인과 브로커의 자리를 점유하고 있었으나, 1813년과 1903년 사이 마르와리가 국가 간 무역에서 매우 중요한 역할을 차지하게 됐다고 적고 있다. 그 이유에 대해 마르와리의 검소한 생활과 정직함, 근면한 생활방식 때문이라고 덧붙이고 있다.

역사학자 반다리Bhandari도 금융, 방앗간의 소유권, 옷 판매 등을 포함한 인도르 지역 대부분의 사업을 마르와리가 지배했다고 말한다. 이민의 아주 초기부터 마르와리는 특히 곡물과 아마씨의 무역업자로, 그리고 뱅커와 브로커로 칸푸르에서 이름을 날렸다. 이어 그들은 옷 중개상으로서 캘커타에서 그랬던 것처럼, 카트리 상인들을 점차 대체했다.

지금까지 살펴보았듯이, 당시 마르와리가 도전하지 않았던 사업은 거의 없었다. 상품의 대부분은 옷, 쌀, 콩, 소금, 기름 등 시장에서 많이 팔리는 소매상품들이었다. 시장에 가게를 갖고 있는 마르와리는 도매업을 했다. 그러나 그들은 소비재 소매 판매사업도 도외시하지 않았다.

또 많은 이들은 새로 이주한 곳에서 다양한 상품으로 도매사업을 시작했다. 인구가 빠르게 증가하면서 호텔사업의 전망이 밝아지자 마르와리는 즉시 호텔사업에 뛰어들었다. 시간이 지나면서 새로운 환경에 적응한 마르와리는 시멘트, 주석, 파형지붕, 가정용품, 가구, 식당, 당과제품, 전기 및 전자제품, 자동차, 모터 부속품 등의 사업을 시작했다.

최근에는 마르와리가 양로원을 개관하는가 하면 병원, 법률사무소, 회계사무소, IT 회사 등을 설립하기도 한다. 마르와리의 전통적인 영역을 벗어나 다양한 분야로 비즈니스를 확대하고 있는 것이다. 결론적으로 마르와리가 이주한 전 인도에 걸쳐 이들의 사업은 대단히 성공적이었다고 할 수 있다.

동부 국경을 넘어 미얀마까지 진출

마르와리 이주자들은 서서히 브라마푸트라Brahmaputra 계곡을 거슬러 올라가 북 벵골을 거쳐 아삼 주로 이동하였다. 1850년 아삼 주에서 첫 마르와리 회사가 생겼으나 1870~1880년대 철도가 개통된 후에야 많은 마르와리 상인들이 아삼 주로 이주하기 시작했다. 비하르와 인도 서부에서처럼 아삼에서도 많은 마르와리 회사가 일반 상품의 구매와 더불어 지역 농작물의 구입과 자금융통을 병행했다.

시간이 지나면서 이들 마르와리 회사는 많은 자금을 축적하게 됐고, 이에 따라 영국인들이 소유한 차 농장인 다원茶園에 자금을 댈 정도로 규모가 커졌다. 심지어 제1차 세계대전 후에는 마르와리 회사들이 영국인 소유의 일부 다원을 매입하기도 했다. 아삼은 차 산지로 유명하다. 마르와리 회사들이 차 산업에 본격적으로 진출하기 시작한 것은 1947년 독립 이후부터다. 오스왈과 세카와티 아가르왈은 아삼과 북 벵골 지역의 도매무역을 독점했다. 영국 소유의 차 농장에 공급하기 위해 그들은 캘커타 금융사의 대출을 통해 차 무역에 많은 자금을 대주었다. 또한 버마에 이주한 마르와리들도 쌀이나 다른 잡동사니 수출무역에 참여했다. 다만 버마의 마르와리는 남인도 출신의 무역 공동체 체티아르 상인들에 비해선 영향력이 처졌다.

이렇게 점진적으로 인도 전역으로 진출한 마르와리는 인도 전역에서 활발하게 활동하는 상인집단으로 자리 잡게 되었다.

18세기 '인도의 로스차일드' 자가트 세트 가문의 부흥과 몰락

가난한 마르와리 보석상에서 '세계의 은행가'로

오늘날 최고의 마르와리 기업인으로 비를라 가문을 꼽는다면 18세기에 명성을 날리던 최고의 마르와리는 자가트 세트Jagat Seths 가문이다. 자가트 세트란 사람의 이름이 아니라 '세계의 은행가'라는 영예의 호칭이다. 자가트 세트 가문은 당시 인도 상공업의 중심지인 벵골지역에서 가장 부유했던 금융 가문이었다. 그래서 유럽에서 가장 번성했던 금융 가문 로스차일드Rothschild와 비교해 '인도의 로스차일드' 가문이라고 불린다. 자가트 세트 가문은 금융계는 물론 비즈니스, 정치, 종교적으로 압도적 영향력을 행사했다. 그에 따라 자가트 세트 가문은 이후 인도에서 마르와리 기업들의 성공을 돕는 주춧돌 역할을 했다.

자가트 세트의 기원은 1650년대쯤 히라난드 사후Hiranand Sahu로 거슬러 올라간다. 그는 마르와리의 고향 라자스탄 주의 마르와르 인근 나고레Nagore에서 가난한 보석상 아들로 태어났다. 살기도 어려웠고 제대로 된 교육도 받지 못했다. 그는 끼니를 해결하고 큰돈을 벌기 위해 인도 동북쪽에 위치한 도시 파트나로 이주한다. 파트나는 당시 매우 붐비던 비즈니스 중심지였다. 마땅한 교통수단이 미비했던 상황에서 수천 킬로미터에 이르는 대장정이었다. 그는 오직 성공하겠다는 일념으로 고난의 여정을 이겨냈다.

파트나에서 그는 유럽계 상인들을 상대로 해 돈을 빌려주는 대금업자가 되었다. 대금업은 마르와리들에게 익숙한 사업이었다. 나중에는 유럽계 상인들을 상대로 초석硝石 거래도 했다. 당시 초석은 화약원료로 쓰이는 등 용도가 다양해 유럽계 무역업자들에게 매우 인기 있는 물건이었다. 히라난드 사후의 대금업과 초석 거래는 나날이 번창했다.

그는 사업 규모를 키우고 싶었다. 그에겐 일곱 명의 아들이 있었는데, 이들 모두를 인도 전역에 파견해 사업망을 확장하는 한편 각자 사업을 도모하도록 했다. 아들들은 인도 각지에서 대금업 등으로 모두 자리를 잡았다. 아들 가운데 가장 탁월한 비즈니스 능력을 보인 사람은 장남인 마니크 찬드Manick Chand였다. 마니크 찬드는 당시 벵골의 수도인 다카Dacca에 자리를 잡았다. 다카는 오늘날 방글라데시의 수도이다.

마니크 찬드는 그곳에서 가족 비즈니스인 대금업 네트워크를 확장함과 동시에 당시 비단과 면화, 아편 등이 대거 거래되던 다카 시장에 진입한다는 목표를 가졌다. 그는 뛰어난 비즈니스 능력을 과시했고, 그의 사업 규모는 날로 커졌다. 그런 과정에서 마니크 찬드는 정권 실세인 통치자들과 친하게 된다. 그를 신임한 통치자들은 그에게 국고國庫와 세금 관리 등을 맡겼다. 그는 세금을 걷고 관리하는 최고의 책임자인 재무상에 올랐다. 똑똑하고 대담하기도 했던 그는 다카에서 많은 돈을 벌었을 뿐만 아니라 막강한 권력과 영향력을 행사했다. 그 결과 1715년 인도를 통치하던 무굴제국의 황제는 그에게 '세트(은행가)'라는 직위를 수여했다. 향후 자가트 세트 가문을 형성할 최초의 '세트'가 출현한 것이다.

당시 마니크 찬드가 가진 금과 은, 에머랄드 등 보석은 너무도 많아

감히 셀 수조차 없었다고 한다. 일설에 따르면, 그의 재산은 그가 소유한 금과 은 등 보석으로 댐을 쌓아 갠지스 강을 막고도 남을 정도였다고 한다. 당시 전 인도에 걸쳐 그에게 필적할만한 재산을 가진 사람은 없었다.

마니크 찬드는 재산을 일구는데 천재적인 능력을 보였을 뿐만 아니라 가난하고 소외된 사람들을 위해서도 아낌없이 돈을 썼다. 금전적으로, 사회적으로 기회가 있을 때마다 어려움에 처한 가난한 농민과 역경에 빠진 사람들을 구제하기 위해 노력했다. 또한 재무상으로서 현명한 정책을 폄으로써 벵골지역은 경제적으로 번성하고 정치적으로 매우 평화로웠다고 한다.

그러나 아무리 많은 재산을 가진 사람도 결국은 죽는다. 당대에 엄청난 부를 이룬 은행가 마니크 찬드는 1722년 사망했다. 그에겐 자식이 없었다. 그래서 그 많은 재산은 입양한 조카 파테흐 찬드Fateh Chand에게 상속됐다. 행운의 사나이 파테흐 찬드는 가문을 일군 전임자 마니크 찬드보다 더 총명했다고 한다. 파테흐 찬드는 뛰어난 정치적, 사업적 능력을 발휘해 가문의 부가 최고의 전성기를 구가하도록 만든다.

그 결과 당시 무굴제국의 황제 마흐무드 샤Mahmud Shah는 그에게 최고의 영예인 '세계의 은행가'라는 뜻의 '자가트 세트' 직위를 수여했다. 자가트 세트 가문이란 호칭의 시작이다. 파테흐 찬드의 금융사업망은 대단히 강력했고, 인도 주요도시는 물론 웬만한 중소도시에도 진출하지 않은 곳이 없을 정도였다. 그는 실질적으로 벵골과 비하르, 오리사 주를 포함한 인도 중동부 이북지역의 금융시장을 완전히 장악했다.

영국의 음모에 동조해 쇠락의 길을 걷다

1744년 파테흐 찬드가 죽은 후에는 손자인 마드하브 라이Madhab Rai가 그를 이어 자가트 세트가 되었다. 마드하브 라이도 주어진 재력과 인맥을 바탕으로 재산을 더욱 늘리고 정치적 영향력도 보다 확대했다. 이에 따라 동인도회사의 역사학자 로버트 옴Robert Orme은 자가트 세트 마드하브 라이가 당시 알려진 전 세계에서 가장 부자라고 기록했다. 그러나 마드하브 라이 이후에도 자가트 세트 후손들이 많이 나오지만 그를 정점으로 자가트 세트 가문의 정치적, 경제적 영향력은 점차 쇠퇴하기 시작한다.

19세기 후반 고빈드 찬드Gobind Chand 시기에 자가트 세트 가문은 재산을 거의 탕진했다. 그래서 고빈드 찬드는 영국 식민지 당국에 요청해 연금을 타먹는 신세로 전락한다. 영국 식민지 당국은 과거 자가트 세트 가문 선조들이 영국을 위해 힘쓴 공적을 기려 이들 가족에게 연금을 지급하기로 결정했다. 이후 이 가문은 남겨진 적은 재산을 두고 서로 법정 다툼을 벌이는 등 보기 좋지 않은 모습을 보이기도 했다. 200여 년 동안 엄청난 재산과 정치적, 사회적 영향력을 행사했던 명문 가문의 초라한 몰락이다.

돌아보면 자가트 세트 가문의 몰락은 이미 1757년 영국과 벵골 토호 연합군과 사이에 발생한 유명한 '플라시 전투Battle of Plassey'에서 예고되었는지도 모른다. 이 전투는 벵골 태수 웃다울라Ud-Dowlah가 영국이 벵골의 경제에 커다란 타격을 주고 있다며 영국인들을 캘커타에서 추방하여 발발하였다. 당시 병력은 태수군이 압도적으로 우세하였으나, 부장部將들이 영국 측에 매수되었기 때문에 참패를 당하고, 태수 자신도 배신

한 심복 미르 자파르Mir Jafar의 아들에 잡혀 처형당하였다. 전쟁이 끝난 후 미르 자파르가 벵골의 태수가 되었으나 영국의 꼭두각시에 불과했다. 이로써 영국은 벵골의 지배권을 확립하고 인도 전역을 식민지화하기 위한 침략의 교두보로 삼았다.

이 전투 전에 영국에 의한 음모가 있었다. 동인도회사의 군대 장교 로버트 클리브Robert Clive는 토호군 대장 미르 자파르와 부유한 상인 오미춘드Omichund, 그리고 자가트 세트 가문들과 공모하여 벵골 태수 웃다울라를 추방하는데 힘을 모으기로 작당했다. 이 전투에서 영국이 승리해 미르 자파르가 벵골의 태수가 되는 등 상황이 자가트 세트 가문에 유리하게 돌아가는 듯했다. 위에 언급했듯이 미르 자파르는 영국의 괴뢰 정부였다. 그러나 이후 미르 자파르의 아들인 미르 카심Mir Kasim이 벵골 태수가 되고나서는 상황이 달라졌다.

미르 카심은 플라시 전투 이전 벵골의 영광을 되살리고자 했다. 그는 자가트 세트 가문이 플라시 전투 이전 영국과 공모한 반역행위를 문제 삼아 당시 자가트 세트였던 마드하브 라이와 스와루프 찬드Swaroop Chand를 죽여 멀리 산성에 내다버렸다. 이는 자가트 세트 가문에 엄청난 충격을 주었고, 향후 가문의 발전에 대단히 불리하게 작용했다. 게다가 영국이 플라시 전투에서 승리하면서 인도에 본격 식민지 진출함에 따라 자가트 세트 가문의 영향력은 점점 줄어들었다. 왜냐하면 그동안 자가트 세트 가문이 맡아왔던 세금의 출납과 재정관리를 영국이 직접 담당하게 되었기 때문이다. 17~18세기 마르와리의 최대 성공신화였던 자가트 세트 가문은 그렇게 몰락했다.

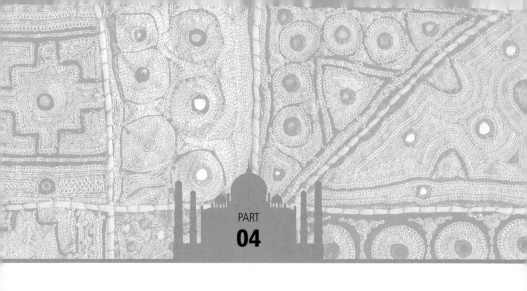

교역 상인에서 글로벌 산업가로

탁월한 사업능력으로
인도를 장악하다

금융업을 통한 자금 축적

캘커타는 영국이 인도를 식민 지배하던 시절 번성하는 수도였다. 캘커타를 비롯한 인도의 동부지역에는 뱅골리Bengali라고 불리는 토착 주민인 뱅골인들이 상권을 쥐고 있었다. 뱅골인들은 교육수준이 높고, 지역 인맥도 탄탄했으며 지역을 잘 아는 토착민이었다. 그러나 마르와리Marwaris가 이주해오면서 이방인인 마르와리에게 상권을 빼앗기고 말았다. 척박한 사막지역 출신인 마르와리가 토착민을 제치고 캘커타 지역 상권을 장악한 것이다. 이후 마르와리는 인도 전역의 비즈니스 주체 세력으로 강력히 부상한다. 즉, 마르와리가 당시 수도였던 캘커타 비즈니스를 장악하면서 뱅골은 물론 인도 비즈니스의 주도 세력으로 급부상하게 된 것이다.

어떻게 이런 일이 가능했을까? 인도 동부지역인 캘커타에서 수천

1921년 캘커타 비즈니스 인구 현황

(단위: 명)

비즈니스 공동체	인구
마르와리	1만 5,000
전통 벵골 상인	5만 6,000
벵골 엘리트 카스트	21만 8,000

출처: 1921년 인도인구조사(Census of India)

킬로미터 떨어진 서부지역 출신인 마르와리가 어떻게 벵골 지역으로 이주해 와서 캘커타 지역 상권을 장악할 수 있었을까? 마르와리가 수도 캘커타 지역에서 성공한 요인을 보다 구체적으로 살펴보기로 하자. 1860년대까지 캘커타의 무역은 주로 유럽계 회사들이 주된 역할을 했다. 유럽계 회사들의 역할을 제외하면 인도인들에게 남겨진 일의 대부분은 주로 토착 벵골인에 의해서 이루어졌다. 다시 말해, 인도인들 중에서는 벵골인들이 캘커타 무역을 지배했다.

그 다음 이보다 적은 규모의 나머지 무역은 펀자브 출신의 카트리 상인과 북인도의 중개인 바니아에 의해 행해졌다. 당시 마르와리는 주로 캘커타 외곽지역에서 내륙지방을 오가며 상품의 수송과 자금의 송금 등을 해왔다. 그러나 1880년대에 들어 마르와리는 카트리와 벵골인들이 하던 영국회사의 중개인 역할을 서서히 대신하기 시작하였다. 이를 나타내주는 통계로 1900년 신문에 실린 영국총독의 귀빈 초대목록을 보면 마르와리가 많이 포함돼 있음을 알 수 있다. 반면 이 목록에 실린 펀자브 카트리 상인 수는 단지 한두 명에 불과했다.

먼저 마르와리는 캘커타의 황마무역을 독점하기 시작한다. 1916

~1918년의 산업위원회의 다음과 같은 언급은 이런 사실을 잘 보여
준다.

> "최근까지 황마의 초기자금을 대고 황마를 수집하는 일은 주로 벵
> 골인에 의해서 이루어졌다. 그러나 캘커타에서 일반무역에 가담하
> 기 위해 정착했던 벵골 상인들은 무역에서 제조업으로 명백히 나아
> 가지 못했다. 뿐만 아니라 벵골 상인들은 내륙의 상업무역에서 조차
> 라자스탄에서 온 진취적인 더 많은 마르와리 공동체에 제압당하는
> 상황이다."

당시 캘커타에 거주하던 마르와리의 수는 그다지 많지 않았다. 1921
년 말 경 캘커타에 거주하는 마르와리의 수는 1만 5,000명 이하였다.
아마 이 가운데 절반은 무역업자였을 것이다. 반면 전통적인 벵골인
출신은 5만 6,000명에 달했다. 벵골인 그룹의 주요 구성원은 샤하스
Shahas, 수바르나바닉스Subarnabaniks, 간다바닐스Gandhabanils로 이들 가운데 무
역업자는 전체의 3분의 1에서 4분의1 정도였다. 또한 벵골의 3대 엘리
트 카스트 출신은 21만 8,000명이었는데, 이 중 약 5~10%가 무역에 종
사했다.

이처럼 캘커타에 거주하는 마르와리의 숫자는 벵골인들에 비해 아
주 적었다. 그러나 20세기 이후 캘커타에서 마르와리의 상업적 위치는
영국 다음이었다. 유명한 경제사학자인 D.R. 가드길D.R. Gadgil이 지적하
듯 캘커타의 해상 및 내륙 무역의 큰 부분은 마르와리 상인들의 손에
달려 있었다.

산업위원회는 캘커타 황마산업이 마르와리의 주도권하에 놓였다고 언급했다. 그러나 이는 마르와리의 제조업 진출과 기업운영에 대한 설명으로는 매우 부족하다. 따라서 마르와리가 캘커타에서 어떻게 급부상했는지 보다 심층적인 요인을 찾을 필요가 있다.

가드길은 당시 은행업에서 마르와리의 힘이 매우 강력했기 때문에 '금융의 힘'이 마르와리가 캘커타 비즈니스를 장악하는데 큰 도움이 되었을 것이라고 밝힌다. 1835년 조사기관 보일리우Boileau는 팔로디Phalodi와 조드푸르Jodhpur 지역 출신의 은행가들이 다른 지역보다 훨씬 낮은 월 0.5%의 저이율로 마르와리 비즈니스맨들에게 자금을 제공했다고 보고했다. 마르와리 금융업자가 자금여유가 있으니 같은 마르와리 공동체에게 거의 공짜나 다름없는 파격적인 금리로 돈을 빌려주었다는 말이다. 이런 특혜가 마르와리 상인들이 시장을 장악할 수 있는 힘이 되었다는 설명이다.

연구에 따르면 오래된 마르와리 회사의 대부분이 은행업무, 예를 들면 훈디Hundi, 치티Chithi, 사라파Sarafa, 환전 등 금융시장에 관여했다. 훈디란 인도 대륙에서 무역과 신용거래를 위해 발전된 금융제도로 한 장소에서 다른 장소로 돈을 전달하기 위한 상환수단의 한 형태였다. 특히 무역 거래에 있어 환어음의 한 형태로 사용되었다. 마르와리는 사업의 발전을 위해 마르와리 공동체의 돈을 투자함으로써 훈디와 어음들을 풍부하게 다루었다.

대부분의 큰 마르와리 회사들은 주로 라자스탄의 셰카와티Shekhawati, 아즈메르, 비카네르Bikaner에 본사를 둔 금융회사였다. 당초 이들 금융회사의 역할은 라즈푸타나Rajuputana 통치자들에게 돈을 빌려주는 일이었다. 예를 들어 이름 있는 마르와리 은행가인 조하리말 룽타_{Joharimal Roongta}는 만다와 출신의 타쿠르 쉬브나트 싱_{Thakur Shivnath Singh}에게 2만 루피라는 거액을 빌려주었다. 당시 마르와리 금융인들은 소왕국의 왕에게 보호를 받고 있었다. 이 때문에 중요한 금융회사들은 왕이 거주하던 비카네르와 자이푸르_{Jaipur} 등 주요 도시에 자리했다. 이들은 많은 자본을 보유하고 있었다. 한 자료에 따르면 1879년 자이푸르의 주요 은행가들은 영국돈으로 약 700만 파운드를, 비카네르의 금융인들은 1930년 5,500만 루피의 자본을 보유했던 것으로 추정된다.

사실 역사적으로 고대 인도인들은 은행업을 완벽히 이해했고, 실제 생활에서 많이 활용했다. 이와 관련 인도의 고대문헌인 가우타마_{Gautama} 등에는 금리를 규제하는 내용이 담겨 있다. 인도의 고대 성전인 마누 법전도 자금의 대출정책과 금리규제 규칙에 대해 자세히 설명하고 있다. 당시 은행가들은 커다란 정치적 영향력을 행사했다. 특히 자가트 세트 가문과 오미찬드_{Omichand}의 정치적 영향력은 잘 알려져 있다.

18세기에 마르와르와 암베르, 비카네르 지역과 관련된 문서들을 보면 신용거래와 은행업에 대해 많은 사실을 알 수 있다. 당시 라자스탄의 모든 라즈푸트 주에서 은행시스템은 서로 매우 비슷했다. 포테다르_{Potedar}의 한 출판 자료에 따르면, 비카네르 지역에서도 훈디가 매우 활발하게 이용됐다. 훈디 제도는 오늘날과 같은 광범위한 상업 활동의 틀을 갖추고 있었다.

마르와리 은행가들은 인도의 전통적인 은행업 외에 영국식의 새로운 은행업무도 수행했다. 은행가 가문인 라구나트말_{Raghunathmal}은 1918년 영국식으로 은행 비즈니스를 가장 먼저 시행했다. 또한 유명한 자가트 세트 가문은 1700년부터 1764년까지 60여 년에 걸쳐 은행 비즈니스를 많은 곳에 확산시켰다. 그래서 이 가문은 당시 '세계은행'으로 알려지기도 했다.

인도의 비즈니스 역사에는 마르와리가 오래 전부터 금융 전문가였음을 보여주는 사실이 많다. 그 중 하나가 훈디푸르자Hundi Purja로 불리는 상품에 보험 수수료를 부과한 것이다. 적절한 자금을 갖지 못한 마르와리를 돕는 목적이었고, 시간이 지나면서 마르와리의 성공을 가져온 주된 요인 중 하나가 되었다. 또 1800년대 캘커타의 상업주소록에는 많은 마르와리 은행 비즈니스 회사가 나와 있는데 상당수는 람가르 지역 은행으로 캘커타에서 독립 법인으로 활동했다. 아울러 라자스탄 토착 금융업 스타일의 마르와리 환전상들도 캘커타의 뱅킹 비즈니스에 대한 장악력을 확고히 했다. 1864년 상업주소록에 적혀 있는 현지 은행가들의 목록에는 마르와리가 절반이나 됐다. 라자스탄 최고의 역사학자 제임스 토드James Tod는 1832년 "인도의 은행가들과 상업가들의 10분의 9는 마르와리 출신이고, 그 중 대부분은 자이나교도"라고 적은 바 있다.

인도에서 오늘날 은행업은 국영 금융기관을 제외하면 거의 패밀리 비즈니스다. 마르와리와 자이나교도, 체티스와 같은 특정 상인 카스트, 사회 계급이 경영하는 세습 비즈니스가 대부분이다. 라자스탄의 무역업자들과 상인들, 즉 마르와리는 오늘날에도 여전히 전통적인 대금업과 은행업을 고수한다. 상인 카스트 대부분의 멤버들은 상당히 훌륭한 비즈니스 지식을 소유하고 있다. 이들은 놀라울 만큼 영악하며 부유한 재력과 달리 검소한 생활을 영위한다.

이런 여러 가지 기록들에 비추어 볼 때, 오래 전부터 현대에 이르기까지 마르와리 무역업자들은 은행업에 특별한 관심을 갖고 있었으며 능력도 우수했음을 알 수 있다.

은행 사업에서 마르와리의 우월성은 1910년대 이후 명확해진다. 인도의 금융조사위원회는 동인도의 토착 금융시장의 중심지인 부라바자르Bura Bazaar 시장이 마르와리 금융가문에 의해 지배되고 있다는 사실을 발견했다. 그 가운데 타라찬드 간쉬암다스, 반실랄 아비르찬드Bansilal Abirchand, 사다수크 감비르찬드Sadasukh Gambhirchand, 람키센 바가리Ramkissen Bagari, 다가Daga 등 가문은 유명하다. 이들 마르와리는 부라바자르 시장의 마르와리 금융센터에서 재원을 마련해 아삼, 벵골, 비하르Bihar 등지에서 사업했다.

마르와리 은행가들과 무역업자들은 버마에서도 유명해졌다. 버마의 수도인 랑군에서 400명 정도의 마르와리가 마르와리협회를 결성했다. 이들 마르와리는 무역과 훈디 뱅킹에 종사했다. 훈디 금융의 95%는 봄베이와 영국의 랭커셔에서 수입한 피륙과 관련된 것이었다. 흥미롭게도 이들은 버마에서 많이 생산되는 쌀 교역사업에 뛰어들어 수출도 했다. 그 결과 이들의 쌀 무역은 남인도 출신의 상인 카스트인 체티아르Chettiar에 버금갔다.

또한 마르와리는 새로운 은행을 세우고 보험회사도 설립했다. 달미아 가문은 후에 펀자브국립은행Punjab National Bank과 합병한 바라트은행Bharat Bank을 세웠다. 싱하니아 가문과 자이푸르 출신 상인들은 공동으로 힌두스탄상업은행Hindustan Commercial Bank을, 비를라 형제들은 1943년 연합상업은행United Commercial Bank을 설립했다. 여타 다수의 마르와리도 다양한 은행을 소유했다.

고위험 고수익 추구

마르와리는 어떻게 해서 토착 벵골 상인들을 물리치고 벵골지역 비즈니스를 장악하게 되었는가? 이와 관련해 벵골상공회의소는 1905년 보고서에서 벵골인들의 특성에 대해서 다음과 같이 언급하고 있다.

> "벵골인들은 비즈니스에 있어 마르와리보다 위험을 더 꺼려하고,
> 은행의 신용대출에도 그다지 의존하지 않는다. 벵골인들은 적은 현
> 금으로 사업하길 선호한다."

즉, 벵골인들이 위험을 꺼려해 은행 대출도 잘 받지 않는데 마르와리는 위험을 마다하지 않는 기업가적 속성이 있어 시장을 지배하게 되었다는 설명이다. 앞서 누차 살펴보았지만 마르와리 상인들은 위험을 적극 즐겼다. '고위험 고수익'이란 말도 있지만 마르와리 상인들은 누구보다 적극적으로 비즈니스 위험에 뛰어들었다.

게다가 마르와리 상인들은 벵골인들에 비해 많은 자본을 갖고 있거나 자본에 쉽게 접근할 수 있었다. 또 뛰어난 비즈니스 감각과 기술을 갖추고 있었다. 그리고 이들은 상인계급인 바이샤 출신으로서 여타 계급과 달리 시장과 친밀했고 시장의 특성을 잘 이해했다. 특히 구성원 간 상호부양제도가 매우 활성화돼 있었다.

그러나 이런 특성들은 정도의 차이는 있으나 인도의 다른 지역 상인그룹에서도 발견할 수 있는 것이다. 마르와리 상인을 여타 상인들과 구별하는 가장 특징적인 요소는 바로 적극적인 위험수용 태도였다. 오늘날 인도의 유명한 경영컨설턴트인 구르차란 다스Gurcharan Das의 말을

들어보자.

"마르와리 상인들은 마치 위험에 '굶주림'을 느끼는 것처럼 위험을 추구했습니다. 많은 마르와리 상인들은 격변의 시기인 19세기 후반과 제1, 2차 세계대전 중 선물Futures에 대한 투자로 큰돈을 벌었지요. 이는 불확실성에 대한 과감한 베팅 없이는 불가능한 것입니다. 그만큼 마르와리 상인들은 위험을 사랑하고 즐겼다고 할 수 있습니다. 이로 인해 경쟁자들은 마르와리 상인들을 두려워하고 한편으론 존경했습니다."

벵골 출신의 동시대 최고의 역사학자 중 한명인 N.K. 신하N.K. Sinha는 자신의 저서 《인도 경제생활사》History of the Economic Life of India》의 마지막 2장에서 벵골인들이 상업과 산업에서 철수한 이유와 마르와리의 성공요인에 대해 자세히 다뤘다. 그 네 가지 요인은 매우 중요하다. 그는 이 모든 것이 결국 사회문화적 요인에서 기인한다고 분석했다.

첫째, 벵골인 사업가들의 1세대 상속자들이 소송을 일삼고 낭비벽이 심하다고 비판했다. 벵골인 사업가들은 장례식에 자신의 막대한 재산의 10%를 소비했다. 또 개인적인 소비에 사치스러울 정도로 많은 돈을 썼다. 또 많은 벵골인 후손들은 더 많은 유산을 차지하기 위해 부친의 유언장을 두고 장기간 법적 공증싸움을 벌였다.

반면 독립 이전 시기에 같은 사안으로 법정에 선 마르와리 회사는 매우 적었다. 의견이 일치하지 않는 수 없이 많은 마르와리들 간 불일치 사안은 조용히 협상되고 조정되었다. 의견 차이를 처리하는 방식을 마르와리는 합의와 조정에, 벵골인들은 법적 소송에 주로 의존할 정도로 서로 상이했다.

자선행위 지출을 따져보면 아마 비교가 더 분명해질 것이다. 1908년 저명한 마르와리 형제 기업인이었던 하리 람 고엔카Hari Ram Goenka와 바드리다스 고엔카Badridas Goenka는 약 1,000만 루피를 기부했다. 수라즈말 준준왈라도 살아생전 400만 루피 이상의 돈을 자선기관에 기부했다. 사룹찬드 후쿰찬드는 평생 800만 루피 이상을 기부한 것으로 추정된다. 람가르포다르그룹은 그룹에서 가장 큰 마르와리 회사 중의 하나를 기부했다. 마르와리는 이처럼 자선에 큰돈을 지출했지만 자신들을 위한 집이나 옷에 사치하는 것은 좋아하지 않았다.

둘째, N.K. 신하는 19세기 초반에 영국 사람들이 저지른 다양한 합작사업의 사기행위 효과에 대해 기술했다. 합작사업을 하다 당한 사기로 인해 많은 벵골인들이 합작에 환멸을 느끼게 됐다는 것이다. 이는 벵골인들이 영국인뿐만 아니라 다른 사람들과의 합작도 기피하게 만들었다. 그 결과 1850년 이후 합작사업을 하던 벵골인은 람고팔 고셰Ramgopal Ghose 단 한 사람뿐이었다. 전반적으로 유럽인 사업 파트너들은 합작과 관련해 많은 오점을 남겼다. 이로 인해 벵골인들은 비즈니스에서 수동적이고 위험을 기피하는 태도를 보이게 됐다고 N.K. 신하는 주장했다.

1853년 이후 수십 년 동안 인도는 실질적인 자본 수입국이었다. 이전에는 인도인들이 풍부한 자금력을 갖추었으나 영국이 인도를 통치하게 되면서 이를 능가하는 영국인 회사들이 등장하기 시작했다. 영국 자본이 식민지 인도에 많이 들어오게 된 것이다. 이에 따라 영국계 회사들은 운영자금의 유통에 있어서 더 이상 인도인 동업자들에게 의존하지 않게 된다. 그 후 영국계 회사들은 합작사업 시 인도인 회사들에 수익성이 좋고 우호적인 계약조건을 제시하지 않았다. 대부분이 벵골인 회사들이었던 오래된 합작회사들은 영국계 회사들의 비우호적인 새로운 계약조건을 받아들이기 꺼려했다. 반면, 사업 진입이 절실했던 마르와리가 운영하는 새로운 회사들은 비우호적 계약조건에도 불구하고 기꺼이 영국계 회사들과 협력관계를 맺기 시작했다.

이는 N.K. 신하가 말하는 세 번째 요인을 고려하면 사실적으로 보인다. 즉, 벵골인들에겐 투자 수익성이 좋고 수익을 거둬들이기 용이한 자민다리Zamindaris라는 제도가 존재했다. 자민다르Zamindar란 이슬람 지배하의 북인도에서 영주, 지주, 지조징수地租徵收 청부인 등을 가리키는 말이다. 페르시아어로 '토지 소유제도'를 뜻하는 자민다리는 18세기 후반 영국이 인도를 지배할 때, 납세액을 매년 일정하게 하기 위하여 10년간 납세액의 평균을 영구적인 세율로 정한 것이다. 이 제도는 18세기 후반부터 벵골, 비하르, 안드라프라데시 등의 각 주에서 실시하였다.

다시 말해 자민다리 제도로 인해 수익성 좋은 세금징수와 토지소유가 영구적으로 보장된 상황에서 벵골인들이 군이 비우호적 계약조건으로 영국인 회사들과 합작사업을 할 이유가 별로 없었다. 프란 키센 라우Pran Kissen Law와 같은 성공한 벵골인 회사는 영국 회사들과의 합작사업 대신 토지를 소유하는 쪽으로 정책을 바꾸었다. 물론 마르와리 회사라고 해서 전혀 토지에 투자하지 않은 것은 아니다. 무르시다바드Murshidabad 지역의 오래된 일부 마르와리 회사는 일정 부분 토지에 투자하기도 했다. 그러나 어떤 경우에도 마르와리는 벵골인들과는 달리,

대규모로 벵골의 토지를 소유하지 않았다. 이는 인도 서부에서의 마르와리 행태에 비해 사뭇 다른 것이다.

벵골 지역으로 이주한 마르와리가 토지소유에 대규모로 뛰어들지 않은 이유는 여전히 미제로 남아 있다. 벵골에서 임대의 수익성이 떨어졌기 때문이라는 주장은 거론될 만하다. 그러나 1920년대 당시 벵골 외의 지역에선 마르와리들이 토지를 사들이고 있었다. 벵골 지역의 토지는 아마도 외부에서 온 상인들에게는 관리하기 다소 어려웠던 것 같다. 또 다른 이유로는 1920~1930년대에 마르와리에게 토지보다 더 나은 투자 대안이 존재했기 때문이라는 설명이다. 1914~1921년 세계대전 동안 마르와리는 비즈니스로 많은 부를 축적할 수 있었다. 따라서 전후 복구시기의 마르와리에게 있어 이 축적된 부를 활용할 곳은 토지가 아닌 비즈니스였다는 것이다.

N.K. 신하에 따르면, 벵골인이 캘커타 비즈니스에서 후퇴한 마지막 이유는 내륙지방에서의 인적 네트워크가 부족했기 때문이다. 벵골인들은 내륙지방에서 당시 번창하던 항구도시인 수도 캘커타 등으로 빠져나왔다. 특히 정부는 내륙지방에서 거래되는 상품에 내륙세를 부과했다. 벵골인들은 굳이 내륙세를 내면서까지 내륙지방에서 비즈니스를 할 이유가 없었다. 그 결과 내륙지방에는 유능한 벵골인 비즈니스 인력을 찾기 어려웠다.

벵골 상인들이 상업을 위해 내륙지방으로 움직이길 거부한 것은 흥미롭게도 당시 시대 추세와도 일치했다. 당시 전문 사무직 직업이 팽창하면서 취직하기 위해 많은 벵골 사람들은 농촌, 내륙지방에서 캘커타 등 대도시로 이동했다. 이에 비해 마르와리는 내륙세를 내는 등 '내륙무역의 굴욕'을 기꺼이 감수했다. 벵골인들이 잘 나가던 비즈니스 세계에서 퇴출된 이유를 N.K. 신하는 "캘커타에서 영국에 대항하여 고양되던 벵골인들의 자존심과 인종적 오만이 당시 정점에 있던 자신들의 비즈니스에 부정적 영향을 미쳤기 때문"이라고 주장했다.

이는 권력과 명예를 통해 부를 추구하는 북부 이탈리아인과 부를 통하여 명예를 추구하는 남부 이탈리아인을 비교한 이탈리아의 20세기 저널리스트 루이지 바르지니Luigi Barzini의 분석을 떠올리게 한다. 이런 맥락에서 보면, 벵골인들은 명예에 더 중점을 두는 남부 이탈리아인, 마르와리는 부에 더 치중하는 북부 사람에 비유할 수 있을 것 같다.

벵골 상인들의 인적 네트워크 부족은 누누이 지적되었다. 유명한 벵골인 회사의 한 상속인은 "캘커타의 많은 가게와 중개인이 마르와리이기 때문에 마르와리 외의 상인들은 비즈니스에 상당히 불리하다"고 고백했다. 이러한 상황은 내륙지역에서 더욱 심했다. 인적 네트워크 부족 문제는 벵골인 내부적으로도 문제가 됐다. 벵골인 회사들은 자신들의 내부에서조차 황마 중개업을 믿고 맡길만한 사람을 찾는데 어려움을 겪었다.

반면 마르와리는 자체적으로 소위 방대한 '인적자원그룹'을 갖고 있어 필요한 사람들을 손쉽게 찾을 수 있었다. 네트워크 문제는 벵골인과는 반대 차원에서 마르와리에게는 기회가 되었다. 당시 많은 벵골인은 비하르와 아삼에서 전문적이고 사무적인 직업에 종사했다. 반면 마르와리는 이들 전문 직종에 들어가고 싶어도 이 분야에 진출한 마르와리 네트워크 부족으로 들어갈 수가 없었다. 대신 내륙지방에 광범한 인적 네트워크를 갖춘 마르와리는 비즈니스 공백이 생긴 내륙지역의 비즈니스에 적극적으로 옮겨갔다.

당시 캘커타의 마르와리에게는 벵골인들과 펀자브 출신 카트리 상인들과의 경쟁 외에 또 다른 경쟁그룹이 있었다. 은행업과 내륙무역에 뛰어난 우타르프라데시Uttar Pradesh 출신의 많은 비非마르와리 바니아계 기업들이다. 예를 들어 인도 북부 마투라Mathura의 락시미찬드 라다키셴 Lakshmichand Radhakishen과 베나레스의 몇 개 회사들, 시탈 프라사드 케라그 프라사드Sital Prasad Kherag Prasad 등이 그들이다. 이들 우타르프라데시 출신 회사 가운데 일부는 러크나우를 좌지우지하던 기업들을 무너뜨리는 데 일정한 역할을 했다. 그만큼 비즈니스 능력을 가진 그룹이다. 그러나 그들의 대부분은 19세기 동안 내내 쇠락의 길을 걸었다.

락시미찬드 라다키셴은 1898년에 거의 파산하였으나, 정부의 호의적 개입조치 덕택에 가까스로 구제되었다. 그 후 이 회사의 상당한 액수의 돈이 토지매입에 흘러 들어갔고, 이는 비즈니스 부문에서 그들이 철수했다는 사실을 일부 설명해준다. 19세기 초의 상업명부 등 증거에 따르면 이들 기업은 당시 상당히 강성했다. 그러나 제1차 세계대전 직전에 이르러 캘커타 시장에서 거의 힘을 발휘하지 못할 정도로 쇠퇴했다. 마르와리 기업과의 경쟁에서 살아남지 못한 것이다.

구자라트 출신 상인들도 거론할 필요가 있다. 구자라티 상인들은 마르와리 못지않게 상술이 대단히 뛰어난 상인공동체이다. 19세기 초 구자라티 회사는 캘커타 시장에서 상당히 중요한 존재였다. 그러나 이후 이들은 석탄 산업을 제외하고는 거의 쇠퇴했다. 이들 역시 마르와리 기업들에 의해 수도 캘커타 시장에서 밀려난 것이다. 이들은 인도가 영국에서 독립이 되고 한참 후에나 캘커타 시장에서 중요한 존재로 다시 부상한다.

이상에서 살펴본 것처럼, 마르와리 상인들은 당시 수도인 캘커타 지역에서 벵골인을 비롯한 여타 상인들을 물리치고 경쟁에서 승리한다. 그 요인을 요약해보면 첫째 강한 인적 네트워크, 둘째 뛰어난 금융 사업능력, 셋째 적극적인 위험 수용태도, 넷째 영국인 사업가들과의 협력, 다섯째 검소한 생활태도 등이다.

마르와리는 사막지역 라자스탄 출신으로 농업 대신 전통적으로 금융업 등 비즈니스에 능했고, 위험에 적극적으로 맞서는 특성을 지니고 있었다. 이런 특성은 마르와리가 비즈니스에서 토착민인 벵골인들을 제압하는데 큰 무기가 되었다. 게다가 벵골인들에게선 찾기 어려운 검소한 생활태도와 강한 인적 네트워크는 마르와리가 캘커타 지역 비즈니스에서 성공하는데 큰 요인이 되었음은 분명하다. 특히 독립정신이 강하기로 소문이 난 벵골인들이 외세인 영국에 배타적이었던 데 비해 지배세력인 영국인 사업가들과의 협력적, 우호적 관계를 유지했던 마르와리가 비즈니스에서 벵골인들을 누르고 성공을 거머쥐었을 것이라는 사실도 쉽게 짐작할 수 있다.

사실 위에서 거론된 성공요인들, 즉 강한 인적 네트워크와 적극적인 위험 수용태도, 권력과의 우호적 관계 유지, 검소한 생활태도 등은 오늘날에도 비즈니스 성공을 위해 매우 필요한 요소들이다. 이런 측면에서 마르와리의 성공전략이나 요인들은 오늘날에도 적지 않은 시사점을 준다고 할 수 있다.

무역업을 넘어
제조업 신화 창조

현대화와 독립운동 지원한 마르와리 가문

인도 식민지 정부는 제1차 세계대전 동안 면직물 수입, 황마, 헤센 무역 등 주요 투기시장에 대한 규제를 강화했다. 정부의 규제는 마르와리가 1차 세계대전 이후 산업에 진출할 수 있도록 하는데 유리한 환경으로 작용했다. 당시 새로운 산업가로 급부상한 마르와리 기업 비를라그룹의 가치는 제1차 세계대전 동안 네 배 이상 급상승했다. 증가한 자본을 바탕으로 마르와리는 그간 해온 무역과 금융사업에서 제조업 분야로 빠르게 진출하기 시작한다.

제1차 세계대전 전까지 마르와리는 다른 상인공동체 멤버들이 설립하는 섬유공장의 창립기념식에 참석하는 경우는 드물었다. 즉, 마르와리에게 제조업 진출은 흔치 않았다. 그러던 것이 제1차 세계대전 이후 많은 마르와리 상인들이 자신들 소유의 공장을 세우기 시작했다. 마르와리는 전쟁 동안 번 자금을 활용해 면섬유공장 등을 사들이거나 설립했다.

1857년에서 제1차 세계대전 사이의 기간 동안 캘커타에 있었던 1만 5,000여 명의 마르와리는 항구무역을 시작했다. 그들은 점점 항구무역에서 뛰어난 실력을 보였고, 인도 동부의 제조업 분야에서 최초 인도인 소유의 여러 굵직한 회사를 설립했다. 이때 그들은 일종의 상업공동체인 '인적자원그룹'이라는 자신들의 뛰어난 상업조직으로부터 많은 도움을 받았다. 당시 여러 주변 상황요인과 그 지역 토착 비즈니스맨인 벵골인 경쟁자들이 처한 어려운 상황도 그들의 성공에 적지 않은 영향을 미쳤다.

마르와리 비즈니스가 '무역'에서 '산업'으로 옮겨가면서 많은 변화가 발생하였다. 예를 들어 민족주의와 사회개혁 그리고 현대화에 대한 움직임이 마르와리 공동체를 휩쓸었다. 이 움직임들은 부분적으로 마르와리가 산업 부문에 진출하도록 도왔다. 왜냐하면 산업이 무역보다 더 생산적이고, 애국적이라고 느꼈기 때문이었다. 무역은 영국 산업에 대한 의존인 반면, 산업은 영국에 대한 의존을 감소시켰다. 산업은 현대적 활동이고 무역은 전통적인 활동이었다.

산업으로 진입은 마르와리 공동체 안에서 민족주의와 개혁주의의 표현인 동시에 목적이었다. 게다가 산업은 수익성이 있었다. 즉, 그것은 기업가들이 민족적 정치운동에 기여할 수 있게 하고, 더 높은 사회적 지위를 열망하게 했다. 만약 그들이 원한다면 그 산업을 단념할 수도 있고, 자신의 산업에서 배당금을 얻어 다른 분야에서 일하는 것도 가능하게 했다.

마르와리 공동체는 사회개혁운동과 불가촉천민제의 폐지, 그리고 민족주의 운동에 강하게 영향을 받았다. 이런 영향은 특히 제1차 세계대전 이후에, 그리고 이들이 처음으로 산업에 진출할 때 심화되었다. 많은 마르와리는 인도인들의 권리를 옹호하던 마하트마 간디Mahatma Gandhi의 적극적 추종자였다. 마르와리 공동체는 재정적 측면에서 간디의 독립운동에 많은 공헌을 했다. 마르와리 공동체가 1947년 인도의 독립 전에 민족주의운동에 기부한 돈은 1억 루피를 호가했다.

1921년 틸락추모자금Tilak Memorial Fund 모금운동은 인도상공인과 민족주의자들의 결사체인 인도국민회의Indian National Congress가 추진한 최초의 대규모 펀드였다. 이 행사는 인도 대중 민족주의운동의 서막이 되었다. 여기에 참여한 산업가들 가운데 마르와리가 최대 기부자였다. 아디트야비를라그룹Aditya Birla Group의 창업주 G.D. 비를라와 잠날랄 바자즈Jamnalal Bajaj는 국민회의당의 열렬한 지지자였다. 1920년 이후 마르와리의 자금은 서 벵골과 비하르 주에 있는 국민회의당의 운영자금으로 사용됐다. 마르와리의 돈은 또 주정부의 인권운동과 민족주의 운동의 확장에 쓰였다. 500~800명의 마르와리 젊은이들은 독립운동을 하던 인도국민회의에 가입했다가 감옥에 가기도 했다.

무역업에서 제조업으로 본격 진입

19세기에서 20세기로 바뀐 후에도 인도의 경제 양태는 크게 변화하지 않았다. 그러나 세기가 바뀐 후 인도인들은 비즈니스에서 보다 많은 역할을 하기 시작했다. 1906년 기준 인도인 회사는 캘커타 항을 통해 들여온 면·피륙제품 수입의 단지 10%만을 담당했다. 하지만 20년 후인 1928년에는 인도로 수입되던 면포의 절반을 인도인 회사가 담당할 정도로 크게 증가했다.

인도의 대표적 기업 가운데 하나로 급부상한 비를라 가문은 1917년 런던에 황마수출을 위한 최초의 인도인 제조회사를 설립하였다. 이어 그들은 황마수출을 가장 많이 하는 인도 회사의 세 선두주자 중 하나가 되었다.

1910년대 마르와리는 인도 회사로는 최초로 헤시안과 황마 제조상품을 외국업체와 직거래하기 시작했다. 다른 인도인 회사들은 유럽만이 아니라 새로운 무역 루트로 옮겨갔다. 예를 들어 인도네시아 자바로부터 설탕을 수입하거나 제1차 세계대전 동안 공급자였던 독일과 오스트리아, 헝가리 상인들을 밀어내고 일본으로부터 시멘트를 수입했다.

당시 인도 제품은 해외수입품에 비해 경쟁력이 한참 떨어졌다. 인도 정부도 이를 인식해 인도기업의 산업화를 지원하기 시작했다. 이에 따라 제1차 세계대전 동안 혹은 직후부터 인도의 산업화는 자극을 받기 시작했다. 그 결과 동부 인도에서 인도인 소유의 최초 주요 생산(산업) 기업들이 생겨났다. 무역에서도 인도인, 특히 마르와리가 비즈니스 영역을 급속히 넓혀나갔다.

당연하지만 이러한 인도기업들의 팽창은 결코 우연이 아니다. 그 이유 중 하나는 일본산 면제품 수입의 중요성이 날로 증가한 것과 함께 황마와 면섬유에 대한 수요가 크게 증가했기 때문이다. 이는 케쇼람 포다르와 비를라 같은 여러 마르와리 회사의 위상을 강화시켰다. 비를라는 일본과 거래한 최초의 마르와리 회사였다. 비를라는 1911년 캘커

Jamsetji Nusserwanji Tata
1839 - 1904

인도 최대기업인 타타그룹의
창업주 잠셋지 타타

타에서 인도인 기업으로는 처음으로 일본의 직물을 수입했다.

1899년 파르시Parsee 상인의 대표격인 잠셋지 타타Jamsetji Tata 는 일본에 면화 32포대를 수출하며 거래를 시작했다. 거래는 점차 증가해 1935년 일본은 인도의 전체 면화 수출량 340만 포대 가운데 절반 이상을 수입했다. 인도는 일본과의 거래 초반에 2,500만 야드의 면사를 일본으로 수출했다. 일본에서 인도로 들여오는 피륙제품은 1913년 900만 야드에서 1935년 4억 9,600만 야드로 급증했다. 이는 인도가 수입하는 전체 피륙량의 절반이 넘는 규모였다.

캘커타, 봄베이에 소재한 마르와리 회사들, 즉 포다르와 비를라, 루이아 그리고 잠날랄 바자즈 등은 미쓰이를 비롯해 다른 일본 무역회사들과 깊이 관계를 맺었다.

이런 활동을 통해 금융자산을 축적한 인도 기업들은 기업가적 에너지를 산업(공업)분야에 강하게 분출했다. 제1차 세계대전까지 마르와리는 산업분야에서 그다지 뛰어나지 못했다. 초기 봄베이의 면섬유 공장들은 모두 힌두 구자라티 상인과 배화교도로 불리는 파르시들에 의해 세워졌다. 파르시 출신인 잠셋지 타타는 인도의 전력, 철강, 식물성 기름공장 등의 설립을 혁신적으로 이끌었다.

그러나 마르와리도 점점 공업분야에 적극적으로 진출하기 시작했다. 하이데라바드와 봄베이에서 상인과 은행가로 명성을 떨치던 마르와리 라자 고빈들랄 피티Raja Govindlal Pitty는 1870년대에 두 개의 면화공장을 사들였다. 이후 마르와리의 산업분야 진출은 한동안 뜸했다. 하지만 제1차 세계대전 이후 마르와리의 공업 분야 활약상은 괄목할만했다. 1930년대 봄베이에 소재한 큐림보이Currimboy와 페티트Petit 면화그룹이 파산하자, 마르와리는 이 그룹 면화공장 가운데 여러 개를 매입했다. 마르와리는 또한 캘커타 지역의 작은 면화공장들과 내륙지역의 면화공장들도 연신 사들였다. 이에 따라 1930년대쯤에는 마르와리 소유의 면섬유 공장이 전 인도에 걸쳐 30개가 넘었다.

당시 마르와리의 산업분야 진출은 거칠 것이 없었다. 오늘날 인도에서 가장 큰 마르와리 산업그룹인 비를라는 1919년 캘커타에 첫 번째 황마공장을 설립했다. 인도르의 마르와리 은행가인 사룹찬드 후쿰찬드도 같은 해에 캘커타 인근에 또 다른 황마공장을 지었다. 1970년대 가장 큰 마르와리 회사가운데 하나였던 수라즈말 나가르말의 설립자인 수라즈말 잘란Surajmal Jalan도 1928년 역시 황마공장을 세웠다. 1916년 사망한 유명한 아편 투기자인 하르두트라이 차마리아의 후손들도 1930년대에 두 개의 다른 황마공장을 설립했다. 이들 공장은, 만일 캘커타에 소재한 유태인과 아르메니아인의 상업공동체를 제외한다면, 마르와리 소유의 첫 황마공장들이었다. 뿐만 아니라 이들 공장은 인도인들이 소유한 대표적인 대형 황마공장이었다.

비를라그룹은 1920년 델리에 면섬유 공장을 세웠고 이듬해인 1921년 대규모 괄리오르 면섬유 공장단지를 출범했다. 같은 해인 1921년 칸푸르에도 마르와리 소유의 면섬유 공장이 처음 생겼다. 인도르에 있는 반다리Bhandari 가문은 1922년 처음 면섬유 공장을 세웠다. 많은 다른 마르와리 소유의 면섬유공장들도 주요 산업센터뿐만 아니라 중앙인도 전역에 자리 잡았다. 몇몇 선구적 마르와리 회사는 제1차 세계대전 이전에 작은 석탄광산이나 소규모 다원茶園을 소유했다. 그러나 이후 1920년대에는 여러 마르와리 회사가 거대한 탄광과 대규모 다원들을 사들였다.

1926~1928년 경제호황 후 1929년 세계경제는 대공황에 직면했다. 그러나 인도의 산업화는 계속되었다. 1932년 설탕에 대한 보호관세가 부과되자 많은 수의 설탕공장이 설립됐다. 비를라는 세 개의 대규모 설탕공장을 세웠고, 달미아그룹 또한 한 개의 설탕공장을 지었다.

정부의 육성정책은 시멘트산업에도 도움을 주었다. 람 크리쉬나 달미아는 시멘트산업에서 주요한 인물 중 한 명이 되었다. 마르와리는 이들 산업뿐만 아니라 여타 다른 산업분야에서도 두각을 나타내기 시작하였다.

지금까지 비를라그룹을 비롯한 마르와리 토착기업들의 산업분야 진출을 살펴보았다. 마르와리 기업들은 제1차 세계대전 이후 급속히 산업화 대열에 나섰다. 이 당시 마르와리 기업들을 산업화 대열로 이끈 요인은 무엇일까?

이에 대해 파브로브Pavlov는 1929~1933년 경제대공황에 따른 수출시장의 급격한 수요 감소가 마르와리 기업들에게 산업화에 적극 나서게 했다고 주장한다. 수출품에 대한 수요 감소가 마르와리 등 인도 비즈니스 계층으로 하여금 그 동안 해온 무역에서 산업으로 투자처를 바꾸게 했다는 것이다. 그는 1930년대 발전한 산업들, 예를 들면 고급 면섬유와 설탕, 시멘트 등은 모두 내수용인데 반해 그 이전 황마나 면직물 산업은 수출용이란 사실이 이를 뒷받침한다고 주장했다.

여기서 제1차 세계대전 후의 변화된 정부정책을 잠시 살펴볼 필요가 있을 것 같다. 제1차 세계대전 동안 인도는 유럽으로부터 차단됐다. 이에 따라 인도는 안보에 대한 우려를 경험하는데, 이는 매우 중요한 것이었다. 1919~1939년 동안 영국 산업의 불경기와 비 영국제 수입품에 의해 야기된 인도 내에서 영국 위상의 후퇴 역시 매우 중요했다. 인도 제조업자들은 더 이상 영국의 수출품과 경쟁하지 않게 됐다. 영국 국내에서 자유방임주의가 사라지고, 인도 내에선 독립운동의 목소리가 높아졌다. 아울러 제국주의자들의 자신감도 전반적으로 후퇴했다.

이런 여러 요인들은 영국 식민지 정부로 하여금 새로운 정책을 만들게 했다. 1920년대 이후 인도정부는 일련의 새로운 정책들을 잇달아 시도한다. 이는 결과적으로 인도의 특정산업을 장려하는 결과를 가져왔다.

그런데 이 같은 인도정부의 산업진흥정책은 뜻밖의 저항에 부딪힌다. 황마공업협회Jute Mills Association가 마르와리 소유의 공장들을 인정하기를 거부하는가 하면, 황마운송회사들은 마르와리 회사들에게 부당하게 차별적 요금을 부과하였다. 그러나 거대 마르와리 기업들의 경제적 힘은 이제 막강해졌기 때문에 이러한 난관을 어렵지 않게 극복해나갔다. 마르와리가 명실공히 인도 산업화의 중심세력으로 부상한 것이다.

세계적인 기업가로 거듭난
현대의 마르와리

인도 독립 이후 마르와리

20세기 들어 고양된 인도의 사회적, 민족적 자각은 산업 부문에도 많은 영향을 미쳤다. 점점 경제적 위상을 높여가던 마르와리는 간디의 독립운동을 재정적으로 적극 지원하는 것으로 민족의식을 표출했다.

안타깝게도 1930년 이후 인도의 산업발전상을 정확히 추적하기는 어렵다. 왜냐하면 인도정부의 정책이 특정 산업에 대해 보호주의적이고 규제적이 되면서 기업들이 이 당시 기업 정보 공개를 극히 싫어했기 때문이다.

마르와리 연구자 토머스 팀버그Tomas Timberg도 지적하듯이, 이 당시 마르와리를 비롯한 기업 정보를 구하기는 정말 어렵다. 전 세계적으로 경제 대공황의 여파가 악영향을 끼쳤고, 식민지 상황이 악화되면서 기업들은 기업 정보를 발행해 외부에 공개하는 것을 매우 꺼렸다.

따라서 당시의 상황은 대략적으로 묘사하고 추정하는데 그쳐야 할 것 같다.

당시 정부의 산업 통제가 심했고, 그러다 보니 지하경제가 위세를 떨쳤다. 그러나 전반적으로 인도의 민간부문 경제는 꾸준히 성장했고, 그런 가운데 특히 마르와리의 성장은 매우 주목할 만 했다. 앞서 언급했듯 1930년대는 경제적 위기의 시기였다. 전 세계 많은 나라들은 대공황의 여파로 경제가 크게 위축되었다. 그러나 인도경제는 좀 예외적이었다. 비록 급속 성장은 아니지만 지속적으로 성장세를 나타냈다. 1930년대 정부가 수입관세를 인상하자 이는 국내 설탕과 시멘트 산업이 급속히 성장하는 계기가 됐다. 이 분야 국내 생산이 증가하면서 내수를 충당하고 나머지는 수출했다. 그 결과 1932년에서 1934년까지 2년간 인도는 정제 설탕의 수입국에서 수출국으로 전환됐다.

1939년 제2차 세계대전이 발생하고, 유럽과의 무역로를 군대를 사용해 안전하게 지키기 위해 군비 지출이 증가했다. 이는 산업계에 새로운 기회를 제공했다. 또 버마 전선을 보호하기 위해 미국과 영국이 약 100만 명의 군대를 인도에 주둔시켰다. 일부 기업인은 이들 군대를 대상으로 대출사업을 하는가 하면, 전시戰時 시장에 돈을 베팅했다. 다른 이들은 국내 시장의 수요에 부응하기 위해 일련의 기업들을 세웠다. 또 일부 기업인은 극동과 유럽지역에 전쟁 물자를 수출함으로써 돈을 벌었다.

1942년 인도의 영국 식민지 정부는 기력이 다해 머지않아 인도를 떠날 조짐이 역력했다. 1945년 즈음 인도 내의 영국계 회사들은 점차 불안감을 느끼기 시작했다. 인도의 민족주의가 고양될 경우 외국계

뭄바이에 위치한 인도 최대신문 〈더 타임스 오브 인디아〉 본사

회사들을 강제 매입하거나 인도기업들에 값싸게 팔아 치울 수도 있다고 생각했다. 실제로 이 때 일부 마르와리 기업은 유럽계 경영대리인 회사들을 사들였다. 영국계 회사들을 매입하지 않는 것처럼 보이는 인도 기업들은 남은 전쟁 물자를 인양하는데 공을 들였다. 항공기들이 매각대상에 올랐고, 특히 전투 수송기들도 대거 처리대상이 됐다. 그러나 막판에 가서 정부의 개입으로 항공기 등의 매입이 불발되자 인도인 기업들은 준비한 자금으로 다른 매입 대상을 찾기 위해 분주히 움직였다.

특히 마르와리 기업들이 재빨리 앞서 나갔다. 1947년 인도가 영국으로부터 독립 후 마르와리는 산업 분야에 있어 영국기업들이 인도를 떠나 생긴 공백을 성공적으로 대처했다. 달미아그룹은 베네트 콜만Bennet Coleman가로부터 인도의 대표 신문인 〈더 타임스 오브 인디아The Times of

India〉를 인수했다. 방구르그룹은 케트웰 불런Kettlewell Bullend을, 수라즈물 나가르물그룹Soorajmull Nagarmull Group은 데이븐포트Davenport를, 바드리다스고 엔카그룹은 던칸브러더스Duncan Bros사를, 카노리아그룹은 앤더슨라이 트Anderson Wright를 사들였다.

마찬가지로 비를라그룹은 시르실크Sir Silks사와 시르푸르Sirpur 제지공 장을 하이데라바드 주 정부로부터 인수했다. 이 두 회사는 당시로선 매우 현대적인 시설을 갖춘 알짜 기업이었다. 이런 식으로 1952년까지 66개의 유럽계 회사가 인도 경영인의 수중에 들어가게 된다.

비를라그룹은 독립 후 눈부시게 발전했다. 1947년 이 회사는 그때부 터 향후 20년간 인도 내 최대가 될 인조견 공장을 설립했다. 이 공장은 또한 당시 외국 회사와 인도 회사가 합작한 최초의 사례였고, 기계를 외국에서 수입해 들여온 것도 처음이었다. 바자즈그룹Bajaj Group은 1951 년 힌드램프Hind Lamps 회사를 세웠다. 이 회사는 오늘날에도 그룹의 주 력기업 가운데 하나다. 달미아그룹은 1949년 오리사에 시멘트공장을 설립했다.

마르와리의 뛰어난 기업가정신은 인도 산업발전에 대단한 기여를 했다. 당시 인도 산업의 총 자산 가운데 60%가 마르와리 수중에 있었 다. 마르와리의 자산은 치열한 경쟁자인 구자라티 공동체에 비해 지역 적으로, 또 산업구성 측면에서도 훨씬 광범위했다.

1947년 독립 후 인도정부는 산업의 여러 부문을 규제하는 정책을 취 했다. 독과점 기업을 대폭 강화하는 정책도 내놓았다. 규제의 일환으 로 인도의 독과점조사위원회는 마르와리 소유 기업 가운데 147개를 대상 목록에 올려놓았다. 이를 통해 인도의 각 상인공동체가 산업에

공동체	소유기업 수(개)			이사진 수(명)		
	1911년	1931년	1951년	1911년	1931년	1951년
영국계	202	416	382	652	1335	865
파르시	15	25	19	96	261	149
구자라티	3	11	17	71	166	232
유대계	5	9	3	17	13	-
무슬림	-	10	3	24	70	66
벵골리	8	5	20	48	170	320
마르와리	-	6	96	6	146	618
기타	28	28	79	102	121	372
합계	261	510	619	1016	2282	2622

출처: M. M. Mahta, Structure of Indian Industrialists, Bombay, 2nded.1961, p.352로부터 재인용

서 차지하는 위상을 판단해 볼 수 있다. 이에 따르면 마르와리는 전 분야에 걸쳐 확고하게 산업을 장악하고 있는데, 이는 역으로 마르와리의 기업가정신을 나타내는 증표라고 할 수 있다.

마르와리 출신 기업인들은 독립 후 산업에 대한 장악력을 더욱 강화해갔다. 다음에 나타나 있는 것처럼 마르와리 기업들은 독립 전에 비해 독립 후 자회사를 늘리는 등 덩치가 매우 커졌다. 1931년 마르와리의 소유 기업은 여섯 개에 불과했다. 그러나 이 숫자는 독립 후 96개로 대폭 늘어났다. 이에 비해 같은 기간 다른 공동체 기업들의 숫자는 줄어들거나 소폭 증가하는데 그쳤다. 파르시(조로아스터교) 공동체의 소

유 기업은 1931년 25개에서 1951년 19개로 줄었다. 유태계 기업도 같은 기간 9개에서 3개로 대폭 감소했고, 무슬림 소유 기업 숫자도 10개에서 3개로 급감했다. 이에 비해 구자라티 공동체의 기업수는 11개에서 17개로, 벵골인 출신 기업들의 숫자는 5개에서 20개로 증가했다. 그러나 이는 마르와리 소유 기업의 증가세에는 크게 미치지 못했다.

기업의 이사진 수를 비교해보아도 마르와리의 약진을 쉽게 확인할 수 있다. 마르와리 기업인의 이사 숫자는 1911년에 6명에서 1931년에는 146명으로 크게 늘었고, 1951년에는 618명으로 급증했다. 점유비율로 따지면 1931년 5%에서 1951년에는 거의 50%로 대폭 증가했다. 반면 파르시의 기업 이사진 숫자는 1911년 96명에서 1931년에는 261명으로 크게 늘었으나 1951년에는 149명으로 오히려 대폭 감소했다. 유대계 기업 이사진수도 1911년 17명에서 1931년 13명으로 줄었고, 무슬림계 기업 이사진수도 1911년 24명에서 1931년 70명으로 크게 증가했으나 1951년 66명으로 줄어들었다.

구자라티 공동체 출신의 기업 이사 숫자는 1911년 71명에서 1931년 166명, 1951년에는 232명으로 비교적 많이 늘었다. 벵골리 기업 이사 수도 같은 기간 48명에서 170명, 320명으로 큰 폭으로 증가했지만 마르와리의 증가 속도에는 한참 미치지 못했다. 마르와리는 소유와 기업 이사진 측면에서 영국계에 이어 두 번째로 산업의 장악력이 높았다. 물론 인도의 국내 상인공동체 중에서는 최대 장악력을 나타냈다.

이런 추세는 독립 후 한동안 계속 이어졌다. 독립 후 15년이 지난 1964년 인도 독과점조사위원회는 기업 규모 면에서 인도 최대인 37개 기업을 조사대상이라고 밝혔다. 이에 따르면 표에 나타나 있듯이, 독

독립 후 인도 대표 산업공동체 자산

공동체	기업 수(개)	자산(억 루피)
마르와리	10	75
구자라티	13	38
벵골리	2	15
파르시	2	47
기타	10	21
합계	37	196

출처: Monololies Inquiry Commission Report, 1964, pp.119-121

과점 조사 대상인 37개 대기업 가운데 숫자 면에서 가장 많이 포함된 상인공동체는 구자라티로 13개 기업이다. 구자라티에 이어 마르와리 기업이 10개로 2위였고, 파르시 기업이 2개, 벵골리 기업 2개, 기타 기업이 10개였다. 그러나 이를 자산이 많은 순서대로 분류하면 상황은 달라진다. 마르와리 기업은 인도 전체 기업 자산 중 7.5%를 차지해 수위를 차지했다. 그 다음은 파르시 기업이 4.7%를 차지했고, 구자라티 기업의 자산은 전체 기업 자산의 3.8%로 마르와리의 절반에 불과했다. 벵골리 기업은 1.5%였고, 기타 기업은 2.1%를 차지했다.

이 독과점조사위원회의 보고서는 인도에서 75개 상인(혹은 산업) 공동체의 자산이 국영기업을 포함한 인도의 전체 자산 중 46.7%를 차지했다고 강조했다. 이 가운데 절반 이상의 자산은 마르와리에 속하는데, 주로 독립 이후 규모가 커진 것이다. 이 보고서에 따르면 비를라 가문이 소유한 151개 기업 가운데 독립 전 갖고 있던 기업은 20개였다.

독립 후 131개 기업이 새로 생긴 것이다. 방구르 가문은 81개 기업을 소유하고 있는데, 그 중 단 두 개 기업만이 독립 전 보유한 것이고 나머지 79개 기업은 독립 후 취득했다. 방구르 가문의 기업 취득은 새로 설립하기보다는 인수합병을 통해 이루어졌다. 싱하니아 가문은 독립 전과 이후 비슷한 숫자의 기업을 소유한 것으로 나타났다. 그러나 고엔카 그룹은 독립 후 몸집을 크게 키웠다.

비를라그룹의 주요 기업들은 규모가 매우 커져 총 민간 기업부문에서 차지하는 자산 비율이 5.36%에 달했다. 같은 기간 달미아그룹의 자산이 민간 기업부문 자산에서 차지하는 비율은 2.68%였다. 이처럼 마르와리 기업들의 기업 규모가 커진 것은 이들의 기업가적 총명함에 기인한다고 할 수 있다.

새로 독립된 나라의 인도정부는 창업 기업들에게 다양한 지원방안을 마련했다. 새로운 기업들을 완전히 보호해주는 정책을 폄과 동시에 신용대부에 쉽게 접근할 수 있게 함으로써 도움을 주었다. 전쟁 기간 동안 많은 외환이 축적돼 있었기 때문에 정부는 신생 기업들을 위해 돈을 쓸 수 있었다. 그러나 1951년 이후에는 결국 외환은 고갈된다. 외환이 고갈되자 외국 소비재 상품을 수입하지 못하게 되면서 국내 소비재시장은 상품 부족에 허덕인다. 이는 신설 소비재 기업들에게 기회였다. 비록 제품의 질은 떨어질지라도 이에 대한 수요가 매우 컸기 때문이다. 이와 더불어 1951년부터 경제개발 5개년 계획이 실시됐다. 정부는 이를 위해 대규모 투자를 실시했고, 이는 민간 기업들의 성장을 부추기는 주요한 동력이 됐다.

이런 과정에서 비즈니스맨들의 세대교체가 진행됐다. 마르와리도 마찬가지였다. 새로운 마르와리 기업인들은 이전 세대와는 달리 1920년대와 1930년대 충분한 학교 교육을 받고, 새로운 기회를 잡기 위해 산업의 전면에 등장했다. 이전의 외국계 기업들은 앞선 테크놀로지에 의해 만든 제품들을 일방적으로 인도에 수출하고 자회사를 세웠다. 그러나 교육받은 새로운 마르와리 기업인들은 달랐다. 이들은 외국계 기업들과 협력방안을 논의해 합작회사를 세우는 추세로 나갔다. 신진 마르와리 기업인들은 인도 앞마당에서 외국 기업인을 만나는데 만족하지 않고 밖으로 나가 외국기업인을 만나고 인도의 제조상품을 외국에 수출하는 전면에 섰다. 외국기업과 합작회사를 세우는데도 거칠 것이 없었다. 대표적인 사례는 비를라와 싱하니아 등 마르와리 그룹이다. 1950~1970년대 인도의 10대 대기업 가운데 네 곳에서 여섯 곳은 마르와리 출신 기업이었다.

독립 후 실시된 경제개발5개년계획의 1, 2차 기간 동안은 인도의 민간기업의 발전에 황금기였다. 산업생산이 연평균 9% 성장했다. 어떤 상품의 생산은 대단히 빠르게 증가했다. 비즈니스 그룹의 자산도 비슷한 속도로 팽창했다. 이 기간 동안 마르와리 기업은 더욱 빠른 속도로 성장했다. 마르와리의 빠른 성장은 적어도 독립 초기에는 일정 부분 정치적 지원을 받은 측면이 있다. 왜냐하면 마르와리가 독립 후 집권당이 된 인도국민회의INC 독립운동의 재정적 후원자였기 때문이다. 그러나 무엇보다 마르와리가 정치인과 협력 하에 인도의 경제발전을 이루고자 하는 강한 의욕이 이 같은 기업의 급속 성장에 큰 기여를 했다. 여러 학자들도 마르와리의 강한 경제발전 의욕이 기업을 빠르게 성장시키는 견인차가 됐다고 지적한다.

지속적으로 성장하는 마르와리

마르와리 출신 그룹의 성장은 계속됐다. 이들 가운데 많은 기업은 대규모 자본을 축적, 규모의 경제를 활용해 자연스럽게 성장했다. 규모가 크지 않은 여타 마르와리 기업들은 자본을 계속해서 제조업 분야에 투입했다. 물론 새로운 산업 분야에의 투자도 이 같은 고속성장의 중요한 요인 중 하나였다.

대규모 마르와리 기업들의 성장은 다른 여타 인도 대기업과 달리 내부 자금조달에 크게 의존했다. 자금의 내부 조달이 가능했던 것은 그룹 내 제휴사가 많았기 때문이다. 마르와리 기업들은 주로 독립 이후 자회사들을 눈덩이처럼 불려나갔다. 앞에서도 보았듯이, 독과점조사위원회의 조사대상인 151개 비를라그룹의 기업 가운데 1945년 이전에 소유한 기업은 20개도 채 안 된다. 비를라그룹의 대부분 기업이 독립 후 신설된 것이다. 방구르와 달미아그룹의 거의 대부분도 1940년 이후 획득했다. 또 자티아와 고엔카그룹의 모든 기업은 1945년 이후 인수한 것들이다.

캘커타 전화번호부에 나와 있는 제조기업 명단의 절반 이상이 마르와리 기업들인데, 이의 대부분이 중소기업이고 최근 신설된 것이다. 즉, 이는 교역을 위주로 하던 마르와리 상인공동체가 산업가로 계속해서 전환되고 있음을 시사한다.

인도의 독립 후 마르와리 공동체도 급격한 변화를 겪었다. 대학 혹은 그 이상의 전문적 학위를 받는 등 정규교육 수준이 혁명적으로 높아졌다. 젊은 마르와리 세대는 영국식의 생활을 받아들인 '앵글로 인디언'식 생활태도에 빠르게 적응했다. 예를 들면 배타적인 사교클럽이나 엘리트 학교에 나가는가 하면 골프나 승마를 즐기는 등 서구적 생활을 했다. 이런 현상은 마르와리 가문에서도 일정 부분 발생하면서 공동체적 장벽이 낮아지고 있다.

정치적으로 볼 때 마르와리 공동체의 주된 흐름은 대결보다는 화합을 추구하는 인도 비즈니스 사회에 속한다. 비록 영국 식민지 때 적극 지지했던 인도국민회의당 정부가 당시 가끔 반기업적 정책을 펼쳤지만 마르와리는 집권세력과의 조화를 추구했다. 그러나 1967년과 1971년에는 이와는 다른 입장을 취한 바 있다. 그 때 비를라그룹은 여러 가지 측면에서 당시 인디라 간디Indira Gandhi 정부와 첨예하게 대립했다. 이후 얼마 되지 않아 마르와리 사회는 인디라 간디 정부에 대한 지지로 다시 복귀했다.

사회적으로 마르와리 기업들은 여전히 가족적이고 전통적이다. 그러나 이들은 보다 근대적인 경영스타일이란 방향으로 매우 빠르게 변화하고 있다. 마르와리 기업의 젊은 경영자들은 대체로 경영학석사학위 졸업생이거나 엔지니어링 학위를 갖고 있다. 이들은 기업경영 문제를 점점 더 전문가들에게 맡기고 있다. 예를 들어 판매나 생산 등 분야의 매니저들은 전문가들이다. 저명 경영학자인 사가르Sagar는 이미 1971년에 "이제 인도의 비즈니스는 대체로 대학원 이상의 교육을 받은 사람들이 경영을 하는 것이 당연한 추세가 되었다"고 말했다.

전통적 마르와리 기업들도 인간적 유대와 현금 흐름을 중시하는 회계절차 등을 주의 깊게 사용하여 매우 정교한 사업도 수행해왔다. 인력도 세심한 주의를 기울여 활용하고 있다. 친족과 공동체 사람들을 쓰되 주요한 직책을 맡길 때는 잘 훈련을 시키고, 외부 인력에겐 이들

1951~1958년 인도 상위 20개 비즈니스 그룹

(총 자산순)

순위	그룹	카스트 & 출신지역
1	타타(Tata)	파르시
2	비를라(Birla)	마르와리
3	마틴 번(Martin Burn)	벵골리 브라만/영국
4	달미아(Dalmia Sahu Jain)	마르와리
5	버드 헤일거(Bird Heilger)	영국
6	방구르(Bangur)	마르와리
7	앤드류 율(Andrew Yule)	영국
8	쉬리 람(Shri Ram)	마르와리
9	타파르(Thapar)	펀자비 카트리
10	싱하니아(Singhania)	마르와리
11	카추르바이(Kasturbhai)	구자라티
12	마파틀랄(Mafatlal)	구자라티 파텔
13	왈찬드(Walchand)	구자라티
14	람크리슈나(Ramakrishna)	안드라프라데시 카마
15	인드라 싱(Indra Singh)	펀자비 싱
16	마힌드라(Mahindra)	펀자비 카트리
17	셰샤이(Seshayee)	타밀나두 브라만
18	샤푸르지(Shapoorji)	파르시
19	키를로스카르(Kirloskar)	마하쉬트라 브라만
20	크하타우(Khatau)	구자라티 브하티아

이 능동적으로 활약할 수 있는 역할을 맡김으로써 공동체 내·외부 인력의 조화를 꾀하고 있다. 그래도 마지막 재정 관련 결정권은 아직은 외부 인력에 맡기지 않고 있다. 마르와리계 기업과 미국계 기업의 중요한 차이점이 있다. 기업 회계를 매일 하느냐, 아니면 월 단위로 하느냐 이다. 마르와리 기업들은 여전히 전통적인 매일 회계 시스템을 유지하는 사례가 많다.

2010년 인도 상위 30대 비즈니스그룹

(총 자산순)

순위	그룹	기업체 수	자산(억 루피)	카스트&출신지역
1	타타(Tata)	174	4조 3,280	파르시
2	릴라이언스(무케시 암바니)	83	3조 8,180	구자라티
3	릴라이언스(아닐 암바니)	49	2조 3,750	구자라티
4	아디트야 비를라(Aditya Birla)	64	1조 5,820	마르와리
5	에사르(Essar)	46	1조 4,380	마르와리
6	진달(Jindal)	57	1조 4,020	마르와리
7	베단타(Vedanta)	24	1조 3,510	마르와리
8	라센&터보루(Larsen&Toubro)	91	1조 1640	전문가그룹
9	바르티 에어텔(Bharti Airtel)	11	1조 480	마르와리
10	자이프라카시(Jaiprakash)	19	8,450	우타르프라데시 브라만
11	아다니(Adani)	57	7,020	구자라티
12	마힌드라(Mahindra)	76	6,400	펀자비 카트리
13	힌두자(Hinduja)	41	6,230	마르와리
14	GMR	68	5,130	체티아르
15	바자즈(Bajaj)	32	4,530	마르와리
16	위프로(WIPRO)	8	3,640	구자라티 무슬림
17	TVS Iyengar	67	3,110	타밀 브라만
18	UB	22	2,860	브라만
19	RPG	43	2,680	마르와리
20	비데오콘(Videocon)	9	2,630	마르와리
21	스털링 인포텍(Sterling)	10	2,490	무달리아르
22	란코(Lanco)	12	2,390	안드라 카마
23	수즐론(Suzlon)	13	2,390	구자라티
24	크리슈나(Krishna)	9	2,390	힌두 상인
25	무루가파(Murugappa)	28	2,310	체티아르
26	피라말 아제이(Piramal Ajay)	24	2,290	마르와리
27	퓨처(Future)	44	2,060	마르와리
28	KK 비를라(KK Birla)	67	2,000	마르와리
29	나가르주나(Nagarjuna)	18	1,890	텔루구
30	HCL	14	1,750	나다르

21세기 새롭게 태어난
마르와리

마르와리는 21세기인 오늘날에도 인도 경제의 급속한 부상에 대단한 기여를 하고 있다. 인도 경제를 이끄는 20대 대기업 가운데 상인 카스트 출신 기업인들이 15개, 이 가운데 9개가 마르와리 기업이다.

즉, 아디트야비를라, 바르티에어텔, 에사르Essar, 진달Jindal, RPG, 베단타Vedanta, 힌두자Hinduja, 바자즈, 비데오콘Videocon 등 쟁쟁한 기업그룹이 바로 마르와리 소유 기업이다. 비록 인도에 본사가 없어 인도 기업에 포함되지는 않았지만 세계 최대철강회사인 아르셀로미탈도 마르와리인 락시미 미탈 회장이 이끌고 있다.

비단 이들 대기업만이 아니다. 마르와리 출신 상인들은 오늘날 콜카타(옛 캘커타) 지역 비즈니스의 70% 이상을 장악하는 등 중소기업을 포함한 인도의 산업, 유통 분야에서 막강한 영향력을 행사하고 있다.

인도는 1947년 영국 식민지로부터 독립한 이후 지난 1991년 개혁개

힌두자그룹의 힌두자 형제들. 왼쪽이 형 스리찬드, 오른쪽은 동생 고핀찬드

방에 나설 때까지 수십 년간 폐쇄적 규제 경제체제를 유지했다. 그러다보니 뛰어난 사업적 능력에도 불구하고 손발이 묶인 마르와리들은 맘껏 비즈니스를 할 수가 없었다. 그러나 1991년 이후 인도 경제가 빠르게 개방화·자유화되면서 마르와리는 물 만난 물고기처럼 인도 국내는 물론 전 세계로 활발하게 뻗어나가고 있다.

오늘날 마르와리의 활동 영역은 비단 비즈니스 분야만이 아니라 정치, 언론, 문화예술, 영화, 교육, 스포츠 등 사회 분야에서도 뛰어난 활약상을 보이고 있다. 그러나 비즈니스 DNA를 갖고 있는 마르와리의 주된 활동 분야는 당연히 비즈니스이다.

먼저 글로벌 무대에서 활약하는 저명한 마르와리 비즈니스맨들을 살펴보자. 널리 알려진 마르와리 글로벌 기업인으로는 앞서 자세히 소개한 '21세기 철강 왕' 락시미 미탈 회장, 수십 개 국가에 투자 진출한

베단타그룹의 아닐 아가르왈 회장

아디티야비를라그룹의 KM 비를라 회장, 정보통신분야에서 인도는 물론 아프리카와 동남아시아 등지에서 맹활약하는 바르티에어텔의 수닐 미탈 회장 등을 꼽을 수 있다.

마르와리 글로벌 기업인이라면 또 영국에 본사를 둔 힌두자그룹의 오너인 힌두자 형제들을 빼놓을 수 없다. 스리찬드 힌두자₋Srichand Hinduja 와 고핀찬드 힌두자₋Gopichand Hinduja 형제가 바로 그들이다. 이들의 재산은 204억 달러(24조 900억 원)로 2014년 영국 〈선데이타임스₋The Sunday times〉 에 의해 영국 최고의 갑부로 선정된바 있다. 힌두자그룹은 자동차에서 금융, 정보통신, 석유, 가스, 병원, 의료, 화학 등 다양한 분야에서 사업을 하는 재벌기업으로 전 세계 40여개 국가에 진출해 있다. 2012년 기준 그룹 총 매출은 250억 달러(29조 5,000억 원), 직원 수는 7만 2,000명이었다.

에사르그룹의 루이아 형제, 왼쪽부터 샤시와 라비

아르셀로미탈과 힌두자그룹 외에 영국에서 맹활약하는 또 다른 마르와리 글로벌 기업인으로 베단타그룹의 아닐 아가르왈Anil Agarwal 회장을 들 수 있다. 그는 인도 북부 도시 파트나Patna 출신의 마르와리 기업인이다. 베단타그룹은 철강과 광산, 가스개발 등을 위주로 하는 에너지 기업으로 유럽과 아프리카, 인도, 동남아시아 등에 진출해 있다. 2014년 매출은 128억 달러(15조 1,100억 원), 자산은 370억 달러(43조 6,900억 원), 직원 수는 2만 7,000명에 달했다.

에사르그룹의 공동 창업주 루이아 형제들도 손꼽힌다. 샤시 루이아Shashi Ruia 회장과 동생 라비 루이아Rabi Ruia 부회장이 바로 그들이다. 이들은 1969년 건설회사로 시작해 철강, 석유, 가스, 전력, 에너지 등 분야로 사업을 크게 다각화했다. 에사르 그룹은 인도의 유수한 재벌기업

가운데 하나로 급부상했으며 2014년 매출은 350억 달러(40조 원), 직원 수는 6만여 명에 달했다.

진달그룹의 경영진도 이름이 높다. 1952년 마르와리 기업인 옴 프라카시 진달Om Prakash Jindal이 창업한 진달그룹은 2013년 매출 180억 달러(21조 2,500억 원)를 기록했다. 현재 창업주의 미망인인 사비트리 진달Savitri Jindal과 아들 나빈 진달Naveen Jindal 회장이 그룹을 이끌고 있다.

바자즈그룹은 유명한 마르와리 기업인 잠날랄 바자즈가 1926년 설립했다. 그는 당시 G.D. 비를라와 함께 마하트마 간디의 독립운동에 헌신한 애국자로 이름이 높았다. 잠날랄 바자즈를 아낀 간디는 그를 양자로 삼았다고 전해진다. 바자즈그룹은 36개 기업으로 구성돼 있는데, 이중 바자즈오토Bajaj Auto가 주력 기업이다. 바자즈오토는 오토바이와 3륜차 생산 세계 4위 기업이다. 이 그룹의 최고경영자는 잠날랄 바자즈의 손자인 라훌 바자즈Rahul Bajaj 회장이다. 이 그룹의 매출은 2014년 63억 달러(7조 4,400억 원), 직원 수는 4만 5,000명에 달했다.

인도 재계 순위 19위의 RPG그룹은 1979년 라마 프라사드 고엔카Rama Prasad Goenka에 의해 설립됐다. 그의 부친은 고엔카그룹의 설립자인 케샤브 프라사드 고엔카Keshav Prasad Goenka이다. KP 고엔카의 부친은 바드리다스 고엔카Badridas Goenka이고, 19세기 유명한 마르와리 기업인인 람두트 고엔카Ramdutt Goenka는 그의 삼촌이다. RPG그룹은 1988년부터 RP 고엔카의 아들인 하르시 고엔카Harsh Goenka가 이끌고 있다. RPG그룹의 매출은 2014년 4,000억 루피(7조 160억 원)였다.

인도 재계 순위 20위의 비데오콘은 인도 최대의 가전기업 그룹이다. 이 회사는 세계 3대 브라운관 TV 생산회사로 인도와 중국을 위시해

RPG그룹의 하르시 고엔카 회장

멕시코, 이탈리아, 폴란드 등에 공장을 갖고 있다. 이 그룹의 창업주는 베누고팔 두흐트Venugopal Dhoot이지만, 그 뿌리는 부친인 난들랄 두흐트 Nandlal Dhoot로 거슬러 올라간다. 그의 부친이 설립한 비데오콘일렉트로 닉스가 그룹 성장의 기반이 되었기 때문이다. 이 그룹의 매출은 2014 년 50억 달러(5조 9,000억 원)를 기록했다. 참고로 우리나라 김광로 LG 전자 전 사장이 이 그룹에 스카우트돼 부회장 겸 최고경영자로 일한 바 있다.

인도 최대의 텔레비전 채널인 ZeeTV의 소유주도 마르와리이다. 이 회사는 에셀그룹Essel Group의 자회사로, 에셀그룹의 창업주는 마르와리 기업인 수바시 찬드라Subhash Chandra다. 그는 1950년생으로 패밀리 비즈 니스를 하기 위해 고등학교를 중퇴한 이력을 갖고 있다. 그는 이후 많 은 사업체를 차려 그룹을 크게 키웠다. 그는 1992년 인도 최초의 위성

비데오콘그룹 창업주 베누고팔 두흐트 회장

텔레비전인 ZeeTV를 세워 최대 시청자를 가진 텔레비전 채널로 만들었다.

인도의 제2위 민간 항공사인 제트에어웨이$_{Jet\ Airways}$도 마르와리 기업인 소유다. 1992년에 설립된 이 항공사는 전 세계 74개 도시에 하루 300편을 운항한다. 이 항공사의 창업주는 나레시 고얄$_{Naresh\ Goyal}$ 회장으로 자수성가한 기업인이다. 가난한 마르와리 보석상 아들로 태어난 그는 어릴 적 외삼촌이 운영하는 여행사 캐시어로 일을 시작했다. 이후 항공사에 취업하면서 항공 업무를 샅샅이 익힌 그는 마침내 인도를 대표하는 항공사의 소유주가 되었다.

이밖에 유명한 마르와리 기업에는 앞서 자세히 살펴본 인도 최대의 소매체인 퓨처그룹, 시멘트를 주로 생산하는 달미아그룹 등이 있다.

제트항공사의 나레시 고얄 회장

기업을 넘어 각 분야에서 활약하는 마르와리

비 기업인 저명 마르와리로는 먼저 비말 잘란Bimal Jalan 전 인도중앙은
행RBI 총재를 들 수 있다. 마르와리의 고향 사둘푸르에서 태어난 그는
비즈니스를 위해 캘커타로 이주한 부친을 따라 캘커타에서 자랐다. 캘
커타의 저명 프레지던시칼리지Presidency College와 영국 캠브리지대학교,
옥스퍼드대학교를 졸업한 그는 오랫동안 인도 정부의 고위 공직자로
근무했다. 인도중앙은행 총재로는 1997년부터 2003년까지 6년간 재
직했다.

미국에서 활동하는 유명한 마르와리로는 라자트 굽타Rajat Gupta 전 맥
킨지앤드컴퍼니McKinsey & Company 회장을 들 수 있다. 캘커타에서 태어난
그는 인도의 명문 인도공과대학교IIT, Indian Institute of Technology를 졸업한 후
하버드대학교 경영대학원에서 MBA를 받았다. 세계적인 컨설팅 회사
인 맥킨지 회장으로는 1994년부터 2003년까지 약 10년간 재직했다.

미국에서 활동한 비 기업인 마르와리로는 2008년부터 2016년까
지 루이지애나 주지사로 재직한 바비 진달Bobby Jindal도 거론할 수 있다.

〈더 타임스 오브 인디아〉의
비니트 자인 회장

1971년 루이지애나에서 마르와리 이민자의 아들로 태어난 그는 사립 명문 브라운대학을 졸업했다. 대학 졸업 후 그는 하버드대 의과대학원과 예일대 법과대학원에 합격했으나 영국의 옥스퍼드대학원에 장학생으로 입학했다. 옥스퍼드대에서 정치학 석사학위를 받은 후 루이지애나 하원의원 사무실에서 근무한 것이 정치인이 되는 계기가 됐다. 2016년 미국 대통령선거를 위한 공화당 후보지명전에 출마했던 그는 2016년 5월 공화당 대선후보로 도널드 트럼프를 지지한다고 선언했다.

마르와리가 운영하는 언론기업도 특기할만하다. 먼저 인도 최대의 영자신문인 〈더 타임스 오브 인디아〉 소유주는 베네트콜만Bennett, Coleman & Co.사다. 인도 최대의 언론 재벌인 베네트콜만은 아가르왈 마르와리 사후 자인Sahu Jain 가문의 소유다. 베네트콜만과 더타임스그룹의 현재 최고경영자는 이 가문 출신의 비니트 자인Vineet Jain 회장이다. 더타임스그룹의 연 매출은 2015년 15억 달러(1조 7,700억 원)였고, 직원 수는 1만 1,000명에 이르렀다.

힌두스탄타임스그룹
쇼브하나 바르티아 회장

또 다른 저명 마르와리 언론기업인으로 〈더 타임스 오브 인디아〉에 못지않은 유력 영자신문인 〈힌두스탄 타임스Hindustan Times〉 그룹의 쇼브하나 바르티아Shobhana Bhartia 회장을 들 수 있다. 그녀는 아디티야비를라 그룹의 창업주인 G.D. 비를라의 손녀이고 KK 비를라의 딸이다. 그녀는 또 2006년부터 2012년까지 인도국민회의당 소속 상원의원을 역임하기도 했다.

역시 유명한 영자신문 〈인디언 익스프레스The Indian Express〉 그룹의 소유주도 마르와리다. 이 신문은 1932년 유명한 마르와리 기업인 람나트 고엔카Ramnath Goenka에 의해 설립됐다. 이 그룹의 최고경영자는 현재 람나트 고엔카의 손자인 비벡 고엔카Viveck Goenka 회장이다.

이밖에 인도에 거주하는 유명한 비 기업인 마르와리로는 세계 체스 챔피언을 역임한 아브히지트 굽타Abhijeet Gupta, 네 번이나 연속 인도 탁구 챔피언을 지낸 니라즈 바자즈Niraj Bajaj, 인도 크리켓리그 회장인 랄리트 모디Lalit Modi 등을 들 수 있다.

타고난 기업가 유전자를 지닌 마르와리들은 21세기에도 빼어난 기업경영 능력을 과시함은 물론 비 기업 분야에서도 두각을 나타내고 있다. 마르와리의 질주는 앞으로도 한동안 계속될 것이다. 최근 기업인 정신이 쇠퇴해가는 우리나라 현실에서 이들 마르와리의 행보에서 배우는 바가 있어야 할 것이다. 그럼으로써 우리나라에서도 이들을 뛰어넘는 용기 있고 뛰어난 젊은 기업인들이 많이 나오길 기대한다.

사막의 소상인에서 세계 비즈니스 대부로

마르와리 상인

초판 1쇄 2016년 6월 23일

지은이 오화석
펴낸이 전호림 **제3편집장** 고원상 **담당PD** 신수엽 **펴낸곳** 매경출판㈜
등 록 2003년 4월 24일(No. 2-3759)
주 소 우)04557 서울시 중구 충무로 2(필동1가) 매일경제 별관 2층 매경출판㈜
홈페이지 www.mkbook.co.kr
전 화 02)2000-2610(기획편집) 02)2000-2636(마케팅) 02)2000-2606(구입 문의)
팩 스 02)2000-2609 **이메일** publish@mk.co.kr
인쇄·제본 ㈜M-print 031)8071-0961

ISBN 979-11-5542-484-1(03320)
값 15,000원

※ 이 책은 한국연구재단의 연구지원과 방일영문화재단의 저술지원을 받아 저술되었습니다.